über 2 Mio Schnäppchenführer — Das Original!

ERFOLG DURCH QUALITÄT

Heinz Waldmüller

DER GROSSE SCHNÄPPCHENFÜHRER
FABRIKVERKAUF

BAYERN

250 starke Marken in 1 Band

Schnäppchenführer-Verlag
via GeoCenter

Schnäppchenführer — Impressum

Dieses Werk einschließlich aller seiner Teile ist urheberrechtlich geschützt. Jede Verwertung außerhalb der engen Grenzen des Urheberrechtsgesetzes ist ohne Zustimmung des Verlages unzulässig und strafbar. Das gilt insbesondere für Vervielfältigungen, Übersetzungen, Mikroverfilmungen und die Einspeicherung und Verarbeitung in elektronischen Systemen.

Die Daten und Fakten für diesen Schnäppchenführer wurden nach bestem Wissen erarbeitet und geprüft. Da diese Daten jedoch ständigen Veränderungen unterliegen, kann für deren Richtigkeit keine Garantie übernommen werden.

© 2003, Schnäppchenführer-Verlag GmbH
Postfach 44 29
70782 Filderstadt
Fax: 07 11/77 72 06
E-Mail: Schnaeppchenfuehrer@t-online.de
www.schnaeppchenfuehrer-verlag.de

Herausgeber und Autor: Heinz Waldmüller
Redaktion, Produktionskoordination:
Parkstrasse62, Beatrice Weber
Umschlaggestaltung, Satz: Redaktionsbüro Seufferle

ISBN: 3-936161-20-8

Liebe Leserin, lieber Leser!

Gleich zwei echte Neuigkeit gibt es im Schnäppchenland Bayern: Die erste Neuigkeit ist dieses Buch. Es ist das **Who is who des Fabrikverkaufs in Bayern.** Die zweite Neuigkeit: Viele Firmen haben wir neu entdeckt, das wird Sie freuen! Die meisten Hersteller sehen ihren Fabrikverkauf als ihre Visitenkarte gegenüber dem Endverbraucher an. Das werden Sie vor Ort spüren.

Vor genau 10 Jahren fing diese Buchreihe an: mit 100 Schnäppchen-Adressen aus Bayern. Das war unser Schnäppchenführer Bayern, Band 1. Er wurde ein großer Erfolg. Dann haben uns unsere Leser ihre Geheimtipps verraten. Wir veröffentlichten den Schnäppchenführer Bayern, Band 2 mit den besten Tipps unserer Leser, von uns vor Ort überprüft und ausgewählt. Aus beiden Schnäppchenführern und vielen neuen Fabrikverkäufen haben wir jetzt dieses Buch gemacht. Mit über 250 Fabrikverkäufen. Damit haben Sie das ganze Schnäppchenparadies Bayern mit allen starken Marken in **einem** Buch. Das ist unser Service für Sie.

Dieser Schnäppchenführer ist auch im Preis ein Schnäppchen. Die bisherigen zwei Bände haben zusammen 18,90 € gekostet. Der große Schnäppchenführer Bayern bietet Ihnen mehr starke Marken und mehr neue Hersteller als beide Bände zusammen. Trotzdem sparen Sie 8,- €. Wenn das kein Schnäppchen ist: Sie bezahlen für jede von uns recherchierte Adresse 0,04 Euro.

Wer mit dem Schnäppchenführer einkauft, ist preis-, qualitäts- und markenbewusst. 100% Marke, 50% Preis, das ist es, was den Schnäppchenjäger zum Hersteller fahren lässt. In diesem Buch möchte ich meine guten Erfahrungen mit dem Einkaufen ab Fabrik an Sie weitergeben. Ich möchte Ihr Lotse sein. Die verlässliche Auswahl, die detaillierten Karten, Ortspläne und Anreise-Infos helfen Ihnen, Ihre Einkaufsziele rasch zu finden.

Dieses Buch soll Ihnen gute Dienste leisten. Wenn es das tut, empfehlen Sie es ruhig weiter. Und wenn Sie Verbesserungsvorschläge, Anregungen, Kritik oder Wünsche haben, schreiben Sie mir.

Diese Buchreihe Schnäppchenführer lebt vom guten Ruf. Unser Motto: Erfolg durch Qualität. Dazu gehört: Wir recherchieren vor Ort. Wir arbeiten unabhängig von Firmeninteressen. Bei uns finden Sie keine Werbung. Wir trennen die Spreu vom Weizen und nehmen Rosstäuscher nicht in unser Buch auf. Wir fühlen uns allein Ihnen, unseren Leserinnen und Lesern verpflichtet. Denn Sie allein bezahlen die Service-Leistung Schnäppchenführer.

Ihr Schnäppchenjäger für Bayern
Heinz Waldmüller

Schnäppchenführer-Programm

Im Programm des Schnäppchenführer-Verlages sind folgende Titel erhältlich:

Schnäppchenführer Deutschland 2003
Die besten Marken
ISBN: 3-936161-02-X

Der große Schnäppchenführer Baden-Württemberg
300 starke Marken in 1 Band
ISBN: 3-936161-15-1

Der große Schnäppchenführer NRW
250 starke Marken in 1 Band
ISBN: 3-936161-25-9

Schnäppchenführer Stuttgart/Mittlerer Neckar/Schwäbische Alb
ISBN: 3-936161-33-X

Schnäppchenführer rund um den Bodensee/Baden/Elsass
mit Österreich und Schweiz
ISBN: 3-936161-30-5

Schnäppchenführer Norditalien
mit Südtirol und Gardasee
ISBN: 3-936161-38-0

Schnäppchenführer Norddeutschland
mit Berlin, Hamburg, Hannover
ISBN: 3-936161-53-4

Es gibt die Schnäppchenführer überall, wo es Bücher gibt.

Impressum	2
Liebe Leserin, lieber Leser	3
Schnäppchenführer-Programm	4
Pressestimmen	20
Im Gespräch: Deutschlands oberster Schnäppchenjäger	21
Fabrikverkauf – was ist das?	24
Tipps erwünscht!	24
Was spart man beim Fabrikverkauf?	25
Vor- und Nachteile des Fabrikverkaufs	26
Zum Gebrauch des Schnäppchenführers	27
Übersichtskarte Bayern-Nord	28
Übersichtskarte Bayern-Süd	30
Übersichtskarte Großraum München	32
Inhalt alphabetisch nach Orten	34
Warenregister	281
Marken- und Firmenregister	283

Inhaltsverzeichnis alphabetisch nach Orten

Abtswind
Kaulfuss	Tee, Kräuter, Gewürze	34

Allershausen
Völkl	Wander- und Trekkingschuhe	35

Altendorf/Nabburg
Baumann	Jeans, Hosen	36

Altenkunstadt
Nici	Spielwaren, Accessoires	37

Altenstadt bei Schongau
Vatter	Strumpfwaren, Strickwaren, Wäsche	38

Altstädten bei Sonthofen
Allgäuer Keramik	Allgäuer Keramik	39

Amberg
Sport Fundgrube	Sportartikel	166

Ampfing-Wimpasing
Dimor	Jeans, Freizeitbekleidung	40

Ansbach
Schafft	Wurstwaren, Lebensmittel	41

Ansbach-Wolfartswinden
HM-Sportswear	Sport- und Freizeitbekleidung	42

Aretsried-Fischach
Molkerei Müller	Molkereiprodukte	43

Arnbruck
Trigema	Sport- und Freizeitbekleidung	157
Weinfurtner	Glas und Kristall	44

Arzberg
SKV-Arzberg-Porzellan	Porzellan	229

Aschaffenburg
Kalb	Damen- und Herrenbekleidung	45

Aschau
Senz	Strickwaren für Damen und Herren	161

Aschheim bei München
Salewa	Sport-, Outdoor-Bekleidung, -Ausrüstung	46

Augsburg
Dierig	Tisch-, Bettwäsche	47
Fujitsu Siemens	Computer, PCs, PC-Zubehör	177
Lembert	Hüte	48
Wirkes	Landhaus-, Trachten-, Lederbekleidung	187
Zellner	Möbel-, Dekostoffe	165

Bad Abbach-Oberndorf
Palm Beach	Bademoden	49

Bad Birnbach-Asenham
Ludwig Kirschner	Leder- und Lammfellbekleidung	50

Bad Füssing
Fahrhans	Strickwaren	72

Bad Griesbach
Nik Boll	Herrenbekleidung	99

Bad Griesbach-Schwaim
Trigema	Sport- und Freizeitbekleidung	157

Bad Hindelang
Trigema	Sport- und Freizeitbekleidung	157

Bad Kissingen
Fahrhans	Strickwaren	72

Bad Reichenhall
Senz	Strickwaren für Damen und Herren	161

Bad Rodach
Jako-O	Kinderbekleidung	51

Bad Staffelstein
Fahrhans	Strickwaren	72

Bad Wörishofen
Fahrhans	Strickwaren	72

Baierbrunn bei München
Timberland	Freizeitbekleidung, Schuhe	52

Bamberg
Fahrhans	Strickwaren	72
Utzmann	Bademoden, Freizeitbekleidung	53
Wunderlich	Damenblusen	54

Bamberg-Memmelsdorf
Greiff Mode	Herren-, Damenbekleidung	55

Bayreuth
Arena	Bademoden, Sportbekleidung	56
Eurostyle	Lederbekleidung, Lederwaren	57
Holiday Shop	Bademoden, Sport-, Freizeitbekleidung	58

Bindlach bei Bayreuth
Schiesser	Tag- und Nachtwäsche	59
Solar	Bademoden	60

Bodenmais/Bayerischer Wald
Fahrhans	Strickwaren	72
Joska Crystal	Glas- und Kristallwaren	61
Rosenthal	Porzellan	243
SKV-Arzberg-Porzellan	Porzellan	229

Buchbach-Ranoldsberg
Country Line	Landhaus- und Trachtenbekleidung	62

Burgau
Silit	Haushaltswaren	63
Zimmermann	Gardinen, Dekostoffe	64

Burgau-Unterknöringen
Petra-electric	Elektrogeräte	65

Burghaslach
BIG	Spielwaren	90

Deggendorf
Sport Fundgrube	Sportartikel	166

Dietenheim
Litzinger Strumpffabrik	Strumpfwaren	66

Dietmannsried
Breitfeld	Gardinen	67
Töpfer	Hautcremes, Babycremes, Babynahrung	68

Dillingen
Bavaria/Wetzel	Wachswaren und Waffelgebäck	69

Dinkelsbühl
Schröder & Schmidt	Damen- und Herrenhandschuhe	70

Ebrach
Silenta	Kindermöbel	71

Eggolsheim/Oberfranken
Fahrhans	Strickwaren	72

Eichenbühl bei Miltenberg
Brümat-Küchen	Küchen- und Badmöbel	73

Eichstätt
Haco	Schuhe	74

Erbendorf
Seltmann	Porzellan	275

Erlangen
Couture & Trends	Damen- und Herrenbekleidung	75
Erbelle	Bettwäsche, Heimtextilien, Stoffe, Herrenhemden	76
Via Appia	Damenstrickwaren	77

Eschenbach/Oberpfalz
Alte Nussknackerfabrik	Nussknacker, Souvenirs	78

Ettringen-Siebnach
ews	Beleuchtungstechnik	79

Euerdorf
Gefi Matratzen	Matratzen, Lattenroste	225

Falkenstein-Völling
Palm Beach	Bademoden	49

Feldkirchen-Westerham
Mamut	Strickwaren	80

Fichtelberg
Monte Pelle	Lederbekleidung, Lederwaren	81

Forchheim
Madeleine	Damenbekleidung	82
Weber & Ott	Herren- und Damenbekleidung	83

Frauenau
Eisch	Trinkgläser, Kristallglas, Leuchten	84
Poschinger	Trinkgläser, Kristall	85

Freising
Taubert	Nachtwäsche, Bademäntel	86

Freising-Weihenstephan
Weihenstephan	Milch, Molkereiprodukte	87

Fürth
Greuther Teeladen	Tee, Heilpflanzen, Gewürze	267
Mederer	Süßwaren	88
Quelle Fundgrube	Versandhausware	202
Stehmann	Damenbekleidung	89

Fürth-Stadeln
BIG	Spielwaren	90

Furth im Wald
sigikid	Kinderbekleidung, Spielwaren	168

Garching an der Alz
Bogner	Sport-, Damen-, Herrenbekleidung	136

Georgensgmünd
Madeleine	Damenbekleidung	82

Geretsried
Isartaler Handschuh	Handschuhe	91

Gersthofen bei Augsburg
Deuter	Taschen, Rucksäcke	92

Goldbach bei Aschaffenburg
Desch	Damen- und Herrenbekleidung	93
Kastell	Herrenbekleidung	94

Greding
Reebok	Sportschuhe, -bekleidung	95

Gremsdorf
Greuther Teeladen	Tee, Heilpflanzen, Gewürze	267
Manz-Fortuna	Schuhe, Lederwaren, Handtaschen	96
Schirmer	Baby-, Kinder-, Damen- und Herrenbekleidung	97
Trigema	Sport- und Freizeitbekleidung	157

Großostheim
Aubi	Herrenhosen, Freizeitbekleidung	98
Nik Boll	Herrenbekleidung	99

Petermann	Hemden und Blusen	100
San Siro	Herrenbekleidung	101
Schuler	Herrenbekleidung	102
V.I.P. Clothing	Herrenbekleidung	103

Großwallstadt

CM Creativ Mode	Damenbekleidung	104
Josef Geis	Herrenbekleidung	105
R & R Collection	Herrenbekleidung	106

Günzburg/Donau

| Lutz | Fleischwaren | 107 |

Gundelfingen-Echenbrunn/Donau

| Old Factory Store | Kinderbekleidung, Stoffe | 108 |

Hafenlohr bei Würzburg

| Paidi | Kindermöbel | 109 |

Hainburg-Klein-Krotzenburg

| Thorka | Schulranzen | 110 |

Hallstadt

| Trigema | Sport- und Freizeitbekleidung | 157 |

Haßfurt

| Maintal-Obstindustrie | Gelees, Konfitüren | 111 |

Helmbrechts

| Stoffwerk | Stoffe, Strickwaren, Damen-, Herrenbekleidung | 112 |

Helmbrechts-Wüstenselbitz

| V. Fraas | Schals, Tücher, Decken | 113 |

Herrieden

| Carlo Colucci | Damen- und Herrenbekleidung | 114 |

Herzogenaurach

adidas	Sportbekleidung, -artikel, -schuhe	115
Puma Outlet-Store	Sportartikel, -bekleidung, -schuhe	116
Sport Hoffmann	Sportschuhe, Sportbekleidung, Sportausrüstung	117

Heusenstamm

| Levi's | Jeans, Freizeitbekleidung | 118 |

Hirschaid

| Teddy-Hermann | Plüschtiere | 119 |

Hochstadt

| Signet Wohnmöbel | Möbel | 120 |

Hof
Cashmere-Shop	Schals, Decken, Wollstoffe	121
Le-go	Damen- und Herrenbekleidung	122

Hohenberg a. d. Eger
Feiler	Frottierwaren	123
Hutschenreuther	Porzellan	244

Hohenpeißenberg
Vollmer	Strick- und Walkwaren	124

Immenstadt
Kunert	Strumpfwaren, Bekleidung	125

Ingolstadt
Audi/BRG	Autos, Jahreswagen	126
Bäumler	Herrenbekleidung	127
Rosner	Damen-, Herren- und Kinderbekleidung	128

Jettingen-Scheppach
Günther	Lederhandschuhe	129

Kaufbeuren
Golf-Fink	Schmuck	130

Kaufbeuren-Neugablonz
EHS	Modeschmuckteile	131
Mikolasch	Modeschmuck	132
Stöckel, Walter	Modeschmuck	133

Kemnath-Stadt
Fischer Textil	Stoffe	134

Kempten
Schafft	Wurstwaren, Lebensmitte	41

Kirchanschöring
Meindl	Wander-, Trekkingschuhe, Trachtenbekleidung	135

Kirchheim-Heimstetten
Bogner	Sport-, Damen-, Herrenbekleidung	136
Rena Lange	Damenbekleidung	137

Kitzingen
Eckert	Kinderausstattungen	138
Paulig Teppichweberei	Teppiche	139

Kleinheubach bei Miltenberg/Main
Keramik Basar	Keramik	140

Inhaltsverzeichnis

Kleinwallstadt
St. Emile   Damenbekleidung   141

Kochel am See
Kocheler Keramik   Handbemaltes Keramikgeschirr   142

Kolbermoor
Werndl   Büromöbel   143

Kronach
LS Bademoden   Bademoden   144
Rosenthal   Porzellan   243

Krummennaab
Weidner   Sport-, Freizeitbekleidung   145

Küps
Locker   Korbwaren   146
Scheler   Röcke   147

Küps-Johannisthal
Pielini   Lederbekleidung   148

Kulmbach
Pharmakosmetik   Kosmetik   149

Lappersdorf bei Regensburg
Reila   Lederwaren   150

Lauingen/Donau
Vatter   Strumpfwaren, Wäsche und Bekleidung   151

Leidersbach
Schuck   Herrenbekleidung   152

Lindau/Bodensee
The Lorenz Bahlsen
Snack-World   Kekse, Dauergebäck   153

Lindenberg/Allgäu
Baldauf Käse   Allgäuer Käse   154
Mayser   Hüte und Strickwaren   155

Mainaschaff
f.a.n.   Bettwaren, Matratzen, Schlafsäcke   156
Trigema   Sport- und Freizeitbekleidung   157

Maisach
Friedrich   Gardinen, Dekostoffe, Heimtextilien   158

Mainburg
Bogner   Sport-, Damen-, Herrenbekleidung   136

Mammendorf
Trachtendepot Ampertal   Trachten- und Landhausbekleidung   159

Marktredwitz/Oberfranken
Textilmarkt Benker   Tischwäsche, Stoffe   160

Marquartstein
Senz   Strickwaren für Damen und Herren   161

Memmingen
Comazo   Tag- und Nachtwäsche   248
Mezzo-Mezzo   Sport-, Freizeitbekleidung   162

Mertingen
Zott   Molkereiprodukte   163

Michelau/Oberfranken
Knorr, Pram-Maker   Kinderwagen   164
Zellner   Möbel-, Dekostoffe   165

Miesbach
Sport Fundgrube   Sportartikel   166

Miltenberg/Main
Gefi Matratzen   Matratzen, Lattenroste   225
Miltenberger   Herren-, Damenbekleidung   167

Mindelheim
Kunert   Strumpfwaren, Bekleidung   125

Mistelbach b. Bayreuth
sigikid   Kinderbekleidung, Spielwaren   168

Mömlingen
Schildmann   Herren- und Trachtenbekleidung   169

Moosinning
Pullacher Bekleidungswerk   Kinderbekleidung   170

Mühlheim-Lämmerspiel
Traveller   Akten-, Handtaschen, Reisegepäck   171

Münchberg
Hammer-Fashion   Damenbekleidung   172
Esprit home   Heimtextilien   173

München
BMW/MINI-Jahreswagen   Autos   174

Elho Brunner	Ski-, Snowboard-, Sportbekleidung	175
Europa Leisten	Bilderrahmen, Bilder, Spiegel	176
Fujitsu Siemens	Computer, PCs, PC-Zubehör	177
Helga Baur	Damenbekleidung	178
Oui	Damenbekleidung	179
Scherer	Hemden und Maßhemden	180
Sport-Scheck	Sport- und Freizeitbekleidung	181
Triumph International	Tag- und Nachtwäsche, Dessous	182

München-Allach
Sport Bittl   Sportbekleidung und -ausrüstung   183

München-Martinsried
Marc O'Polo   Damen- und Herrenbekleidung   184

München-Milbertshofen
Dr. Schnell	Wasch- und Reinigungsmittel	185
Hallhuber	Damen- und Herrenbekleidung	186
Wirkes	Landhaus-, Trachten-, Lederbekleidung	187

München-Moosach
Loden-Frey   Loden-, Trachten-, Damen-, Herrenbekleidung 188

Murnau
Comazo   Tag- und Nachtwäsche   248

Neu-Ulm
Jérome Leplat   Lederwaren   189

Neuburg a. Inn-Neukirchen
Trixi Schober   Damenbekleidung   190

Neuendettelsau
Otto Bittel	Damen-, Herren-, Baby- & Kinderbekleidung	191
Hosen Löhr	Hosen und Freizeitbekleidung	192

Neunburg vorm Wald
Efruti   Fruchtgummi   193

Neustadt/Aisch
Estella	Bettwäsche	194
The Lorenz Bahlsen		
Snack-World	Kekse, Dauergebäck	153

Neustadt-Wildenheid bei Coburg
Lissi Puppen   Puppen   195

Neustadt/Waldnaab
Altbayerische		
Krystall Glashütte	Glas, Kristall, Bleikristall	196
Nachtmann	Gläser, Kristall, Bleikristall	197

Neutraubling
Moda Berri	Damen- und Herrenbekleidung	198
The Best by Baumstark	Hosen, Jeans	199

Nördlingen
Strenesse	Damenbekleidung	200

Nürnberg
Hallhuber	Damen- und Herrenbekleidung	186
Nike	Sportschuhe, Sportbekleidung	201
Puma	Sportartikel, -bekleidung, -schuhe	116
Quelle Fundgrube	Versandhausware	202
Scout	Schulranzen, Freizeittaschen, Rucksäcke	203
Wirkes	Landhaus-, Trachten-, Lederbekleidung	187
Wolf	Wurst- und Fleischwaren	234
Zellner	Möbelstoffe, Dekostoffe	204

Nürnberg-Großreuth
Wolff, Ferdinand	Lebkuchen	205

Nürnberg-Langwasser
Mederer	Süßwaren	88
Schuhmann Lebkuchen	Lebkuchen	206
Wendler	Nougatspezialitäten	207

Oberhaching
Fanatic	Ski-, Snowboard-, Sportbekleidung	208

Obernzell
MarJo	Lederbekleidung	209
Münch	Lederbekleidung	210

Ochsenfurt
Admont	Damenbekleidung	211

Ottensoos
Leder-Bär	Lederbekleidung	212

Parsdorf bei München
Hallhuber	Damen- und Herrenbekleidung	186
Käfer's Delikatessen	Feinkost, Lebensmittel	213

Passau
Eterna	Hemden und Blusen	214
Sport Fundgrube	Sportartikel	166

Pocking
Charmor	Damenwäsche	215
Winklhofer	Krawatten, Schals, Tücher	216

Postbauer-Heng
Kago Kamine, Kachelöfen 217

Presseck
Bodenschatz Lederwaren, Lederbekleidung 218

Puchheim
DSI Sport-, Freizeitbekleidung 219

Regensburg
Alexander Damenbekleidung 220
Schildt Herrenbekleidung 221
Sport Fundgrube Sportartikel 166
Wirkes Landhaus-, Trachten-, Lederbekleidung 187
Zellner Möbel-, Dekostoffe 165

Reit im Winkl
Senz Strickwaren für Damen und Herren 161

Riedlhütte
Nachtmann Gläser, Kristall, Bleikristall 197

Rödental
Goebel Porzellanfiguren, Glas, Kristall 222

Rosenheim
Gabor Schuhe 223
Klepper/Wave Board Sport- und Freizeitbekleidung 224
Zellner Möbel-, Dekostoffe 165

Rothenburg ob der Tauber
Gefi Matratzen Matratzen, Lattenroste 225

Rottendorf bei Würzburg
s.Oliver Freizeitbekleidung 226

Ruhpolding
Senz Strickwaren für Damen und Herren 161
Trigema Sport- und Freizeitbekleidung 157

Schierling
Kössinger Keramik, Porzellan 227

Schillingsfürst
C.F. Maier Polymertechnik Dachkoffer 228

Schirnding
SKV-Arzberg-Porzellan Porzellan 229

Schlüsselfeld-Aschbach
f.a.n. Bettwaren, Matratzen, Schlafsäcke 156

Schlüsselfeld-Elsendorf
Puma   Sportschuhe, -bekleidung, Freizeitbekleidung   230

Schneeberg bei Aschaffenburg
Dolzer   Maßkonfektion   231

Schopfloch
Hartnagel   Strickwaren, Freizeitbekleidung   232

Schwabach
Der Lagerdiscount   Foto, Audio, Video, Elektronik, PCs   233

Schwandorf
Wolf   Wurst- und Fleischwaren   234

Schwangau
Trigema   Sport- und Freizeitbekleidung   157

Schwarzach
Minx Mode   Damenbekleidung   235
René Lezard   Damen- und Herrenbekleidung   236
s.Oliver   Damen- und Herrenbekleidung   237
Sportman   Herrenbekleidung   238

Schwarzenfeld/Oberpfalz
Agrob   Fliesen/Keramik   239

Seefeld-Hechendorf
Codello   Tücher, Schals, Krawatten, Gürtel, Taschen   240

Selb
Zeitgeist   Frottierwaren, Geschenkartikel   241
Flügel   Porzellan, Geschenkartikel   242
Rosenthal   Porzellan   243
Hutschenreuther   Porzellan   243
Villeroy & Boch   Porzellan, Kristall, Glas, Bestecke, Accessoires   245

Simbach a. Inn
Ventidue   Damenbekleidung   246

Sonthofen
Authentic Sportmoden   Outdoor-, Sportbekleidung   247
Comazo   Tag- und Nachtwäsche   248
Ergee   Strumpfwaren, Strickwaren, Wäsche, Hemden   249

Speichersdorf
Rosenthal   Porzellan   243

Spiegelau
Nachtmann   Gläser, Kristall, Bleikristall   197
Spiegelau   Glas und Kristallglas   250

Starnberg-Schorn
More & More — Damen-, Herren-, Kinderbekleidung — 266

Strullendorf bei Bamberg
Naturstein Sonderposten — Natursteinplatten — 251
Steba — Elektrogeräte — 252

Taufkirchen/Vils
Himolla — Polstermöbel — 253

Tettau
Seltmann — Porzellan — 275

Thiersheim
Voith Sportswear — Sport-, Freizeitbekleidung — 254

Tirschenreuth/Oberpfalz
Gerro Fashion — Herrenhemden, Freizeitbekleidung — 255
Hutschenreuther — Porzellan — 243
Müller Claus — Pflanzgefäße, Terracotta — 256
T.O.C — Hemden, Blusen — 257

Türkheim
Moschen Bayern — Trachtenbekleidung — 258
Salamander — Schuhe für Herren, Damen, Kinder — 259

Übersee
Chiemsee — Sport-, Freizeitbekleidung — 260

Uffenheim
Reichart — Damenblusen — 261

Ulm
Glaeser — Stoffe, Gardinen, Dekostoffe — 262
Mayser — Strickwaren, Krawatten, Tag- und Nachtwäsche — 263

Unteregg
Faustmann — Hüte und Mützen, Lodenhüte — 264

Unterschleißheim bei München
Fjällräven — Outdoor-Bekleidung — 265
More & More — Damen-, Herren-, Kinderbekleidung — 266

Unterweißbach
Seltmann — Porzellan — 275

Vestenbergsgreuth
Greuther Teeladen — Tee, Heilpflanzen, Gewürze — 267

Vilshofen
Huber Strick-Sportmoden	Trachten- und Landhausbekleidung	269
Weber & Ott	Herren- und Damenbekleidung	83

Vilshofen-Linda
Weber & Ott	Damen- und Herrenbekleidung	270

Vohenstrauß
SKV-Arzberg-Porzellan	Porzellan	229

Wachenroth
Bekleidungshaus Murk	Damen-, Herren-, Kinderbekleidung	271

Waldershof
Rosenthal	Porzellan	243

Warmensteinach
Frankonia	Gläser	272

Wegscheid
Elite Moden	Damenbekleidung	273

Weiden/Oberpfalz
Colors	Damen-, Herrenbekleidung, Schuhe, Taschen	274
Seltmann	Porzellan	275

Weiden-Ullersricht
Witt Weiden	Bekleidung, Schuhe, Bettwäsche	276

Werneck
Gefi	Matratzen, Lattenroste	225

Wertheim
Alfi Zitzmann	Isolierkannen, Haushaltswaren	277

Windischeschenbach
Triptis Porzellan	Porzellan	278

Würzburg
Wirkes	Landhaus-, Trachten-, Lederbekleidung	187

Zeil am Main
Erbelle	Bettwäsche, Heimtextilien, Stoffe, Herrenhemden	76

Zirndorf
Playmobil	Spielwaren	279

Zwiesel
Hutschenreuther	Porzellan	243
Nachtmann	Gläser, Kristall, Bleikristall	197
Schott Zwiesel	Glaswaren	280

Pressestimmen

„**Zeitgemäße Antworten**... liefert Heinz Waldmüller. Leitz-Ordnerweise hortet er Anwaltspost, Unterlassungserklärungen, Ermahnungen, Drohungen mit Vertragsstrafen. Der Einzelhandel hatte ihm den Krieg erklärt. Seine „Schnäppchenführer" sind die bekanntesten Einkaufsratgeber im deutschen Sprachraum. Gesamtauflage: über zwei Millionen."
stern

„Heinz Waldmüller, Deutschlands Schnäppchen-Papst, weiß stets, wo's billig zugeht. Seine Tipps im Taschenbuchformat: Gesamtauflage über 2 Millionen Exemplare."
„Die ZDF-Reportage"

„**Das Buch ist eine Sauerei!**' wetterte der deutsche Textileinzelhandel über den Schnäppchenführer. Inzwischen ist er längst zum Bestseller geworden. Er verrät nämlich, wo man direkt ab Fabrik einkaufen kann."
„Heinz Waldmüller ist vom Fuß bis zum Scheitel eine Provokation. Er hatte Dinge getan, die ehrbare Ladeninhaber für unfassbar halten. Nichts an ihm, aber überhaupt gar nichts stammt aus dem Einzelhandel, und auch alles in seinem Kleiderschrank ist in der Fabrik gekauft. Das Schlimme daran, er hat – so die Einzelhandelsverbände – mit seinem unglückseligen Schnäppchenführer andere Kaufwütige erst auf die Idee gebracht, es ihm nachzumachen."
ZDF

„...Ein Schnäppchenführer zu Sonderangeboten ab Fabrik wurde zum Bestseller."
DER SPIEGEL

„Darauf haben alle gewartet: die neuen ‚Schnäppchenführer' für den preiswerten Einkauf direkt ab Fabrik sind da! Die ersten Bände dieser Reihe ... wurden bereits zu Bestsellern."
Zeitschrift „Brigitte"

„Fabrik-Adressen, bei denen Direktverkauf möglich ist, waren bisher eher Geheimtipps unter Schnäppchen-Jägern ... Lohnende Lektüre."
Zeitschrift „test" der Stiftung Warentest

Im Gespräch

Deutschlands oberster Schnäppchenjäger

Sparen, sparen, sparen: Ob Anzüge, Töpfe oder Pfannen, Sofa oder Küchenstuhl, Heinz Waldmüller, der Erfinder der Schnäppchenführer in Deutschland, hat den Fabrikverkauf als günstige Einkaufsquelle entdeckt.

Wie kamen Sie auf diese Idee?

Ich bin Journalist und habe aufgeschrieben, wo Boss-Anzüge, Jil-Sander-Kostüme, WMF-Kochtöpfe und Rosenthal-Porzellan zum halben Preis über die Theke gehen. Das ist nichts Unanständiges! Das hilft dem Verbraucher. Auf die Idee kam ich nach einer Radiosendung zum Geldsparen. Die Sendung hatte zehn gute Geld-Spar-Ideen. Eine kam von mir: Ich habe einfach meine guten Erfahrungen mit dem Einkaufen ab Fabrik reportiert. Mit Preisvergleich und Firmennamen und, und, und. Nach der Sendung standen die Telefone nicht mehr still. Alles Frauen. Alle hatten nur die eine Frage: Wo gibt es die Adressen der Fabrikverkäufe? Die stehen jetzt in unseren Schnäppchenführern.

Der Bundesverband des deutschen Textileinzelhandels wetterte laut DER SPIEGEL: „Das Buch ist eine Sauerei!" Was war denn die Sauerei?

Die Sauerei war: Ich habe an den Grundfesten der Handelsstufen in Deutschland gerüttelt. Es ist ja so: An jeder Hose, die ein Hersteller schneidert, will auch der Einzelhändler verdienen. 120% bis 150% ist sein Preisaufschlag. Meine Schnäppchenführer verraten dem Verbraucher, wie er – am Handel vorbei – den Weg direkt zum Hersteller findet. Das wirbelt das System der traditionellen Handelsstufen gehörig durcheinander. Wer das tut macht sich Feinde.

Wie haben Sie recherchiert?

Also ich kaufe ja schon lange mit meiner Familie ab Fabrik ein. Ich mache mit den Schnäppchenführern erst einmal nur Folgendes: Ich gebe meine guten Erfahrungen mit dem Fabrikverkauf an die Leser weiter. Und dann habe ich neue Adressen recherchiert. Wie, das ist mein Geschäftsgeheimnis. Als ich die ersten 100 Adressen zusammen hatte, ging es richtig mit der Vor-Ort-Recherche los. Meine Frau und ich haben jeden Fabrikverkauf in den Sommerferien abgeklappert. Die Kinder hatten wir für vier Wochen ins Schullandheim geschickt. Das war der härteste Urlaub meines Lebens. Die Hersteller haben uns rausgeschmissen aus ihren Fabrikläden. Es hagelte Prozessandrohungen: „Wenn Sie unseren Fabrikverkauf veröffentlichen, verklagen wir Sie auf Schadenersatz!"

Die Hersteller sollten sich doch freuen, dass Sie Öffentlichkeit herstellen für ihre Fabrikverkäufe. Da brummt doch das Geschäft, wenn ich davon erfahre?

Das habe ich auch gedacht. Aber der Hersteller verkauft 90 % seiner Ware an den Fachhandel. Also ist der Fachhändler sein wichtigster Kunde. Für jeden Hersteller ist oberstes Gebot: Fachhandelstreue, Fachhandelstreue, Fachhandelstreue. Es schlagen aber zwei Herzen in seiner Brust. Der Hersteller will auch die Ware zu einem guten Preis verkaufen, die ihm der Fachhandel nicht abnimmt. Und das kann er, wenn er den Endverbraucher im Fabrikverkauf direkt bedient. Nur – der Fachhändler sollte das damals auf keinen Fall erfahren. Inzwischen hat der Fachhandel aber akzeptiert, dass der Hersteller an seinem Fabrikstandort einen Fabrikverkauf durchführt.

Die Hersteller und die Einzelhändler haben Ihnen Angst eingejagt?

So war's. Nachts habe ich davon geträumt, dass der Gerichtsvollzieher den Kuckuck auf unser Einfamilienhäuschen klebt. Aber ich habe das Buch gemacht.

Wie werden die Schnäppchenführer vom Publikum angenommen?

Die Verbraucher mögen uns. Es wurden Schwarzmarktpreise für den ersten Schnäppchenführer bezahlt. Der Verlag kam mit dem Drucken nicht nach und viele Schnäppchenjäger befürchteten, die Schnäppchenführer könnten verboten werden. Inzwischen haben wir mit unseren Schnäppchenführern eine Auflage von über zwei Millionen erreicht.

Welche Schnäppchenführer sind Ihre Zugpferde?

Das wird Sie überraschen. Unsere Zugpferde sind ganz eindeutig die Ländertitel wie **Der große Schnäppchenführer Bayern**, **Der große Schnäppchenführer**

Baden-Württemberg und **Der große Schnäppchenführer Nordrhein-Westfalen**. Unsere Leser sind scharf auf große Marken vor ihrer Haustür. Genau das ist der Stoff unserer Ländertitel.

Wie erklären Sie sich den Erfolg der Schnäppchenführer?

Der Leser spürt den Kundennutzen, den unsere Bücher bieten. Wir helfen ihm beim Geld sparen und zeigen Seite für Seite klipp und klar, wo es Markenqualität zum besten Preis gibt. Im Team haben wir ja Journalisten, die auf dem Ratgeber-Sektor zu Hause sind. Die treffen eine verlässliche Auswahl. Wir stellen ganz bewusst nur Marken vor, weil wir überzeugt sind: Der Leser hat nichts von Adressmüll nach dem Motto: möglichst viele Adressen. Wir sagen: Klasse statt Masse. Wir bieten vor allem auch guten Service und führen unsere Leser hin zu den Marken. Wir helfen mit Landkarten, Ortsplänen und Streckenbeschreibungen. Wir liefern jeweils auf einer Buchseite die für den Leser wichtigsten Fakten über eine Marke. Dieser hohe Kundennutzen schafft eine hohe Akzeptanz und große Kundenzufriedenheit.

Fabrikverkauf – was ist das?

Nicht alle Adressen in diesem Buch haben Fabrikverkauf im Rechtssinne. Für Fabrikverkauf im Rechtssinne gibt es strenge Rechtsnormen. Als Verbraucherjournalist habe ich meine Aufgabe nicht darin gesehen, zu überprüfen, ob die aufgeführten Firmen Fabrikverkauf im Rechtssinne durchführen. Ausschlaggebend war vielmehr die Frage: Ist dieser Verkauf für Sie eine gute Einkaufsadresse im Sinne von Marke, Warenqualität und Preisvorteil? Deshalb gibt es in diesem Buch auch Vertriebsgesellschaften, Lagerverkäufe, Direktverkäufe, Werksläden oder auch Einzelhandelsgeschäfte, die Ware aus der eigenen Fabrik zu günstigen Preisen verkaufen. Die Firmenadressen geben keine Auskunft über die Rechtsform oder über die Gesellschaft, die den Verkauf betreibt.

Tipps erwünscht!

In dieser Reihe haben wir bisher ca. 3000 Fabrikverkäufe vor Ort recherchiert. Wir haben jedoch die Spreu vom Weizen getrennt und nur die besten Marken ausgewählt und veröffentlicht. Das heißt nicht, dass wir wirklich schon alle hervorragenden Einkaufsquellen aufgespürt hätten. Wir bitten hier um Ihre Mithilfe. Nachdem es nichts gibt, was man nicht noch besser machen könnte, bitten wir um Ihre Geheimadressen, aber auch um Ihre Anregungen, Ihre Kritik, Ihre Vorschläge. Bitte teilen Sie auch mit, wenn Ihnen Herstelleradressen nicht gefallen haben und warum. Wir prüfen jede Kritik und nehmen Hersteller, über die es Beschwerden gibt, wieder aus unseren Schnäppchenführern heraus. Wir sind allein Ihnen verpflichtet und sonst niemandem. Für die besten 100 Vorschläge von neuen Adressen gibt es Buchprämien.
Bitte schreiben Sie, Sie helfen damit allen Verbrauchern, die mit unseren Schnäppchenführern preisgünstig einkaufen wollen.

Schnäppchenführer Bayern
Heinz Waldmüller
Schnäppchenführer-Verlag GmbH
Postfach 44 29
70782 Filderstadt

Fax: 07 11/77 72 06
E-Mail: Schnaeppchenfuehrer@t-online.de
Internet: www.schnaeppchenfuehrer-verlag.de

Was spart man beim Fabrikverkauf?

Zugegeben, eine schwierige Frage, weil echte Vergleiche zum Teil unmöglich sind. Der Fachhandel bietet die hochaktuelle Ware an. Zum Abverkauf in der Fabrik kommt dagegen auch Ware der vergangenen Saison. Wenn die identische Ware in den Fachgeschäften nicht zu finden ist, ist ein echter Preisvergleich nicht möglich. Der Verbraucher will jedoch wissen, wie hoch die Ersparnis ist. Deshalb wurden für die Ermittlungen der Preise Hilfskonstruktionen gesucht. Beispiel aus dem Bekleidungsbereich: Es wurde die vergleichbare neue Kollektion als Maßstab herangezogen, auch wenn es nicht die gleiche Ware, sondern allenfalls vergleichbare Ware ist.

Als Faustregel lässt sich sagen: Im Textil- und Schuhbereich ist die Bandbreite der Ersparnis groß. Es konnte eine durchschnittliche Preisreduzierung zum empfohlenen Endverkaufspreis von zirka 25 bis 50% ermittelt werden.

Und noch etwas ist wichtig: Die Prozentangaben sind immer Zirkaangaben. Wo es möglich war, diente als Preisvergleichsmaßstab der empfohlene Endverkaufspreis aus Händlerpreislisten und Prospekten, oder es wurde vor Ort in Fachgeschäften recherchiert. Um zu einer möglichst objektiven Beurteilung zu kommen, wurde in Zweifelsfällen aus den unterschiedlichen Aussagen ein Mittelwert festgelegt.

Korrekturstand der vorliegenden Ausgabe: Januar 2003.

Vor- und Nachteile des Fabrikverkaufs

Vorteile
- Konkurrenzlos preisgünstige Einkaufsmöglichkeit.
- Markenqualität: Als Einkäufer ab Fabrik mit Markenbewusstsein treffe ich im Vorfeld meine Entscheidung, welcher Marke ich mein Vertrauen gebe.
- Sehr gute Preis-Leistungs-Relation (Qualität zum halben Preis).
- Produktpalette der jeweiligen Marke/Firma meist in großer Auswahl.
- Kennenlernen des Produktionsbetriebes und der Produktionsbedingungen.
- Fabrikverkauf als Chance für Kurzurlaub (Anlässe für Kurzurlaub schaffen oder Freunde besuchen).

Nachteile
- Nicht immer jeder Artikel in jeder Größe und Farbe vorhanden.
  Tipp: Winterware schon im September/Oktober, Frühjahrs- und Sommerware ab Mitte Februar einkaufen. Anrufen, ob neue Ware schon da ist.
- Oft nur Ware eines Herstellers.
- Vor Ort kein Waren-, Preis- und Qualitäts-Vergleich mit anderen Produkten anderer Firmen möglich.
  Tipp: sich schon zu Hause informieren evtl. auch über Kataloge oder Internet.
- Anfahrtswege oft lang, Zeitverlust, Benzinkosten.
  Tipp: Fahrgemeinschaften mit Nachbarn, Freunde besuchen, Wochenendausflug, Shoppingurlaub, Schnäppchenreise oder Einkaufen ab Fabrik in normale Reiseroute einbeziehen.
- Kaufrausch, weil Ware so preisgünstig ist oder wenig Ware. Gefahr, dass man ohne Einkauf zurückkommt oder Ware kauft, die einem gar nicht gefällt.
  Tipp: vor der Schnäppchenreise Reiseroute ausarbeiten, die mehrere Fabrikverkäufe einbezieht.
- Preisgünstige Ware oft mit kleinen Fehlern. Kein Umtausch bei fehlerhafter Ware.
  Tipp: Ware genau anschauen.
- Kaum Beratung. Lagerhallen-Atmosphäre.
  Tipp: solche Firmen auswählen, die inzwischen ihren Fabrikverkauf zu ihrer Visitenkarte gegenüber dem Endverbraucher gemacht haben. Mit ansprechendem Ambiente und sehr fachkundigen Kundenberaterinnen. Das ist der Trend im Fabrikverkauf.

Zum Gebrauch

Die Übersichtskarten
auf den Seiten 28-33 zeigen deutlich, wo die Orte mit Fabrikverkauf oder die Hersteller liegen. Diese Karten sind eine erste Orientierung für Ihre Schnäppchen-Tour.

Das Inhaltsverzeichnis nach Orten
(Seite 5-19) gibt nun genauere Angaben. Hier werden in alphabetischer Reihenfolge alle Orte mit Fabrikverkauf aufgeführt. Darunter die Firmen, wiederum alphabetisch angeordnet nach Firmennamen, nicht nach Markenbegriffen, sowie deren Warenangebot.

Anwendungsbeispiel
Sie möchten wissen, welche weiteren Fabrikverkäufe es neben Marc O'Polo noch in München gibt. Im Inhaltsverzeichnis unter München stehen mehrere Firmen. Die Details finden Sie im Hauptteil des Buches, Seite 174 ff. Von der Anreisebeschreibung über die Orientierungskarten bis hin zu Warenangebot, Ersparnis, Ambiente und Öffnungszeiten erfahren Sie hier Seite für Seite die Spezialinformationen zu jeder einzelnen Firma.

▶ Dieser Pfeil in den Orientierungskarten zeigt Ihnen den Standort der jeweiligen Firma an.

Ein Marken- und Firmenregister
(Seite 283 ff.) und zusätzlich ein **Warenregister** (Seite 281 ff.) dienen als weitere Suchhilfen. Diese beiden Register geben darüber hinaus erste Hinweise auf die jeweiligen Warengruppen einer Verkaufsstelle.

Anwendungsbeispiele
Sie suchen die Firma Marc O'Polo. Sie finden das Unternehmen am schnellsten im **Marken- und Firmenregister**. Zusätzlich erhalten Sie die Basisinformation, dass diese Firma Damen- und Herrenbekleidung ab Fabrik verkauft (Seite 184). Sie suchen Outdoor-Bekleidung. Hier gehen Sie am besten ins **Warenregister**. Dort erfahren Sie unter dem Stichwort Outdoor-Bekleidung, auf welchen Seiten entsprechende Hersteller beschrieben sind.

Wichtig noch
Jede Firmenbeschreibung ist eine Momentaufnahme. Redaktionsschluss war im Januar 2003. Falls sich die Einkaufssituation geändert hat, berichten Sie uns Ihre Erfahrungen.
Ihnen viel Spaß bei Ihrer Schnäppchen-Route und viel Erfolg beim Einkaufen.

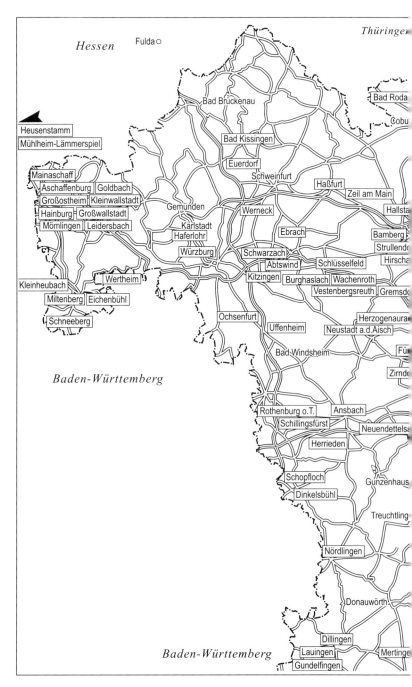

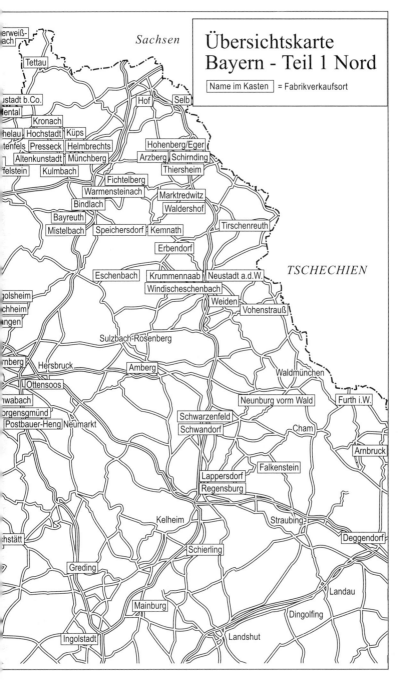

Schnäppchenführer

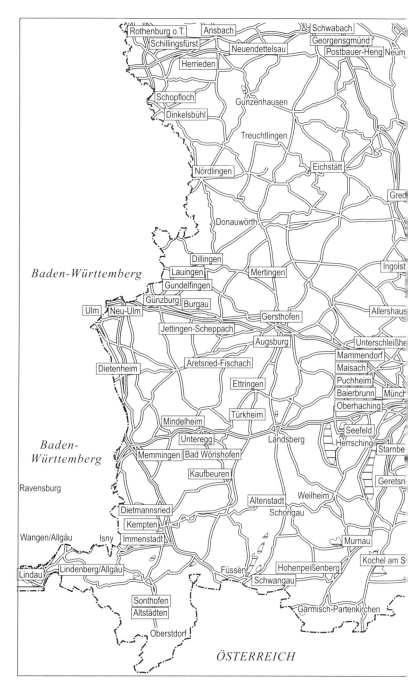

Übersichtskarte

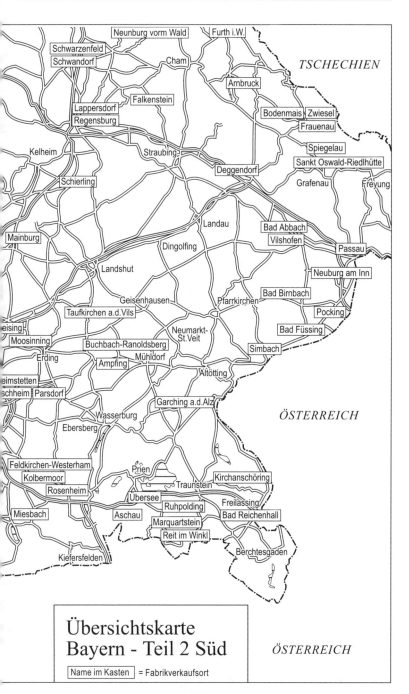

Übersichtskarte
Bayern - Teil 2 Süd

Name im Kasten = Fabrikverkaufsort

Schnäppchenführer

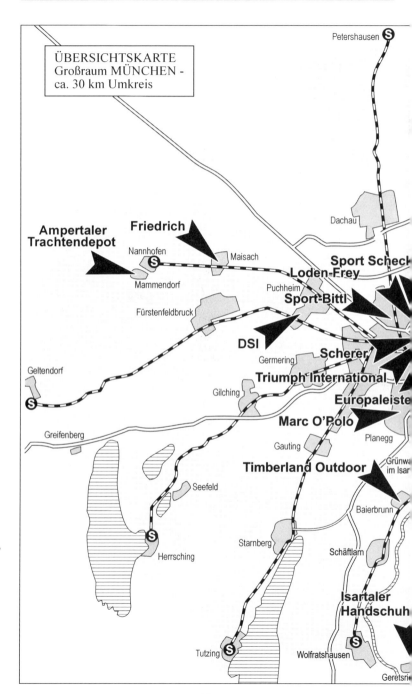

Übersichtskarte

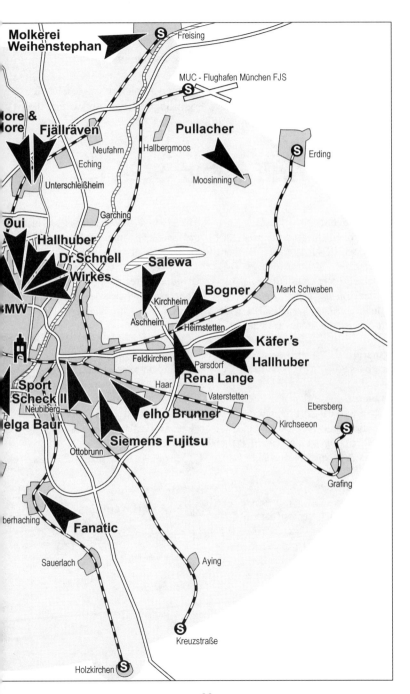

Abtswind — Tee, Kräuter, Gewürze

Der Familienbetrieb gehört zu den führenden Anbietern im Bereich Tee- und Kräuterwaren. Fünf Jahrzehnte Erfahrung machen Abtswinder Tees und Naturheilmittel zu Spitzenprodukten.

Die Teemeister

Warenangebot
Kräuter-, Früchtetees, Schwarztees, Heilkräuter, Gewürze, Kaffee, Bonbons, Spezialitäten für die Gesundheit, Diätprodukte, Körner und Getreide aus kontrolliert biologischem Anbau, Teesträuße, Suppen, Kerzen, Nudeln, geröstete Kürbiskerne, Erdnüsse, Honig.

Ersparnis
Ca. 50 bis 60 %.

Ambiente
1000 verschiedene Artikel, davon ca. 150 Teesorten, sind übersichtlich und gut zugänglich in dem Laden sortiert. Probeausschank. Parkplätze vor dem Laden.

Besonderheiten
Eigene Kaffee- und Erdnussrösterei. Alle Verkäuferinnen haben den Sachkundennachweis für den Verkauf freiverkäuflicher Arzneimittel. Für Busse nach Absprache Führung durch den Betrieb (45 Min.), Teeprobe, Einkauf. Versand-Preisliste anfordern. Ab 50,-€ Warenwert Lieferung frei Haus. Gewürzmuseum.

Adresse
H. Kaulfuss, Abtswinder Kräuter, Gewürze, Teeladen, Ebracher Straße 11-13, 97355 Abtswind, Telefon: 09383/99797, Fax: 99798, E-Mail:teeladen@t-online.de, Internet: abtswinder-kraeuterteeladen.de

Öffnungszeiten
Montag bis Freitag 8.30 bis 18.00 Uhr, Samstag 9.00 bis 13.00 Uhr.

Anreise
Auf der A3 aus Richtung Würzburg, Ausfahrt Schweinfurt/Wiesentheid, durch Rüdenhausen Richtung Abtswind. In Abtswind am Marktplatz links am Gasthof vorbei. Nach 100 m links.

Qualität – Funktion – Passform, das ist das Motto der Völkl-Schuhmacher. Für Trekking- und Alpinschuhe eine gute Adresse. Aber: Seien Sie nicht überrascht, wenn Sie das Gebäude sehen. Das Lagerhallen-Ambiente ist wirklich spartanisch, die Preise aber sind für den Käufer gut.

Outdoor, Trekking, Tracht ...

Warenangebot
Trekking- und Alpinschuhe mit weichem PU-Keil für einen gelenkschonenden, sicheren Auftritt. Stollen-Lamellensystem mit Drehpunkt im Ballenbereich. Jagdschuhe und -stiefel, echt bayerische Trachtenschuhe, passend zur aktuellen Landhausmode. Damentrekkingschuhe werden über spezielle Damenleisten gefertigt. Gute Qualität.

Ersparnis
Ca. 30 bis 50 %.

Ambiente
Verkauf ab Lager, Auslaufartikel, Restposten, 2. Wahl, Fachberatung.

Adresse
Völkl GmbH & Co. KG, Seestraße 3-7, 85391 Allershausen, Telefon: 08166/9736, Fax: 3404, E-Mail: info@voelkl-shoes.com.

Öffnungszeiten
Montag, Mittwoch, Donnerstag, 8.30 bis 17.00 Uhr, Freitag 8.30 bis 18.30 Uhr, Samstag 8.30 bis 13.00 Uhr. Dienstag geschlossen. Betriebsferien im August, bitte vorher anrufen.

Anreise
A9 (München-Ingolstadt), Ausfahrt Allershausen; im Ort 1. Ampel rechts, nächste rechts und wieder links; Verkauf links.

Altendorf/Nabburg — Jeans, Hosen

DER HOSENHERSTELLER

Mit über 100 Beschäftigten fertigt der Betrieb in Altendorf Jeans und Freizeithosen für Damen und Herren.

Die Erfolgsmarke

Warenangebot
Jeans in vielen aktuellen Farben und in klassischem Blau und Schwarz. Jeansjacken, Hosen aus anderen Stoffqualitäten, Arbeitsbekleidung jeder Art, auch große Größen.

Ersparnis
40 bis 50 %. Kein WSV/SSV.

Ambiente
Ware übersichtlich auf Ständern nach Größen sortiert. Zwei Umkleidekabinen mit großem Spiegel.

Adresse
Baumann, Am Wasser 4, 92540 Altendorf/Nabburg, Telefon: 09675/9 11 61, Fax: 9 11 60.

Öffnungszeiten
Montag bis Samstag 9.00 bis 12.00 Uhr.

Anreise
A93 (Regensburg-Weiden), Ausfahrt Nabburg. Von Nabburg Richtung Neunburg vorm Wald bis Altendorf ca. 10 km. Im Ort an der Raiffeisenbank rechts abbiegen. Verkauf am hinteren Ende des Firmengebäudes.

Seit mehr als zehn Jahren entwirft und vermarktet die Firma NICI AG ihre fantasievollen Plüschtiere und Accessoires.

Zum Knuddeln

Warenangebot
Auslaufartikel und 2. Wahl, Plüschtiere, Tassen, Schlüsselanhänger, T-Shirts, Socken, Handtücher, Wohnaccessoires, Karten, Bücher und mehr.

Ersparnis
30 bis 70 %.

Ambiente
Verkauf in Lagerhalle auf 350 m² Fläche. Parkplätze direkt vor der Halle.

Adresse
NICI AG, Gewerbegebiet 4, 96264 Altenkunstadt, Telefon: 0 95 72/96 53, Fax: 79 06 55.

Öffnungszeiten
Montag bis Freitag 10.00 bis 18.00 Uhr, Samstag 9.00 bis 16.00 Uhr.

Anreise
A70 Bamberg Richtung Lichtenfels, B173 Richtung Kulmbach, Burgkunstadt rechts ab nach Altenkunstadt.

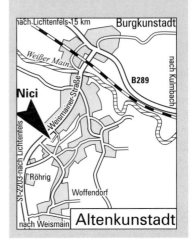

Altenstadt bei Schongau   Strumpfwaren, Strickwaren, Wäsche

VATTER GMBH

Zehn Jahre Forschungsarbeit brauchte der amerikanische Chemiker Wallace H. Carothers, um eine neue Faser und ihre Verarbeitung zu entwickeln: Nylon. Das war im Mai 1940. Heute sind Elbeo, Bi, nur die, Bellinda modische Qualitätsprodukte, die jede Frau/jeder Mann kennt.

Zarter Glanz am Bein

Warenangebot
Feinstrumpfhosen, Strümpfe, Kniestrümpfe, Söckchen, Strickartikel für Damen, Herren und Kinder. 1. und 2. Wahl. Außerdem Aktionsartikel, Restposten. Unterwäsche und Nachtwäsche für Damen, Herren, Kinder von bekannten Markenherstellern.

Ersparnis
30 bis 70% bei B-Qualitäten und 2. Wahl. Zusätzliche Ersparnis im SSV/WSV.

Ambiente
Großer, mit Selbstbedienungsregalen eingerichteter Raum, übersichtliche Präsentation, vier Verkäuferinnen, Parkplätze direkt vor der Tür.

Adresse
Vatter GmbH, Niederhofener Straße 10, 86972 Altenstadt bei Schongau, Telefon: 0 88 61/9 31-1 38.

Öffnungszeiten
Montag bis Freitag 9.30 bis 12.00 und 13.00 bis 17.30 Uhr, Samstag 9.00 bis 12.00 Uhr.

Weitere Verkaufsstelle
● 89415 **Lauingen/Donau**, Johann-

Röhm-Straße 17, Telefon 0 90 72/ 92 15 40, Fax: 92 15 41. Öffnungszeiten: Montag bis Freitag 9.00 bis 18.00 Uhr, Samstag 9.00 bis 12.00 Uhr.

Anreise
B17, Augsburg in Richtung Füssen, 3 km vor Schongau in Hohenfurch nach rechts über Schwabniederhofen nach Altenstadt. Nach Ortseingang Altenstadt sind links zwei große Gebäude. Dort ist Vatter GmbH ausgeschildert.

Altstädten bei Sonthofen — Allgäuer Keramik

Allgäuer Keramik kommt nicht derb-rustikal daher, sondern eher leicht und frisch. Das ganze Geschirr lebt von der überzeugenden Aussage einer alten Töpferfamilie, die zusammen mit dem Allgäuer Heimatpfleger Dr. Alfred Weitnauer die echte „Allgäuer Keramik" wiederentdeckt hat und sich auf die Formen und Dekors von damals zurückbesinnt. Die luftigen Dekore liegen unter einer transparenten, harten Glasur aus natürlichen Rohstoffen.

Geschirr – nicht nur für Kässpatzen

Warenangebot
Allgäuer Geschirr wie Kässpatzenschüssel, Milchsatte, Milchrutscher, Töpfe, Gugelhupfform, Käseglocke. Zusätzlich Gebrauchsgeschirr für Tisch und Herd, Haus und Garten. Geschenkartikel.

Ersparnis
Ca. 20 bis 30%. Kein WSV/SSV. Bei Auslaufmodellen und Überhängen wird zu kaum mehr als den Herstellungskosten verkauft.

Ambiente
Ruhige Ladenatmosphäre: Verkäuferinnen mit sachkundiger Beratung. Blick in die Werkstatt möglich. Ausstellung im Glashaus.

Adresse
Allgäuer Keramik, Hans Rebstock KG, Töpferweg 16, 87527 Altstädten bei Sonthofen, Telefon: 0 83 21/34 54, Fax: 24 71, E-Mail: allgaeuer-keramik@t-online.de.

Öffnungszeiten
Montag bis Freitag 10.00 bis 18.00 Uhr, Samstag 9.00 bis 13.00 Uhr.

Anreise
B19 Sonthofen Richtung Oberstdorf, Ausfahrt Sonthofen-Süd/Altstädten. Ab Sonthofen ausgeschildert.

Ampfing-Wimpasing — Jeans, Freizeitbekleidung

Die Jeanshose: gefertigt nur in Italien, dort wo auch große Markenhersteller fertigen lassen. Modelle, Farben und Auswaschungen liegen stets im neuesten Trend, die Qualität ist hochwertig. Der größte Unterschied zur teuren Markenjeans: das Etikett.

Eine für alle Fälle

Warenangebot
Nur 1. Wahl. Jeans: Stretch-Jeans, Übergrößen-Jeans, Schlag-Jeans, Jeansjacken, Kinderjeans, Kinderjeansjacken, Sweatshirt- und T-Shirtmode für Erwachsene und Kinder.

Ersparnis
30 bis 60 %: Im SSV/WSV nochmals bis 30 % reduziert (außer Jeans).

Ambiente
Verkauf in großer Lagerhalle; übersichtliche Präsentation auf Ständern und in Regalen; Umkleidekabinen; Preisauszeichnung. Änderungsservice auf Wunsch über Nacht. Parkplätze vorhanden.

Adresse
Dimor Textilvertrieb, Siemensstraße 11 (Gewerbegebiet Wimpasing), 84539 Ampfing-Wimpasing, Telefon: 0 86 36/ 15 68, Internet: www.dimor.de.

Öffnungszeiten
Donnerstag 9.00 bis 20.00 Uhr, Freitag 9.00 bis 19.00 Uhr, Samstag 9.00 bis 16.00 Uhr.

Anreise
Auf der B12 (München-Passau) vor Mühldorf nach Ampfing; nach Ausfahrt links ins Gewerbegebiet, nächste Straße links, nächste rechts: Firma im Eckhaus.

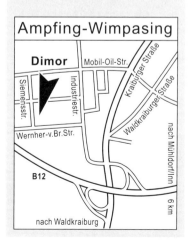

Ansbach — Wurstwaren, Lebensmittel

Schafft in Ansbach stellt innovative und qualitativ hochwertige Lebensmittel unter bekannten Marken wie „Bifi" und „Du darfst" her. Seit mehr als 125 Jahren genießen die Produkte von Schafft bei Verbrauchern und Handel einen ausgezeichneten Ruf. Im Werk hier geht's um die Wurst.

Food for Life

Warenangebot
Bekannte Markenartikel wie Bifi Snacks, Carazza, Ranger, „Du darfst"-Wurst und Becel Wurst, aber auch regionale Wurstprodukte wie Leberkäse. Dosenwürstchen und -suppen für den Discounthandel runden das Sortiment ab.

Ersparnis
20 bis 60 %. Bei Sonderangeboten zusätzliche Ersparnis.

Ambiente
Ca. 100 m² Verkaufsraum. Ware in Tiefkühltruhen oder auf Paletten gestapelt.

Adresse
Schafft, Eyber Straße 81, 91522 Ansbach, Telefon: 09 81/18 01-1 56, Fax: 1 80 11 09, Internet: www.schafft.de.

Öffnungszeiten
Freitag 15.00 bis 18.00 Uhr, Samstag 9.00 bis 14.00 Uhr.

Weitere Verkaufsstelle
● 87435 **Kempten**, Oberstdorfer Straße 7, Edelweiß Käsewerk, Factory Outlet Center, Telefon: 08 31/2 53 92 65, Fax: 2 53 92 69.

Anreise
A6, Heilbronn-Nürnberg, Ausfahrt Ansbach, weiter auf der B13 in Richtung Ansbach. In Ansbach auf der Hauptstraße ca. 2 km bis zur Kreuzung. An der Ampel geradeaus über die Kreuzung in die Eyber Straße. Entlang der Eyber Straße fahren, nach ca. 400 m auf der rechten Seite befindet sich die Firma Schafft. Fabrikverkauf ist ausgeschildert.

Ansbach-Wolfartswinden — Sport- und Freizeitbekleidung

Das junge Unternehmen verfügt nur über ein begrenztes Warenangebot. Gute Qualität und modernes Design.

Frischer Wind für Sportliche

Warenangebot
Tactel-Bekleidung, Jogginganzüge, Freizeitanzüge, T-Shirts, Sweatshirts, Regenbekleidung, Tennissocken. Die Basisware sowie die kollektionsabhängigen Serien werden in 1. Wahl angeboten. Alle Artikel in 2. Wahl kosten zwischen 5,- und 10,- €; Ware hat kaum sichtbare Fehler oder ist leicht angeschmutzt.

Ersparnis
30 bis 50 %. 2.-Wahl-Ware noch günstiger. Kein SSV/WSV.

Ambiente
Neuer Verkaufsraum mit zwei Kabinen; Präsentation der Ware im Boutiquestil; engagierte Beraterin, die gerne Artikel in anderen Größen und Farben aus dem Lager bringt.

Adresse
HM-Sportswear, Wolfartswinden 5, 91522 Ansbach-Wolfartswinden, Telefon: 09 81/50 48, Fax: 1 73 73.

Öffnungszeiten
Montag bis Donnerstag 9.00 bis 16.00 Uhr, Freitag 9.00 bis 15.00 Uhr, Samstag geschlossen.

Anreise
Von Ansbach kommend fährt man auf der B13 (Richtung München) 2. Ausfahrt nach Ansbach-Brodswinden ab. Nach Brodswinden kommt Ansbach-Wolfartswinden, wo der Verkauf ausgeschildert ist (es gibt keine Straßennamen).

Aretsried-Fischach — Molkereiprodukte

Bayern ist traditionell das Land des Bieres. Dem Schnäppchen-Reporter fällt das vor allem bei Temperaturen um die 35 Grad im Schatten auf, wenn er auf bayerischen Landstraßen unterwegs ist und dürstet. Da scheint es, als seien einzig und allein Bierautos unterwegs. In und um Fischach ist das ganz anders: Da geben die Milch-Tanklastwagenfahrer Vollgas, auf dass die Milch nicht sauer wird und müde Männer munter werden.

Müller-Milch, die schmeckt

Warenangebot
Das Ablaufdatum ist in ein bis zwölf Tagen erreicht; daher wechselt das Warenangebot täglich: Es sind die klassischen Müller-Produkte wie z.B. Schlemmerjogurt, Buttermilch, Quark, Fruchtjogurts usw. Alle Produkte nur in Großpackungen erhältlich.

Ersparnis
Je nach Zeitspanne bis zum Ablaufdatum zwischen 20% und 80%.

Ambiente
Die Kühlhalle ist als Haus- und Personalverkauf gekennzeichnet, aber für jedermann zugänglich; ca. 20 Parkplätze vor dem Gebäude; immer reger Betrieb.

Adresse
Molkerei Alois Müller, Zollerstraße 7, 86850 Aretsried-Fischach, Telefon: 0 82 36/9 99-0, Fax: 99 96 50.

Öffnungszeiten
Montag 14.00 bis 18.00 Uhr, Mittwoch, Donnerstag, Freitag 14.00 bis 17.00 Uhr.

Anreise
B300 Memmingen-Augsburg, von Augsburg kommend links nach Aretsried/Fischach, nächste Möglichkeit rechts (bereits beschildert).

Weinfurtner
DAS GLASDORF

Bereits vor mehreren Jahrhunderten siegelten die Ahnen der Familie Weinfurtner ihre kostbare Ware.

Glas in ungeahnten Varianten

Warenangebot
1. und 2. Wahl. Fremdware, z.B. von Meissen, Seltmann, sigikid. Pokale, Gläser, Wohnschmuck, Floristik, Lüster, Gebrauchsglas, Schmuck, Kinderspielzeug, Design-Glas. Im „Glasi"-Markt findet sich auch die 2.-Wahl-Ware.

Ersparnis
Bis ca. 30%, bei Einzelstücken bis ca. 50% und mehr.

Ambiente
Das Glasdorf hat ca. 800 m² Verkaufsfläche, ganzjährige Weihnachtswelt. Ware teilweise noch in Kartons. Ausreichend Parkplätze.

Besonderheiten
Besichtigung von Glashütte, Glasschleiferei, Glasmalerei, Glasgravur, Kristall- und Kronleuchterfabrik täglich 9.00 bis 18.00 Uhr und Samstag 9.00 bis 16.00 Uhr. Sonntag (1.5. bis 15.10.) 10.00 bis 16.00 Uhr. Kostenlose Führung; Erlebnis-Galerie Kunst & Form.

Adresse
Weinfurtner, das Glasdorf, Zellertalstraße 13, 93471 Arnbruck, Telefon: 0 99 45/94 11-0, Fax: 4 44, Internet: www.weinfurtner.de.

Öffnungszeiten
Weinfurtner Glashütten: Montag bis Freitag 9.00 bis 18.00 Uhr, Samstag 9.00 bis 16.00 Uhr, Sonntag (1. 5. bis 15. 10.) 10.00 bis 16.00 Uhr.

Anreise
A3 Passau-Regensburg, Ausfahrt Deggendorf, weiter auf B11 Richtung Viechtach-Bodenmais, in Teisnach weiter nach Arnbruck.

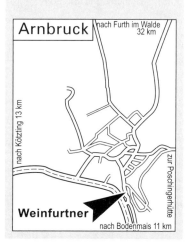

Mit diesen Blusen und Hemden sind die Damen und Herren in jeder Beziehung fein raus. Hochwertige Stoffe, zu zeitloser, lässiger Mode verarbeitet. Ideal zu eleganten Blazer-Kombinationen oder einfach zu Jeans für Business und Freizeit.

Edel-Schnäppchen

Warenangebot
De Kalb (Hemden): Stilrichtungen: Sportiv, Klassik, Fantasie. Materialien: Leinen, Baumwolle, Seide. Anzüge, Jacketts, Strickwaren, Jerseys, Krawatten, Tagwäsche. Kalb (Blusen und Kombis): Kostüme, Hosenanzüge, Röcke, Hosen, Blazer in edlen Materialien. Auch trendorientierte Mode (saisonabhängig). Großzügige Auswahl. 1. Wahl und 2. Wahl, auch Musterkollektionsteile.

Ersparnis
30 bis 40%. Zusätzliche Preisersparnis im SSV/WSV bis zu 60%.

Ambiente
Großzügiger Verkaufsraum mit sehr freundlichem Verkaufspersonal, Umkleidekabinen, Selbstbedienung und Beratung, Änderungsservice, Parkplätze.

Adresse
Kalb GmbH, Schwalbenrainweg 36-38, 63741 Aschaffenburg, Telefon: 06021/412201, Fax: 412217, Internet: www.kalb-fabrikverkauf.de.

Öffnungszeiten
Montag bis Freitag 10.00 bis 18.00 Uhr, Samstag 10.00 bis 16.00 Uhr.

Anreise
Von Frankfurt: A3, Ausfahrt Aschaffenburg West, dann Ausfahrt Aschaffenburg (Schnellstraße), Ausfahrt Strietwald, links, bis zur Ampel, links Richtung Strietwald, 2. Straße rechts abbiegen. Von Würzburg: Ausfahrt Aschaffenburg Ost, Goldbach. Rechts Richtung Aschaffenburg. An Ampel nach ELF-Tankstelle rechts abbiegen in Mühlstraße. In der Rechtskurve geradeaus in den Schwalbenrainweg.

Aschheim bei München — Sport-, Outdoor-Bekleidung, -Ausrüstung

Werbeslogan: „Qualität ist der Maßstab unseres Handelns." 1935 gegründet, gehört Salewa zu den führenden Herstellern von Bergsport- und Outdoor-Ausrüstung in Europa.

Ausgerüstet mit guten Ideen

Warenangebot
Komplettes Sortiment an Outdoor- und Trekking-Bekleidung (außer Schuhen): Jacken, Westen, Hosen, Hemden/Shirts, Fleece. Kindersportbekleidung, Skibekleidung. Daunenschlafsäcke, Rucksäcke, Zelte, Kletter-Zubehör.

Ersparnis
Ca. 30 bis 50%, 2. Wahl bis 80%. Kein WSV/SSV.

Ambiente
Verkauf zweimal jährlich im ersten Stock des Salewa-Gebäudes. Eingang durch den Hof hinter dem Haus. Preisliste hängt aus.

Besonderheiten
Lässt man sich in die Kundenliste eintragen, erhält man eine Einladung zu den Verkaufsterminen.

Adresse
Salewa, Saturnstraße 63, 85609 Aschheim, Telefon: 0 89/90 99 30, Fax: 90 99 31 90, Internet: www.salewa.de.

Öffnungszeiten
Verkauf im Frühjahr und im Herbst jeweils eine Woche lang. Termine bitte telefonisch erfragen oder in Liste eintragen lassen.

Anreise
A99 (Autobahnring München-Ost) Aschheim/Ismaning. In Aschheim ins Gewerbegebiet Nord-Ost, Industriestraße. Auf dieser Straße ca. 300 m bis Salewa.

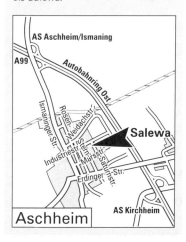

DIERIG

„So schön kann Bett- und Tischwäsche sein" lautet der stolze Werbeslogan von Dierig. In der Tat verzichtet die Firma auf kurzlebige Modefarben und Trends. Sie fertigt feine Mako-Satin-Wäsche in zeitlos-klassischen Designs; die Qualität ist erstklassig.

Wäsche vom Feinsten

Warenangebot
Bettwäsche, Laken, Spannbettücher (fast ausschließlich Normalgrößen); Kinderbettwäsche. Tischwäsche; Bade- und Hausmäntel, Handtücher. Unterwäsche von Mey und Triumph, Kinderbekleidung von Sanetta.

Ersparnis
Ca. 20 bis 50%. Zusätzliche Ersparnis im WSV/SSV 20%.

Ambiente
Zum Verkaufsraum durch Haupteingang, am Pförtner vorbei. Auf Betriebsgelände der Beschilderung „Werksverkauf" folgen.

Adresse
Christian Dierig GmbH, Kirchbergstraße 23, 86157 Augsburg, Telefon: 08 21/5 21 00, Fax: 52 61 25.

Öffnungszeiten
Montag bis Freitag 10.00 bis 18.00 Uhr. Samstag 10.00 bis 13.00 Uhr.

Anreise
Die Kirchbergstraße liegt in Augsburg West und ist über die B17 (Nord-Süd-Verbund) Ausfahrt Pferseel Nord zu erreichen. Dann in die Bürgermeister-Ackermann-Straße stadteinwärts, Firma rechts über Eberlestraße.

Augsburg — Hüte

LEMBERT
Seit Hüte 1861

Die Hutfabrik K & R Lembert wurde im Jahre 1861 gegründet und ist – neben einem reichhaltigen Programm an modischen Hüten – Spezialist in der Herstellung von Trachten-, Sport- und Kostümhüten sowie Jäger- und Forsthüten.

Der Hutmacher mit Tradition

Warenangebot
Nur 1.-Wahl-Ware; Kollektion wechselt halbjährlich: modische Hüte, Stroh- und Sommerhüte, Trachtenhüte, Jagd- und Schützenhüte, Bergsteiger- und Wanderhüte, Sport- und Kostümhüte (z.B. Napoleon-Hut, Biedermeier-Zylinder und viele mehr).

Ersparnis
Preisersparnis bis 50 %. Kein WSV/SSV.

Ambiente
Hüte übersichtlich präsentiert; Spiegel; Auskunft ist möglich, ansonsten jedoch Selbstbedienung; Parkmöglichkeit vor dem Gebäude.

Besonderheiten
Man kann nach eigenen Vorlagen, Mustern oder Zeichnungen speziell fertigen lassen.

Adresse
Hutfabrik K & R Lembert KG, Haunstetter Straße 49, 86161 Augsburg, Telefon: 08 21/25 99 00, Fax: 2 59 90 70.

Öffnungszeiten
Montag bis Donnerstag 6.00 bis 15.00 Uhr.

Anreise
Durch Augsburg-Stadtmitte fahren, Richtung Haunstetten; nach Stadtmitte ist die Haunstetter Straße; Hutfabrik links.

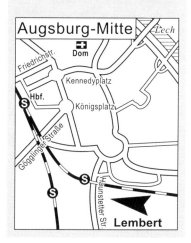

Bad Abbach-Oberndorf — Bademoden

Der Bademodenhersteller Palm Beach war auch dieses Jahr wieder Ausrüster bei Miss- und Mister-Wahlen.

Schöne Bademoden

Warenangebot
Damen-, Herren- und Kinderbademoden, Dessous, T-Shirts, Strandkleider, Freizeitbekleidung. Es handelt sich um 1.- und 2.-Wahl-Ware. Dabei überwiegt die 1. Wahl.

Ersparnis
Ca. 35%. Im SSV nochmals bis zu 30% reduziert.

Ambiente
Übersichtliche Präsentation der Ware auf ca. 200 m² Verkaufsfläche. Ca. 20 Parkplätze im Innenhof der Firma. „Zum Fabrikverkauf" ausgeschildert. Der Fabrikverkauf ist nur von März bis September geöffnet. Ab August wird die Ware nochmals verbilligt angeboten.

Adresse
Palm Beach, Inh. Wolfgang Pauli, Bade- und Freizeitmoden, Am unteren Weinberg 13, 93077 Bad Abbach-Oberndorf, Telefon: 09405/9595-0, Fax: 959595.

Öffnungszeiten
1. März bis 31. August, Montag bis Freitag 9.00 bis 18.00 Uhr, Samstag 9.00 bis 13.00 Uhr, September bis Februar geschlossen.

Weitere Verkaufsstelle
● 93167 **Falkenstein-Völling**, Schellmühle 6, Telefon: 09462/5281.

Anreise
Auf der A93 aus Regensburg kommend Ausfahrt Bad Abbach, Richtung Bad Abbach 4 km, bis zu einem Kreisverkehr (1 km bis Bad Abbach). In den Ort einfahren, Kreisverkehr, abbiegen nach Oberndorf. Der Beschilderung Palm Beach folgen.

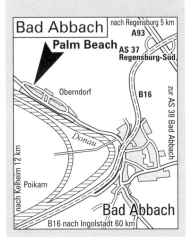

Bad Birnbach-Asenham — Leder- und Lammfellbekleidung

Kirschner ist ein Fachgeschäft für hochwertige Leder- und Lammfellbekleidung mit eigener Fertigung seit 1925.

Mode in Leder

Warenangebot
Hochwertige Leder- und Lammpelzbekleidung aus eigener Fertigung, aber auch von namhaften in- und ausländischen Lederbekleidungsherstellern. Hosen, Bundhosen, Mäntel, Jacken, Westen, Blousons. Spezialität sind Hosen und Jacken, in sportlicher und trachtiger Form. Materialien: von Lammnappa bis zum sämischen Hirschleder.

Ersparnis
Keine Billigware, Qualität kostet ihren Preis. Abschläge zwischen 20 und 40%. Entscheidend sind die Verarbeitung und das Leder.

Ambiente
Gemütliche Atmosphäre, Einkaufsbereich geht in Lagerbereich über. Fachberatung. Anfahrt mit dem Auto bis zur Ladentür.

Adresse
Ludwig Kirschner, Lederbekleidungshersteller, Kößlarner Straße 1, 84364 Bad Birnbach-Asenham/Niederbayern, Telefon: 0 85 63/4 72, Fax: 9 12 81, Internet: www.leder-kirschner.de.

Öffnungszeiten
Montag bis Freitag 8.00 bis 11.30 und 12.30 bis 17.00 Uhr, Samstag 9.00 bis 12.00 Uhr.

Anreise
Bad Birnbach liegt im bayerischen Bäder-Dreieck südlich von Passau. Auf der A3 Regensburg-Passau weiter südlich fahren. Nach 14 km Ausfahrt 118, Ruhstorf. Hier erst B12, dann Abzweigung B388 Richtung Eggenfeld. In Bad Birnbach Richtung Süden in den Ortsteil Asenham. Geschäft am Ortseingang, von Bad Birnbach kommend.

Hier findet man fast alles, was man für die kleinen Großen so braucht.

Der Katalog für ausgewählte Kindersachen

Warenangebot
Spielsachen für drinnen und draußen. Anziehsachen für Kinder von 0 bis 12 Jahre, Bastelsachen, Praktisches, einzelne Möbelstücke, Restposten, 2.-Wahl-Artikel, Rückware und Schnäppchen von Jako-O und Wehrfritz (Kindergarten-Ausstattung).

Ersparnis
Ca. 30%. Im SSV/WSV zusätzliche Ersparnis von ca. 20%.

Ambiente
im Erdgeschoss 400 m² großer Jako-O-Laden mit regulärem Sortiment. 400 m² großer, Discount-ähnlicher Verkaufsladen im 1. Obergeschoss. Das Angebot wird in Regalen präsentiert. Spielecke, Wickelraum, Ruheecke mit Bistro-Tischen und Getränken vorhanden. Parkplätze am Gebäude.

Adresse
Jako-O Fundgrube, Coburger Straße 53, 96473 Bad Rodach bei Coburg, Telefon: 0 95 64/92 93 82, Fax: 36 90.

Öffnungszeiten
Montag bis Freitag 9.00 bis 18.00 Uhr, Samstag 9.00 bis 15.00 Uhr.

Anreise
Bad Rodach liegt ca. 15 km nordwestlich von Coburg. In Bad Rodach ist die Fundgrube von allen Richtungen aus beschildert.

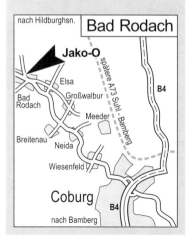

Timberland

Bekleidung, die von weiten Reisen und glücklich überstandenen Abenteuern erzählt, und Outdoor-Schuhe, die in Ausstattung und Verarbeitung überzeugen: Damit kann man die Natur bei jeder Witterung erleben und genießen.

Simply the Best

Warenangebot
Große Auswahl für Damen, Herren, Kinder: Trekkingschuhe, Boots, Halbschuhe, Stiefel, Mokassins. Herrenbekleidung: Outdoor-Jacken, Lederjacken, Blousons, Trekkinghosen, Hosen, Jeans, Hemden, T-Shirts, Sweatshirts, Accessoires: Taschen, Rucksäcke, Caps, Mützen, Uhren, Handschuhe. Kleine Auswahl an Outdoor-Bekleidung für Kinder.

Ersparnis
30 bis 70%. Kein WSV/SSV.

Ambiente
Der großzügige Verkaufraum ist ganz in Holz gehalten: Timberland eben. Beratung auf Anfrage. Übersichtlich präsentiert – bis auf die Schuhe: Um die richtige Größe zu finden, ist Entdeckergeist gefragt.

Adresse
The Timberland World Trading GmbH, Verkauf: Höllriegelskreuther Weg 3-5, 82065 Baierbrunn. Firma: Boschetsrieder Straße 67, 81379 München, Telefon: 0 89/79 36 03 90.

Öffnungszeiten
Montag, Dienstag, Mittwoch, Freitag 13.00 bis 18.30 Uhr, Donnerstag 13.00 bis 20.00 Uhr, Samstag 10.00 bis 16.00 Uhr. Weihnachtssamstage 10.00 bis 18.00 Uhr.

Anreise
Baierbrunn liegt an der B11 (München-Innsbruck). A95 (München-Garmisch-Partenkirchen) Ausfahrt Schäftlarn, nach Baierbrunn. Weiter Richtung München. Nach Ortsende rechts (Hinweisschild Timberland).

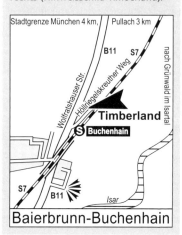

Bamberg — Bademoden, Freizeitbekleidung

Das richtige Outfit für Strand und Urlaub findet man hier. Hinter der Ware steckt das Know-how von engagierten Sportswear-Fachleuten, die auf Optik, Passform und Funktion setzen. Alles rund ums Wasser wird hier verkauft. Otuma gibt es seit über 30 Jahren.

Sommer, Sonne, Strand ...

Warenangebot
Bade- und Strandbekleidung, auch Bademäntel für Damen, Herren, Kinder. Badeschuhe, Bademützen, Shorts, T-Shirts und Sweatshirts, Gymnastikbekleidung.

Öffnungszeiten
Montag bis Freitag 9.00 bis 18.00 Uhr, Samstag 9.00 bis 13.00 Uhr. Von April bis August zusätzlich: Donnerstag bis 20.00 Uhr.

Ersparnis
Ca. 50%. Im SSV nochmals bis zu 50% zusätzliche Ersparnis.

Ambiente
Übersichtliche Präsentation der Ware auf über 200 m² Verkaufsfläche; genügend Umkleidekabinen vorhanden; Preise ausgezeichnet; ausreichend Parkplätze.

Besonderheiten
Bamberg ist eine der besterhaltenen mittelalterlichen Städte Deutschlands; für Kunstliebhaber ein Kleinod.

Adresse
Otto Utzmann Bademoden, Bekleidungsfabrik, Nürnberger Straße 108 K, 96050 Bamberg, Telefon: 09 51/2 73 64, Fax: 2 66 04.

Anreise
Die Nürnberger Straße ist die Parallelstraße zum Berliner Ring. Einfahrt durch den Innenhof zum Rückgebäude.

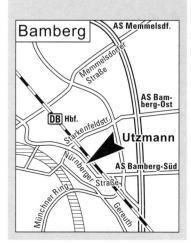

Bamberg — Damenblusen

KARLSBADER
BLUSEN · COORDINATES

Karlsbader Blusen sind bekannt für erstklassige Qualität, feinen Schick im Trachten- und modernen Stil.

Tradition und Schick

Warenangebot
Damenblusen zu jedem Anlaß in den Größen 36 bis 52. Es wird 1. und 2. Wahl angeboten.

Ersparnis
Ca. 50%. Zusätzliche Ersparnis im WSV/SSV ca. 30%.

Ambiente
Der Fabrikverkauf ist rechts neben dem Haupteingang und nennt sich „Boutique". Die hochwertige Ware ist in Wäscheschonern auf Ständern präsentiert. Umkleidekabinen und Spiegel vorhanden. Kein Umtauschrecht.

Adresse
Wunderlich Modelle GmbH & Co., Kirschäckerstraße 22, 96052 Bamberg, Telefon: 09 51/93 22 20, Fax: 9 32 22 44.

Öffnungszeiten
Dienstag bis Freitag 10.00 bis 18.00 Uhr. Samstag 9.00 bis 13.00 Uhr.

Anreise
Firma liegt im Nordosten Bambergs. Die Kirschäckerstraße ist Querstraße zur Memmelsdorfer Straße, von Stadtmitte kommend links abbiegen.

Bamberg-Memmelsdorf — Herren-, Damenbekleidung

Greiff gehört zu den bekannten deutschen Herstellern für Herrenmode. Hochwertige Stoffe und klassische, aber auch modische Schnitte bieten guten Tragekomfort.

Erfolgreiche Herrenmode

Warenangebot
Herrenbekleidung von sportlich-lässig bis elegant. Herrenanzüge, -sakkos, -hosen; sportlich und klassisch; modische und klassische Abendgarderobe; Berufsbekleidung. Auch Hemden und Krawatten. Damenbekleidung auf ca. 300 m², modisch und klassisch.

Ersparnis
Ca. 40%. Im SSV/WSV nochmals bis 40% reduziert.

Ambiente
Angenehme Verkaufsatmosphäre, 1200 m² Verkaufsfläche. 2. Wahl ist gekennzeichnet. Fachkundige Beratung auf Wunsch. Parkplätze direkt vor der Tür.

Besonderheiten
Große Auswahl auch in großen Größen.

Adresse
Greiff Mode GmbH & Co., Memmelsdorfer Straße 250, 96052 Bamberg-Memmelsdorf, Telefon: 09 51/40 52 78, Fax: 4 81 74, E-Mail: info@greiff.de, Internet: www.greiff.de.

Öffnungszeiten
Montag bis Freitag 9.00 bis 19.00 Uhr, Samstag 9.00 bis 16.00 Uhr.

Anreise
A73 Nürnberg-Bamberg-Coburg, Ausfahrt Memmelsdorf/Bamberg-Gartenstadt, nach 100 m links Greiff.

Bayreuth — Bademoden, Sportbekleidung

Ob im Wasser oder zu Land - fein heraus ist man mit der aktuell designten und praktischen Sportbekleidung von arena. Die Weltmarke ist offizieller Ausstatter von Nationalmannschaften im Schwimmsport, Gymnastikbereich und Turnen.

Bunter Modespaß beim Sport

Warenangebot
Bademoden und Schwimmsportzubehör für Erwachsene und Kinder, Freizeit- und Fitnessbekleidung.

Ersparnis
Ca. 50 %.

Ambiente
Werksverkauf auf ca. 500 m² in angenehmer Atmosphäre.

Adresse
Arena Deutschland GmbH, Bernecker Straße 73, 95448 Bayreuth, Telefon: 09 21/85 03 18, Fax: 93 09 39.

Öffnungszeiten
Dienstag und Mittwoch 12.00 bis 17.00 Uhr. Donnerstag und Freitag 9.00 bis 17.00 Uhr. Samstag 9.00 bis 13.00 Uhr.

Anreise
Autobahnausfahrt Bayreuth Nord, Richtung Stadtmitte, nach der Autobahnbrücke an der Ampel links, Richtung Industriegebiet Ost, nach ca. 200 m direkt links an der Straße.

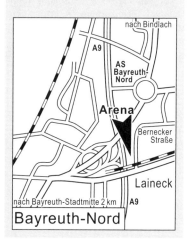

Bayreuth — Lederbekleidung, Lederwaren

Leather & more. Since 1899.

Die Lederwarenfabrik bietet Ledermode und Lederwaren zum günstigen Preis an. Hier sieht man vor allem bei Accessoires auch zugekaufte Ware.

Top-Marken unter einem Dach

Warenangebot
1. und 2. Wahl. Restposten, Vorjahresmodelle. Lederjacken, Ledermäntel, Timer, Geldbörsen, Taschen, Koffer, Schulranzen, Rucksäcke, Regenschirme, Aktenmappen, Damen-Handschuhe, Röcke, Reisetaschen, Brieftaschen, Kosmetiketuis, Accessoires. Ware von Eurostyle, Camel, Scout, Samsonite etc.

Ersparnis
30 bis 40 %.

Ambiente
Zwei Verkaufsräume. Besondere Angebote vor dem Eingang. Ware wie im Einzelhandelsgeschäft präsentiert.

Adresse
Eurostyle, Emil Kreher GmbH & Co., Lederwarenfabrik, Dieselstraße 5, 95448 Bayreuth, Telefon: 09 21/7 89 52-34, Fax: 7 89 52-40.

Öffnungszeiten
Montag bis Freitag 9.00 bis 18.00 Uhr, Samstag 9.00 bis 14.00 Uhr.

Anreise
A9 Nürnberg-Hof, Ausfahrt Bayreuth-Nord. Die Strecke führt, wie auf dem Plan ersichtlich, zur Dieselstraße. Die Dieselstraße ist eine Abzweigung der Ottostraße.

Bayreuth — Bademoden, Sport-, Freizeitbekleidung

Die Sportswear, die hier im Holiday shop angeboten wird, reicht vom Bikini bis zum Ski-Overall. Hinter der Ware steckt das Know-how von Fachleuten, die etwas von Sportswear verstehen. Hochwertige Materialien und funktionsgerechte Details überraschen angenehm.

Drei Marken nicht nur für Bade-Spaß

Warenangebot
Nur 2.-Wahl-Ware, Musterkollektionen und Restposten: sehr großes Angebot an Badebekleidung und Beachwear, Freizeitanzüge, Outdoor-, Skibekleidung für Alpin und Langlauf.

Ersparnis
Ca. 30%. Zusätzliche Ersparnis von 20% im SSV/WSV.

Ambiente
Großzügig gestalteter Verkaufsraum mit sechs Umkleidekabinen. Ansprechende Ware. Zum Saisonende z.B. Wintersportartikel reduziert um bis zu 50%. Ware preisausgezeichnet, übersichtlich präsentiert. Nette Fachberaterin.

Adresse
Holiday Shop, Ottostraße 7, 95427 Bayreuth (Industriegebiet St. Georgen), Telefon: 09 21/8 84-2 59, Fax: 8 84-4 44.

Öffnungszeiten
Montag bis Freitag 9.30 bis 18.00 Uhr, Donnerstag bis 19.00 Uhr, Samstag 9.30 bis 15.00 Uhr.

Anreise
Holiday shop im Gewerbegebiet St. Georgen. Dieses Gewerbegebiet liegt westlich der Autobahn A9 Berlin-Nürnberg. Firma über Ausfahrt Bayreuth Nord schnell zu erreichen (Gewerbegebiet St. Georgen gut ausgeschildert). Ottostraße verläuft parallel zur A9 (Nord-Süd). Verkauf auf der linken Straßenseite.

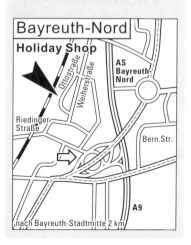

Bindlach bei Bayreuth — Tag- und Nachtwäsche

Schiesser ist Trendsetter im Wäschebereich und für Millionen von Verbrauchern Inbegriff von Qualität. Das Unternehmen setzt verstärkt auf modische Unterwäsche. Klassisch-konservativ, aber auch trendig-kreativ, beide Richtungen finden Sie im Fabrikverkauf.

Qualität auf der Haut

Warenangebot
Alles, was der Tag- und Nachtwäsche-Sektor zu bieten hat. Baby- und Kinderwäsche, Damen- und Herrenwäsche.

Ersparnis
20 bis 30%; Einzelstücke bis 50%. Besonders preiswert sind Musterteile. Kein SSV/WSV.

Ambiente
Verkaufsraum im Nebengebäude des Fabrikverkaufs von Solar auf dem Fabrikgelände von Solar, ca. 350 m² Fläche, ansprechendes Angebot. Freundliches und hilfsbereites Personal.

Adresse
Schiesser AG, 95463 Bindlach bei Bayreuth, Stöckigstraße 2, Telefon: 0 92 08/57 04 61.

Öffnungszeiten
Donnerstag und Freitag 10.00 bis 17.00 Uhr, Samstag 10.00 bis 12.30 Uhr. Ab Mai 2003: Montag bis Freitag 10.00 bis 17.00 Uhr, Samstag 10.00 bis 12.30 Uhr.

Anreise
A9, Berlin-Nürnberg, Ausfahrt Bayreuth-Nord. B2 Richtung Bad Berneck. Nächster Ort ist Bindlach. 1. Ampel links fahren, 1. Straße rechts bis zum Bahnhof Bindlach. Fabrikverkauf gegenüber Bahnhof.

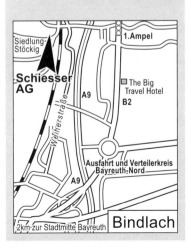

Bindlach bei Bayreuth — Bademoden

Bekannt durch revolutionäre Bademoden: durchbräunend, blickdicht, schnell trocknend und atmungsaktiv.

Auf den Leib geschnitten

Warenangebot
Überwiegend aktuelle Mode und Musterteile für Herren, Damen und Kinder: Bademoden und Joggingbekleidung, Badetücher, Bademäntel.

Ersparnis
Ca. 25 bis 35% auf 1. Wahl, auf 2. Wahl noch mehr. Kein WSV/SSV.

Ambiente
Nennt sich Belegschaftsverkauf, erfolglos suchten wir jedoch unter den Kunden Firmenangestellte. Großräumige Verkaufsfläche, Ware schlicht aber preisausgezeichnet präsentiert. 2. Wahl ist extra gekennzeichnet.

Adresse
Solar Fashion GmbH & Co. KG, Stöckigstraße 2, 95463 Bindlach, Telefon: 0 92 08/90 52, Fax: 90 37.

Öffnungszeiten
Montag, Dienstag 10.00 bis 12.00 und 12.30 bis 17.00 Uhr, Mittwoch, Donnerstag 10.00 bis 12.00 und 12.30 bis 17.30 Uhr. Freitag 10.00 bis 15.30 Uhr, 1. Samstag im Monat 9.00 bis 12.30 Uhr.

Anreise
A9, von Nürnberg bis Ausfahrt Bayreuth Nord. B2 Richtung Bad Berneck, nächster Ort ist Bindlach. An 1. Ampel links, 1. Straße rechts bis zum Bahnhof Bindlach. Fabrikverkauf gegenüber dem Bahnhof.

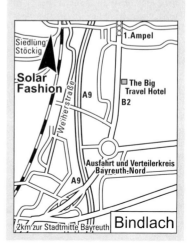

Das Unternehmen fertigt von den Weltcup-Crystal-Pokalen bis hin zu mundgeblasenen Bierhumpen Hochwertiges in Kristall.

Der Glasriese

Warenangebot
1. und 2. Wahl. Gläser, Pokale, Schalen, Vasen, Uhren, Edelsteine, Krüge, Briefbeschwerer, Schlüsselanhänger, Becher, Flaschen, Sektflöten, -schalen und -kelche, Teller, Medaillen, Kronleuchter, Tisch- und Stehleuchten.

Ersparnis
Bis ca. 60%, bei Einzelstücken bis 70%.

Ambiente
In Bodenmais gibt es neben den Werken 1 und 2 und dem Fabrikverkauf noch zwei „Restposten-Verkäufe".

Besonderheiten
Joska – Bayerns größte Bleikristall- und Kronleuchter-Verkaufsausstellung (Werk 1). Gratis-Versandkataloge für Kronleuchter, Sportpokale und Gläserserien.

Adresse
Joska Crystal, Am Moosbach 1, 94249 Bodenmais, Telefon: 0 99 24/77 90, Fax: 17 96, Internet: www.joska.com.

Öffnungszeiten
Montag bis Freitag 9.15 bis 18.00 Uhr, Samstag 9.15 bis 16.00 Uhr, Sonn- und Feiertage im Sommer 10.00 bis 16.00 Uhr (von Mai bis Oktober).

Anreise
Von Zwiesel kommend befindet sich der Fabrikverkauf ca. 700 m nach dem Ortseingang, Richtung Bretterschachten, Arber, Silberbergbahn, sowie ortsauswärts Werk 2 mit der Bleikristallausstellung. Werk 1 liegt an der Umgehungsstraße Richtung Kötzting im Industriegebiet. In Bodenmais sind die Joska-Werke ausgeschildert.

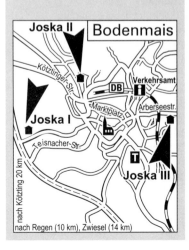

Buchbach-Ranoldsberg — Landhaus- und Trachtenbekleidung

Trachten- und Folklore-Mode ohne die schnellen Modetrends und trotzdem pfiffig, das ist es, was bei Country Line gefällt. Zünftig, klassisch und sportlich zeigt sich die Trachtenmode dieser Firma.

Country Line Trachtenmode

Warenangebot
1. und 2. Wahl. Damen: Blusen, Trachten-, Lederjacken, Janker, Westen, Röcke, Hosen, Strick, Lederkombis (Hosen, Bermudas, Spenzer, Mieder, Jacken). Herren: Hemden (Leinen/Baumwolle), Strickjacken, Walk- und Flauschjacken, Spenzer, Lederkombis (Hosen lang und kurz, Kniebundhosen, Spenzer, Janker).

Ersparnis
Ca. 30 bis 50%. Zusätzliche Ersparnis im WSV/SSV 20% und mehr.

Ambiente
Große Damenabteilung mit elf Umkleidekabinen und Herren- und Kinderabteilung mit fünf Kabinen. Ausreichend Parkplätze.

Adresse
Country Line Trachtenmoden GmbH, Herrnbergstraße 6, 84428 Buchbach-Ranoldsberg, Telefon: 0 80 86/93 01-30, Fax: 93 01-40.

Öffnungszeiten
Montag bis Freitag 9.00 bis 17.00 Uhr.

Anreise
In Taufkirchen Richtung Buchbach/Waldbad. Ca. 10 km bis Buchbach. Dann Richtung Neumarkt St. Veit, Ranoldsberg noch 5 km. In den Ort einfahren. Fast am Ortsende rechts, beschildert „Stoiber-Bekleidung". Von München: B12, Ausfahrt Ampfing-Zangberg-Oberbergkirchen Ranoldsberg.

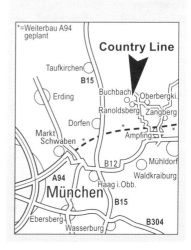

Silit

Seit Jahrzehnten steht die Marke Silit in der Küche für Qualität auf höchstem Niveau. Von der Erfindung des Sicomatic bis hin zu Silargan Kochgeschirren hat Silit die Welt des Kochens entscheidend geprägt. In dieser Tradition, Kochen immer attraktiver und bequemer zu gestalten, wurde das Sortiment konsequent um viele praktische Küchenartikel erweitert.

Ganz und gar genießen

Warenangebot
Schnellkochtöpfe (Sicomatic), Töpfe und Pfannen, Wok, Fonduegeräte in Silargan, Edelstahl, Silitstahl und Aluguss. Gewürzmühlen, Bestecke, Isolierkannen und weitere Küchenwerkzeuge und Küchenhelfer.

Ersparnis
1A-Ware mit kleinen Schönheitsfehlern ca. 30% günstiger. Kein SSV, kein WSV.

Ambiente
Übersichtliche Warenpräsentation und fachkundige Beratung. Kundenparkplätze.

Adresse
Silit-Werke GmbH & Co. KG, Josef-Drexler-Straße 6-8, 89331 Burgau, Telefon: 08222/410700.

Öffnungszeiten
Montag bis Freitag 9.00 bis 12.15 und 13.30 bis 17.00 Uhr, Samstag 9.00 bis 12.00 Uhr.

Weitere Verkaufsstelle
● 88499 **Riedlingen**, Jörg-L.-Vorbach-Straße 1-5, Telefon: 07371/189-0.

Öffnungszeiten: Montag bis Freitag 9.00 bis 12.30 und 13.30 bis 17.00 Uhr, Samstag 9.00 bis 11.30 Uhr.

Anreise
Der Silit-Werksverkauf liegt neben dem Hauptgebäude direkt an der B311 (Ulm – Bad Saulgau).

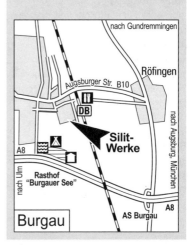

Burgau — Gardinen, Dekostoffe

Zeitgemäße Fenstermode: weich fließendes Gewebe, feinfädige Qualität und neben der klassischen Gardine auch modern gemusterte Dekostoffe. Oftmals auch spielerisch miteinander kombiniert.

Duftig leichte Gardinen

Warenangebot
Stores, Dekos, Panneaux, Kissen, Vorhangstangen und -schienen, Rollos, Raffrollos, Jalousien, Lamellenvorhänge, Plissee-Stores, Badteppiche, Tischdecken, Nähzubehör. Gardinenstoffe können fachgerecht zugeschnitten und genäht werden.

Ersparnis
Bis 40%, bei Restposten mehr. Kein SSV/WSV.

Ambiente
Ausgelegte Fotoalben zur Ideenfindung. Große Stoffauswahl. Nähzubehör und Lagerware zum sofortigen Mitnehmen. Zuschnitt und Nähservice im Haus. Große Auswahl an Schienen, Stangen, Rollos, Jalousien usw. von verschiedenen Herstellern. Kissen u. Tischdecken nach Maß. Freundliche, kompetente Beratung. Parkplätze vor dem Haus.

Adresse
Zimmermann Gardinen-Vertrieb Schlesierstraße 3, 89331 Burgau, Telefon: 08222/1426, Fax: 1047, E-Mail: info@gardinen-zimmermann.de, Internet: www.gardinen-zimmermann.de.

Öffnungszeiten
Montag 14.00 bis 18.00 Uhr, Mittwoch 8.30 bis 12.00 und 14.00 bis 18.00 Uhr, Donnerstag 8.30 bis 12.00 und 14.00 bis 19.00 Uhr, Freitag 8.30 bis 12.00 und 14.00 bis 18.00 Uhr, Samstag 8.30 bis 12.00 Uhr.

Anreise
A8 (Ulm-München), Ausfahrt Burgau; nach Ortsbeginn im Kreisverkehr 1. Straße rechts, gleich wieder rechts in Sackgasse.

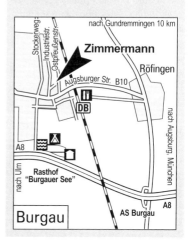

Elektrogeräte

Elektrogeräte von Petra-electric sind ihrer Zeit meist den entscheidenden Schritt voraus. Ideen nehmen schnell Gestalt an. Das richtige Produkt zur richtigen Zeit im Regal sichert den Verkaufserfolg seit 25 Jahren.

Made in Germany

Warenangebot
Kaffeemaschinen, Toaster, Eierkocher, Wasserkocher, Wärmespeicherplatten, Waffelautomaten, Raclette, Wok, Fondue, Grills, Babykostwärmer, Desinfektionsgeräte, Folienschweißgeräte, Jogurt-, Einkochautomaten, Personalcare-Produkte, Medizinprodukte.

Ersparnis
Alles 2.-Wahl-Ware, Auslaufmodelle, Restposten, technisch sind alle Geräte einwandfrei; Ersparnis ca. 30 %.

Ambiente
Neue, übersichtliche Präsentation der Ware auf ca. 400 m² Verkaufsfläche. Fachkundige Beratung. Parkplätze direkt vor der Tür.

Adresse
Petra-electric, Greisbacher Straße 6, 89331 Burgau-Unterknöringen, Telefon: 0 82 22/40 04-0, Fax: 50 77, E-Mail: info@petra-electric.de.

Öffnungszeiten
Montag bis Freitag 9.00 bis 12.00 und 13.00 bis 18.00 Uhr. Samstag auf Anfrage.

Anreise
A8 bis Burgau, durch Burgau bis zum Ende der Einbahnstraße. Dort links, gleich wieder rechts Richtung Ulm. Nach ca. 2 km von Oberknöringen nach Unterknöringen. 1. Straße rechts einbiegen (Greisbacher Straße), 2. Einfahrt rechts zu den Parkplätzen (beschildert).

Sportlich, bequem und lässig sind sie, die Socken von RELI. Die aus meist 80% Baumwoll- und 20% Polyamid-Gemisch gefertigten Socken sind angenehm zu tragen und bleiben auch nach vielen Waschgängen in Form. Große Farbauswahl.

Zeigt her eure Füße

Warenangebot
1.- und 2.-Wahl-Ware: Strumpfhosen, Socken, Söckchen, Kniestrümpfe für Damen, Herren und Kinder. Tolle und große Auswahl an Kindersöckchen und Kinderstrumpfhosen in allen Farben. Extraweite Damenstrumpfhosen.

Ersparnis
Bei 2. Wahl und Auslaufmodellen bis zu 40%. Kein SSV/WSV.

Ambiente
Verkauf im 1. Stock des Hauses; kleiner, enger Verkaufsraum, 1. Wahl in Regalen, 2. Wahl in Wühlkisten, wo sich das Stöbern lohnt. Die Verkäuferin, ganz in ihrem Element, verrät gerne in welcher Kiste das Gesuchte zu finden ist und zieht so manche Farbe noch aus dem Lager hervor.

Besonderheiten
Sonderanfertigungen für Vereine, Fasnetsgruppen.

Adresse
Litzinger Strumpffabrik, Auwaldstraße 13, 89165 Dietenheim, Telefon: 0 73 47/ 74 38, Fax: 43 59.

Öffnungszeiten
Montag bis Freitag 9.00 bis 12.00 und 14.00 bis 18.00 Uhr, Samstag geschlossen.

Anreise
Von Illertissen kommend nach der Tankstelle am Ortseingang rechts ab in den Grenzweg, 3. Kreuzung (Auwaldsiedlung).

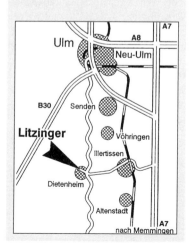

Breitfeld
G A R D I N E N

Die erste Fabrik wurde 1900 in Pürstein/Sudetenland gegründet. Sie existierte bis 1945. Heute produziert das Unternehmen in Dietmannsried nur noch Gardinen, diese jedoch in großer Vielfalt und guter Qualität.

Ideale Fensterkleider

Warenangebot
Gardinen in den unterschiedlichsten Größen, Längen, Stilrichtungen, Ausführungen und Mustern; Dekostoffe, Übergardinen, Kissen und Kissenbezüge, Vorhangstangen, Badvorleger und Zubehör wie Spitzen, Kordeln.

Ersparnis
20 bis 45%; nur 1.-Wahl-Ware. Das ganze Jahr über stark reduzierte Sonderposten.

Ambiente
Sehr übersichtlich und inspirierend wirkt die Präsentation der Gardinen: Alle Teile hängen als Muster auf Bügeln und sind mit genauer Bezeichnung und Preisauszeichnung versehen. Sehr gute Fachberatung und Ratschläge.

Besonderheiten
Im Ort selbst ist auch die Fa. Töpfer, die einen Besuch wert ist.

Adresse
Breitfeld KG, Krugzeller Straße 22, 87463 Dietmannsried, Telefon: 0 83 74/ 80 11, Fax: 64 27.

Öffnungszeiten
Montag bis Freitag 8.30 bis 12.00 und 13.30 bis 18.00 Uhr, Samstag geschlossen.

Anreise
A 7 bis Dietmannsried, durch den Ort durchfahren, kurz vor Ortsende geht es nochmals kurz bergauf; am Hang rechts ist die Fabrik.

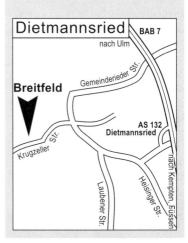

Dietmannsried — Hautcremes, Babycremes, Babynahrung

Die Haut ist eines der wichtigsten Organe des Menschen. Sie bestimmt in hohem Maße das Aussehen und schützt vor schädlichen Einwirkungen. Seit mehr als 80 Jahren arbeitet die Firma mit wertvollen Pflanzen- und Milchstoffen, um eine besonders milde Hautpflege für Kinder und Erwachsene herzustellen.

Nicht nur für Babys

Warenangebot
Für Kinder: Bad, Öl, Creme, Puder, Paste, Shampoo. Töpfer Bio-Säuglingsmilchnahrung. Für Erwachsene: Kamillen-, Rosmarin-, Kleie- und Ölbäder; Arnikasalbe, Ringelblumensalbe, Kamillencreme, probiotische Nahrungsergänzungsmittel (Eugalan), Milchzucker, Molkedrinks, Trinkgelatine.

Ersparnis
10 bis 30 % u. a. auf Retouren. Kein SSV/WSV.

Ambiente
Kleiner Verkaufsraum, in dem Töpfer-artikel und Vesper (für die Bediensteten) verkauft werden; sehr freundliche Verkäuferin; Fachberatung, Prospekte, Kundenparkplätze.

Besonderheiten
Ausflugstipp: Das „Illerparadies" ist ein Freizeitpark mit Bewirtschaftung, lohnenswert vor allem mit Kindern. Man fährt Richtung Töpfer-Kundenparkplatz (vor Fabrik links) und immer geradeaus, Park nach ca. 3 km.

Adresse
Töpfer GmbH, Heisinger Straße 6-10, 87463 Dietmannsried, Telefon: 0 83 74/9 34-0, Fax: 9 34-11.

Öffnungszeiten
Montag bis Freitag 8.00 bis 11.00 Uhr, Freitag zusätzlich 13.00 bis 16.00 Uhr.

Anreise
A7 Ulm-Kempten bis Ausfahrt Dietmannsried, Richtung Ortsmitte; 50 m nach Ortseingang ist die Firma links.

Dillingen — Wachswaren und Waffelgebäck

Waffelgebäck in allen Formen und Schokoladenspezialitäten von Oscar Pischinger runden das Kaffee- und Teekränzchen erst richtig ab. Auch für die Tischdekoration ist gesorgt: für jeden Anlass die passende Kerze.

Beiwerk fürs Teekränzchen

Warenangebot
Bienenwachskerzen aller Art, Kerzenständer, Wachsskulpturen, Keramikwindlichter und Geschenkartikel. An Knabbereien: Waffelbruch, Karlsbader Oblaten, Schoko- Spezialitäten von Pischinger und Diabetikergebäck.

Ersparnis
Alle Produkte sind nur in 1. Wahl erhältlich; bei selbst produzierten Waren Ersparnis um 50%.

Ambiente
Eine gute Nase führt den Kunden zum richtigen Eingang: Mit dem Duft frischer Waffeln konkurrieren nur die Bienenwachskerzen. Alles ist in langen Regalreihen aufgestellt; Parkmöglichkeiten vor dem gut ausgeschilderten Verkauf.

Besonderheiten
Sehenswert in Dillingen: Schloss, Stadt- und Hochstiftmuseum, Studienkirche, Basilika St. Peter, Franziskanerinnenkirche, Akademie für Lehrerbildung. Über Jahrhunderte war Dillingen Residenz der Fürstbischöfe von Augsburg.

Adresse
Bavaria Wachsveredlungs-GmbH, Wetzel Karlsbader Oblaten Waffelfabrik, Donaustraße 35, 89407 Dillingen, Telefon: 0 90 71/85 90, Fax: 85 78.

Öffnungszeiten
Montag bis Freitag 9.00 bis 18.00 Uhr, Samstag 9.00 bis 12.30 Uhr.

Anreise
B16 nach Dillingen; in der Ortsmitte kommt Shell-Tankstelle, danach rechts; immer geradeaus, nach großer Kreuzung (Donaustraße) links Richtung Donaubrücke und Richtung Augsburg – Fabrikverkauf nach ca. 200 m rechts.

Dinkelsbühl — Damen- und Herrenhandschuhe

Schröder & Schmidt

Bekannt für beste Qualität und Verarbeitung. Schröder & Schmidt bietet in den Produktgruppen „Straßenhandschuhe" und „Reiterhandschuhe" ein abgerundetes Programm von preisgünstigen Artikeln bis hin zu Modellen aus edelsten Materialien.

Weiches für die Hände

Warenangebot
1.- und 2.-Wahl-Ware. Modehandschuhe und Gebrauchshandschuhe für Damen und Herren aus Nappa-, Hirsch- und südamerikanischem Wildschweinleder. Skihandschuhe, Reithandschuhe, Rad- und Motorradhandschuhe.

Ersparnis
30 bis 50 % bei 1. Wahl, 2.-Wahl-Ware zum Teil noch günstiger. Im SSV/WSV zusätzlich Ersparnis von ca. 20 %.

Ambiente
Keine Selbstbedienung. Verkauf über Ladentheke. Freundliche und fachkundige Beratung. Gute Parkmöglickeiten vor dem Fabrikgebäude an der Straße.

Adresse
Schröder & Schmidt GmbH, Handschuhfabrik, Karlsbader Straße 5, 91550 Dinkelsbühl, Telefon: 0 98 51/5 79 90, Fax: 34 89.

Öffnungszeiten
Montag bis Donnerstag 8.00 bis 12.00 und 13.00 bis 17.00 Uhr, Freitag 7.00 bis 13.00 Uhr.

Anreise
Durch die Innenstadt von Dinkelsbühl den Richtungsschildern Industriegebiet „Sinbronn" folgen. Beim Schild „Industriegebiet" links in die Breslauer Straße, die ab der Rudolf-Schmidt-Straße zur Karlsbader Straße wird. Nach ca. 500 m auf der rechten Seite.

Hoher Sicherheitsstandard und die Kombinationsmöglichkeiten einzelner Bauelemente kennzeichnen den Möbelhersteller aus Franken. Der Spezialist für Hochbetten besticht durch massive Bauweise.

Da lacht das Elternherz

Warenangebot
Gitterbetten, Wickeltische, Babyschränke, Regale, Kindersitzgruppen, Jugendbetten, Schränke, Einzelmöbel. Aktuelle Ware mit kleinen Fehlern. Die Fehler beeinträchtigen nicht die Funktionalität und Sicherheit. Hauptsächlich 1B-Ware und Auslaufmodelle, Sondermodelle.

Ersparnis
Ca. 20 bis 30%. Kein SSV/WSV, Sondermodelle und Musterteile bis ca. 40%.

Ambiente
Die Anmeldung erfolgt an der Rezeption; Präsentation in mehreren Zimmern im ersten Stock des Firmengebäudes, die Möbel sind übersichtlich angeordnet und preisausgezeichnet, Beratung wenn erwünscht.

Besonderheiten
Ware ist vom Umtausch ausgeschlossen; die Holzoberflächen werden mit biologischen Ölen behandelt. Nicht alle Möbel können sofort mitgenommen werden. Auf der Internetseite www. silenta.de befindet ein Link „Schnäppchen" mit ständig aktualisierten Angeboten.

Adresse
Silenta Produktions-GmbH, Würzburger Straße 11, Postfach 40, 96157 Ebrach, Telefon: 0 95 53/3 17, Fax: 3 20, Internet: www.silenta.de.

Öffnungszeiten
Montag bis Donnerstag 8.00 bis 16.30 Uhr, Freitag 8.00 bis 11.00 Uhr. Parkplätze gegenüber dem Fabrikgebäude.

Anreise
Ebrach liegt zentral zwischen den Autobahnen A3, A7, A70 und A73.

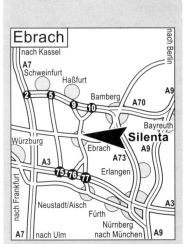

Eggolsheim/Oberfranken   Strickwaren

Der Strickwarenspezialist

Fahrhans ist weit über Franken hinaus ein bekannter Katalogversender. Seit über 50 Jahren produziert der Strickwarenspezialist Damenmode ausschließlich in Deutschland. Jetzt kann die modebewusste Kundin auch direkt beim Hersteller einkaufen und das gleich sieben Mal in Bayern.

Kombistrick für die Dame

Warenangebot
Hauptsächlich Damenbekleidung, aber auch Kinder- und Herrenbekleidung in 1. und 2. Wahl. Damen: Pullover, Blusen, Westen, Shirts, Bermudas, Röcke, Kombimode. Kinder: Sweat- und T-Shirts. Herren: Hemden, Pullover, T-Shirts, Westen, Pullunder, Socken.

Ersparnis
1.- und 2.-Wahl-Ware 20 bis 40%. Rest- und Sonderposten bis 70%. Im WSV/SSV nochmals bis 60% reduziert.

Ambiente
Vier Verkaufsräume. Angenehme Kaufhausatmosphäre. Fachkundige Beratung möglich, Cafeteria, täglich Modenschauen. Gute Parkmöglichkeiten hinter dem Fabrikgebäude (auch für Busse).

Adresse
Strickwarenfabrik Fahrhans GmbH & Co. KG, Josef-Kolb-Straße 15, 91330 Eggolsheim/Oberfranken, Telefon: 0 95 45/ 9 49 40.

Öffnungszeiten
Montag bis Freitag 9.00 bis 18.00 Uhr, Samstag 9.00 bis 13.00 Uhr.

Weitere Verkaufsstellen
- 96047 **Bamberg**, Hauptwachstraße 16
- 97688 **Bad Kissingen**, Ludwigstraße 10
- 94072 **Bad Füssing**, Kurallee 6
- 86825 **Bad Wörishofen**, Bürgerm. Stöckle-Straße 4
- 96231 **Bad Staffelstein**, Am Anger 14
- 94249 **Bodenmais**, Am Mossbach 1 (Im Joska-Crystal-Zentrum)

Anreise
A73, Ausfahrt Eggolsheim. In Eggolsheim den Schildern folgen.

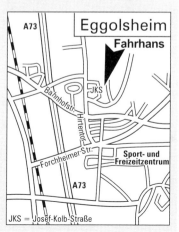

Brümat-Küchen GmbH

Wertarbeit und über 40-jährige Erfahrung im Küchenbau zeichnen dieses fränkische Unternehmen aus. Die 20 ausgestellten Musterküchen zeigen die Modellvielfalt des Küchenherstellers.

Gefällt Ihnen Ihre Küche noch?

Warenangebot
Einbauküchen, Raumteiler, Badmöbel, Einbauschränke, 1. Wahl und Musterteile.

Öffnungszeiten
Montag bis Freitag 8.00 bis 12.00 und 13.00 bis 16.30 Uhr, Samstag 9.00 bis 15.00 Uhr und nach Vereinbarung.

Ersparnis
Bis ca. 30%. Keine Festpreise, da die Küchen maßgefertigt werden. Eher hochpreisiges Sortiment; keine Küche unter 4000,- €.

Anreise
Von Miltenberg in Richtung Hardheim, durch Eichenbühl auf der Hauptstraße, kurz vor dem Ortsende auf der rechten Seite „Brümat-Küchen".

Ambiente
Ausstellungsraum mit Schaufenster an der Straße. Zwei Etagen für die Ausstellung der Musterküchen (ca. 20 Küchen) im Werksgebäude. Badmöbel sind im 1. Stock des Bürogebäudes ausgestellt. Gute Parkmöglichkeiten auf dem Firmenparkplatz. Anmeldung im Büro.

Adresse
Brümat-Küchen, Hauptstraße 9, 63928 Eichenbühl, Telefon: 0 93 71/94 99 40, Fax: 9 49 94-29, Internet: www.bruemat-kuechen.de, E-Mail: info@bruemat-kuechen.de.

Bekannt ist die Firma seit 1929 vor allem durch ihr Angebot an Wanderschuhen: Bequemschuhe mit herausnehmbaren und waschbaren Einlagen in sehr guter Qualität mit leichtem Gewicht.

Auf, du junger Wandersmann

Warenangebot
Wanderschuhe, Bergschuhe, Straßenschuhe, Trekking- und Haferlschuhe, Arbeits- und Sicherheitsschuhe und Winterstiefel. Auswahl für Damen, Herren und Kinder. Es handelt sich um Auslaufmodelle in 1. Wahl.

Ersparnis
Ca. 30%, 2.-Wahl-Ware mit kleinen optischen Fehlern 50%. Kein WSV/SSV.

Ambiente
Im Büro gegenüber des Verkaufs stehen alle Modelle zur Auswahl, im Verkaufsraum erfolgt Anprobe (dort sind verschiedene Größen gelagert).

Besonderheiten
Der Radweg durchs Altmühltal verläuft in ca. 300 m Entfernung parallel.

Adresse
Haco Schuh, Hauf e.K., Clara-Staiger-Straße 86, 85072 Eichstätt, Telefon: 0 84 21/15 49, Fax: 86 26 Internet: www.schuhfabrik-hauf.de.

Öffnungszeiten
Montag bis Freitag 7.00 bis 12.00 und 13.00 bis 16.00 Uhr. Betriebsferien im August, bitte vorher anrufen.

Anreise
B13 nach Eichstätt, B13 entlang bis zur Westenkreuzung, dann nach links abbiegen bis zum Ford-Autohaus. Kurz danach rechts zum Herzogkeller abbiegen.

Erlangen — Damen- und Herrenbekleidung

Internationales Design und aktuelle Mode für die Modebewussten. Der Outlet-Store hat sich in Erlangen und Umgebung schnell zum Stadtgespräch gemausert. Hochwertiges für Sie und Ihn von Armani, Kenzo, Joop, Versace, Gucci, Helmut Lang, Calvin Klein, Gucci.

Exklusive Topmarken

Warenangebot
Hauptsächlich aktuelle Mode der 1. Wahl für Sie und Ihn, weniger Second-Season. Einzelstücke teilweise handgefertigt. Ein breites Warenangebot von der Unterwäsche bis zur Abendgarderobe. Schuhe, Lederwaren, Accessoires, Kleider, Abendkleider, Kostüme, Twin-Sets, Dessous, Krawatten, Socken, Hemden, Anzüge, Sakkos, Hosen, Mäntel, Jacken.

Ersparnis
30% bis 50%. Bei Sonderaktionen bis 70%. Kein SSV/WSV. Keine Billigware.

Ambiente
In der ca. 600 m² großen Mehrzweckhalle der ehem. Firma Gossen liegt dieses Schatzkästchen. Parkplätze: Großparkplatz (gebührenpflichtig, 1 Stunde: 1,- €, Tag: 4,- €).

Adresse
Couture & Trends GmbH, Nägelsbachstraße 29, 91052 Erlangen, Telefon: 0 91 31/97 81 37, Fax: 97 81 40.

Öffnungszeiten
Montag bis Freitag 11.00 bis 19.00 Uhr, Samstag 11.00 bis 16.00 Uhr.

Anreise
A73, Ausfahrt Erlangen, Richtung Zentrum bis zur Kreuzung Nürnberger/Werner-von-Siemens-Straße. Hier links einordnen. Bis zur Fußgängerzone, links abbiegen auf die Nägelsbachstraße. Das Gebäude befindet sich auf der rechten Seite.

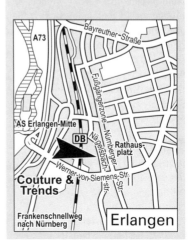

Erlangen — Bettwäsche, Heimtextilien, Stoffe, Herrenhemden

Die beiden Firmennamen Erba und Erbelle stehen vor allem im Stoff- und Bettwäschebereich für hochwertige Ware im mittleren Genre. Die Erlanger Baumwollspinnerei Erba hat ihre Produktion in Erlangen allerdings schon vor Jahren eingestellt.

Bettwäsche zum Wohlfühlen

Warenangebot
1.-Wahl-Ware und hauptsächlich 1B-Ware mit kleinen Fehlern, Auslaufmodelle. Heimtextilien (Gardinen, Tischwäsche), Bettwäsche (hochwertige 100% Baumwoll-Qualität), Tischwäsche, Frottierwäsche, Bademäntel, Stoffreste.

Ersparnis
1.-Wahl-Ware 30 bis 50%. 1B-Ware bis 60%. Im SSV/WSV nochmals reduziert.

Ambiente
Lagerhallenatmosphäre, Selbstbedienung in einem ca. 200 m² großen Verkaufsraum. Fachkundiges Personal, übersichtliche Präsentation der Ware, Großparkplatz vor dem Fabrikgebäude.

Adresse
Erba-Werksverkauf, Eingang Michael-Vogel-Straße, 91052 Erlangen, Telefon: 0 91 31/80 72 41, Fax: 80 72-42.

Öffnungszeiten
Dienstag und Freitag 11.00 bis 17.00 Uhr. Betriebsferien im August, bitte vorher anrufen.

Weitere Verkaufsstelle
● 97475 **Zeil am Main** (Hauptstelle), Sander Straße 3, Verkauf: Dienstag und Mittwoch 10.00 bis 17.00 Uhr, Telefon: 0 95 24/82 24-22, Fax 62 02.

Anreise
Auf der A73 aus Richtung Nürnberg kommend, Ausfahrt Erlangen-Bruck. Rechts abbiegen in die Paul-Gossen-Straße, links einordnen. Nach ca. 150 m (große Kreuzung) links in die Äußere Bruckerstraße. Weiter geradeaus bis zu einer Brücke (ca. 600 m), rechts abbiegen (Schild „Erba Werksverkauf").

Die Marke Via Appia kommt klassisch daher. Deshalb wundert es auch nicht, dass sie die DOB-Strick-Lizenz des Labels „Otto Kern" erhalten hat.

Gute Passform, große Größen

Warenangebot
1.-Wahl-Ware und 2.-Wahl-Ware, Restposten, Überhänge, Rücklaufware aus aktueller Kollektion. Pullover, Shirts, Tops, Kleider, Hosen, Röcke und Mäntel. Kollektion „Via Appia" (Größe 36-46) und „Via Appia Due" (Größe 42-52).

Ersparnis
30% bis 45%, kein SSV/WSV, aber Sonderverkäufe mit nochmals bis zu 30% günstiger.

Ambiente
320 m² großer, heller, nüchtern eingerichteter Verkaufsraum mit 15 Umkleidekabinen. Einkaufswagen und Schließfächer. Die Ware ist auf Kleiderständern präsentiert und preisausgezeichnet. Ständige „Schnäppchenecke". Gute Parkmöglichkeiten direkt vor dem Factory Store.

Besonderheiten
Über die Telefonzentrale, Telefon: 09131/9994-0, kann ein kostenloser Infoflyer mit Wegbeschreibung angefordert werden.

Adresse
Via Appia Factory Store, Gewerbegebiet Röthelheim, Kurt-Schumacher-Straße 16, 91052 Erlangen. Telefon: 09131/ 9994211, Fax: 999453, Internet: www.via-appia-mode.de.

Öffnungszeiten
Montag bis Freitag 9.30 bis 19.00 Uhr, Samstag 9.00 bis 16.00 Uhr.

Anreise
A3, Ausfahrt Tennenlohe, weiter auf der B4 in Richtung Erlangen. Ausfahrt Erlangen-Ost/Gräfenberg/Südl. Universitätsgelände. Links in die Kurt-Schumacher-Straße. Nach ca. 3 km am Kreisverkehr Richtung OBI. Links iegt der Factory Store.

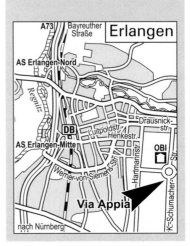

Eschenbach/Oberpfalz — Nussknacker, Souvenirs

Die Alte Nussknackerfabrik lässt mit ihren bis zu einem Meter großen Nussknackern den Nüssen keine Chance. Sie bietet Dekorationsartikel und Geschenkideen für alle Jahreszeiten und Festtagsschmuck für die verschiedensten Anlässe. Amerikaner kaufen hier ihre Souvenirs aus Old Germany.

Nussknacker aus Old Germany

Warenangebot
Nussknacker in allen Größen; Christbaumschmuck, Fest- und Dekorationsartikel; künstliche Blumen und Pflanzen; Keramik- und Porzellanfiguren, Plüschtiere, Kuckucksuhren, Krüge, Spazierstöcke, Geschenkpapier.

Ersparnis
10 bis 30%, bei 2. Wahl mehr, Sonderposten bis ca. 50%.

Ambiente
Großer Verkaufsraum (ca. 1200 m²), Artikel übersichtlich geordnet. Die Ware kann in Selbstbedienung ausgewählt werden. Beratung möglich. Großparkplatz direkt vor dem Firmengebäude.

Adresse
Alte Nussknackerfabrik, M. Tauber GmbH, Am Stadtwald 8, 92676 Eschenbach/Opf., Telefon: 0 96 45/9 20 10, Fax: 92 01 40, Internet: www.alte-nussknackerfabrik.de.

Öffnungszeiten
Montag bis Freitag von 9.00 bis 18.00 Uhr, Samstag 9.00 bis 13.00 Uhr, ganzjährig geöffnet. 1. April bis 15. November auch sonntags geöffnet.

Anreise
A9, München-Berlin, Ausfahrt Pegnitz/Grafenwöhr, Richtung Grafenwöhr nach Eschenbach. A93 Regensburg-Hof, Ausfahrt Weiden-West, Richtung Eschenbach. Aus Richtung Auerbach i.d.Opf. auf der B470 in Richtung Weiden. Eschenbach liegt an der B470. Das Industriegebiet „Stadtwald" ist gut gekennzeichnet und Hinweisschilder zur „Nutcracker Factory/Nussknacker Fabrik" gibt es genügend.

Ettringen-Siebnach — Beleuchtungstechnik

Zur Beleuchtungstechnik gehören u. a. Halogen-Lichtsysteme, Einbau- und Möbelleuchten, Deko-Laser und Zubehör. Sozusagen die raffinierte Art der Beleuchtung.

Kreative Lichtideen für helle Köpfe

Warenangebot
Halogenleuchten und Transformatoren, komplette Lichtsysteme, Niedervolt-Stromschienen, Einbauleuchten, Lichtpunkte, Deko-Laser. Halogen: Wand- und Deckenleuchten, Kugelleuchten. Glühbirnen und Halogenlampen. Kunstpflanzen.

Ersparnis
Ca. 30 bis 40 %. Kein SSV/WSV.

Ambiente
Verkauf aus der Lagerhalle; Ware vorher im Händlerkatalog auswählen bzw. genaue Vorstellungen äußern.

Adresse
ews Beleuchtungstechnik Vertriebs GmbH + Co. KG, Weidenweg 2, 86833 Ettringen-Siebnach, Telefon: 0 82 49/ 96 97-0, Fax: 96 97-38, Internet: www.guenstige-leuchten.com.

Öffnungszeiten
Montag bis Donnerstag 8.30 bis 16.00 Uhr, Freitag 8.30 bis 12.30 Uhr, Samstag geschlossen.

Anreise
B12/A96 (München-Lindau) bis Ausfahrt Türkheim. Nach Ettringen, Firma ist ausgeschildert.

Feldkirchen-Westerham — Strickwaren

mamut

Einfache Strickmuster werden hier nur selten produziert: Die schicke Mode aus guten Materialien ist auch nach der Waschprozedur noch in Form. Die Firma wurde 1857 gegründet.

Eine rechts, eine links, ...

Warenangebot
Pullover, Strickwesten, -jacken, Blusen, Kleider, Röcke, Hosen, T-Shirts, Stoffe und Nähgarne.

Ersparnis
1.-Wahl-Ware bis zu 50%, bei 1B-Ware bis zu 70%. WSV/SSV zusätzliche Ersparnis.

Ambiente
Übersichtliche Präsentation der Ware auf über 300 m² Verkaufsfläche. Selbstbedienung, aber freundliche, fachkundige Beratung möglich. Umkleidekabinen und Kundenparkplätze reichlich vorhanden.

Adresse
F. Hübner GmbH & Co. KG, Westermeyer Straße 10, 83620 Feldkirchen-Westerham, Telefon: 0 80 63/9 70 2 50, Fax: 97 02-49, E-Mail: info@mamut.de.

Öffnungszeiten
Montag bis Freitag 9.00 bis 18.00 Uhr.

Anreise
A8, Ausfahrt Weyarn (zwischen München und Rosenheim). Der Hauptstraße Richtung Feldkirchen folgen. Nach dem Schulzentrum (Turnhalle) nach links in die Westermeyerstraße abbiegen.

Fichtelberg | Lederbekleidung, Lederwaren

Monte Pelle ist führender Hersteller von Lederbekleidung und Leder-Accessoires, sowie Trachten- und Landhausmode.

Das Lederparadies im Fichtelgebirge

Warenangebot
1.-Wahl-Ware. Modische Lederbekleidung für Damen und Herren. Mittlere bis hohe Qualität. Jacken, Hosen, Röcke, Mäntel mit und ohne Fellinnenfutter. Lammfell- und Landhausbekleidung. Handtaschen und Reisegepäck. Kleinlederwaren wie Geldbörse, Schminktäschchen, Schlüsselanhänger, Gürtel. Markenjeans der verschiedensten Firmen, Geschenkartikel-Abteilung.

Ersparnis
1.-Wahl-Ware zwischen 25 und 50%. Sonderangebote bis zu 80%. Bei Gürteln Ersparnis bis zu 80%. Im WSV/SSV nochmals bis 30% reduziert.

Ambiente
2000 m² Verkaufsfläche, gute Warenpräsentation, Cafeteria, für Kinder Zeichentrickfilme. Zusätzlich 250 m² Geschenke-, Porzellanabteilung und Landhaus-Welt.

Adresse
Monte Pelle GmbH, Bayreuther Straße 33, 95686 Fichtelberg, Telefon: 0 92 72/9 71 23, Fax: 9 71 11, Internet: www.montepelle.de.

Öffnungszeiten
Montag bis Freitag 9.00 bis 18.00 Uhr, Samstag 9.00 bis 13.00 Uhr, 1. Samstag im Monat bis 16.00 Uhr.

Anreise
A9, Ausfahrt Bayreuth-Nord, Warmensteinbach, bis Fichtelberg. Ortseingang rechte Seite Fabrikverkauf.

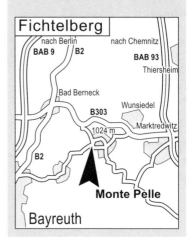

MADELEINE

Die Marke Madeleine ist ein Begriff für anspruchsvolle Damenmode eines der bekanntesten Direktversender in Europa. Hersteller-Direktverkauf von Lagerüberhängen, Vorsaisonware und 2.-Wahl-Ware. Die Artikel stammen nicht aus den aktuellen Katalogen oder sie weisen kleine Fehler auf.

Damenwahl

Warenangebot
Gute Auswahl an Damenbekleidung: Mäntel, Kleider, Kostüme, Jacken, Blazer, Hosen, Blusen, Röcke, Dessous, Sportswear, Schuhe, Accessoires, Bademoden.

Ersparnis
40 bis 70%. Im SSV/WSV zusätzliche Ersparnis.

Ambiente
Gepflegter Verkaufsraum mit Lagercharakter. Freundliche, fachkundige Beratung.

Adresse
Madeleine discount, Boschstraße 5-7, 91301 Forchheim, Telefon: 09 19 19/ 97 53 27.

Öffnungszeiten
Montag bis Freitag 9.00 bis 19.00 Uhr, Samstag 9.00 bis 14.00 Uhr.

Weitere Verkaufsstelle
● 91166 **Georgensgmünd**, Madeleine/ Wellensiek, Pleinfelder Straße 24, Telefon: 0 91 72/72 25, Fax: 83 82.

Anreise
A73 Nürnberg-Bamberg, Ausfahrt Forchheim Süd/Ebermannstadt. In Richtung Ebermannstadt fahren. An der 2. Ampel links, ca. 1000 m geradeaus bis zur Ampelkreuzung. Weiter geradeaus, nach ca. 300 m rechts in die Boschstraße abbiegen. Der Fabrikverkauf liegt am Ende der Straße.

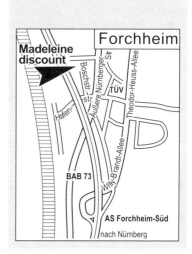

Weber & Ott

Traditionsreiches Unternehmen, das sich vorrangig auf Markenqualität spezialisiert hat.

Preiswert und aktuell

Warenangebot
Für die Dame: Jeans und Hosen, Blusen, T-Shirts, Strickwaren. Für den Herren: Jeans, Hemden, Hosen, Krawatten, Strickwaren, Sweat- und T-Shirts.

Ersparnis
30 bis 50%. Im WSV/SSV zusätzliche Ersparnis.

Ambiente
Selbstbedienung. Die Ware ist auf einer Fläche von 500 m² präsentiert. Ausreichend kostenlose Parkplätze.

Adresse
Weber & Ott, Konrad-Ott Straße 6, 91301 Forchheim, Telefon: 09191/83251, Fax: 83294.

Öffnungszeiten
Montag bis Freitag 9.00 bis 18.00 Uhr. Samstag 9.00 bis 13.00 Uhr.

Weitere Verkaufsstelle
● 94471 **Vilshofen**, auf dem Eff-Ell - Weber-&-Ott-Gelände, Telefon und Fax: 08541/3007. Öffnungszeiten: Montag bis Freitag 10.00 bis 18.00 Uhr.

Anreise
A73, Nürnberg-Bamberg, Ausfahrt Forchheim-Süd, auf der B470, geradeaus. Folgen Sie der Beschilderung nach Bayreuth/Fränkische Schweiz - Bayreuther Straße. Ca. 300 m nach dem Eisenbahnübergang ist rechter Hand der Werksverkauf der Weber & Ott AG unübersehbar beschriftet.

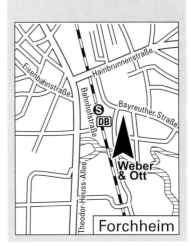

Frauenau — Trinkgläser, Kristallglas, Leuchten

GLASMANUFAKTUR

Die Glaskultur des Bayerischen Waldes wurzelt in jahrhundertealter handwerklicher Tradition. Die Vorfahren der Familie Eisch waren seit 1680 Aschenbrenner, Glasmacher, Schleifer und Graveure in den Glashütten des Bayerischen Waldes und des Böhmerwaldes. Eisch-Gläser sind weltweit für ihr hohes künstlerisches Niveau bekannt.

Kreatives Glas

Warenangebot
Unikatprogramm „Poesie in Glas". Hochwertige Trinkgläser und Geschenkartikel in Kristall.

Ersparnis
Überwiegend 2.-Wahl-Ware zu günstigen Preisen, auch Restposten und Auslaufmodelle. 30 bis 50% Ersparnis. Kein WSV, kein SSV.

Ambiente
Großzügiger, neuer Verkaufsraum.

Besonderheiten
Führungen durch die Eisch-Hütte Montag bis Donnerstag 9.00 bis 11.30 und 13.00 bis 14.45 Uhr, Freitag und Samstag 9.00 bis 11.45 Uhr. Lohnend auch ein Besuch im Glasmuseum von Frauenau (3 Minuten zu Fuß).

Adresse
Glashütte Valentin Eisch GmbH, 94258 Frauenau, Telefon: 0 99 26/18 90, Fax: 18 92 50, E-Mail: eischglass@eisch.de.

Öffnungszeiten
Montag bis Freitag 9.00 bis 18.00 Uhr, Samstag 9.00 bis 16.00 Uhr. Sonntag und Feiertage (1. Mai bis 31. Oktober) 10.00 bis 16.00 Uhr.

Anreise
A3 bis zum Ende in Deggendorf. Im Tunnel rechts und geradeaus durch Deggendorf durchfahren. Richtung Regen über Rusel. Auf B11 Richtung Pilsen/Bayr. Eisenstein, Abfahrt Zwiesel-Mitte. Links nach Frauenau.

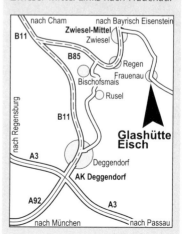

Die Freiherr von Poschinger Glasmanufaktur ist die älteste Glashütte des Bayerischen Waldes mit der ältesten Glas-Familientradition der Welt. Seit über 400 Jahren fertigt sie in reiner Handarbeit Gläser von erlesener Qualität.

Die Wiege bayerischer Glasmacherkunst

Warenangebot
Hochwertige, handgefertigte Trinkgläser, Biergläser, Objekte, Vasen, Gartenobjekte, Lampen und Geschenkartikel. Malerei-, Gravur- und Schliffveredelungen. Sonderanfertigungen, Repliken, Reproduktionen, Objekte, Beleuchtungsteile, Badausstattung, Trophäen.

Ersparnis
Ab-Manufaktur-Preise und Sonderangebote mit 20 bis 50% Ersparnis. Überwiegend 2. Wahl.

Ambiente
„Der Glasbaron" – Manufaktur & Glasgalerie – zeigt die ganze Fülle an handgefertigten Gläsern.

Besonderheiten
Ergänzung alter Service. Ansprechpartner für alle Probleme rund um das Thema Glas. Glashütten-Führungen jederzeit möglich. Informationen anfordern.

Adresse
Freiherr von Poschinger Glasmanufaktur, Moosauhütte 14, 94258 Frauenau, Telefon: 0 99 26/9 40 10, Fax: 17 11.

Öffnungszeiten
November bis 31. Mai: Montag geschlossen. Dienstag bis Freitag 9.30 bis 12.30 und 13.30 bis 17.00 Uhr, Samstag 9.30 bis 14.00 Uhr. Juni bis 31. Oktober: Montag bis Freitag 9.30 bis 18.00 Uhr, Samstag 9.30 bis 14.00 Uhr. Sonntag 11.00 bis 15.00 Uhr.

Anreise
Frauenau ist 7 km von Zwiesel entfernt, Richtung Grafenau.

Freising — Nachtwäsche, Bademäntel

TAUBERT

Vor allem die Frau wird hier fündig: großes Angebot an Nachtwäsche, Home- und Beachwear. Im Winter zusätzlich Skihandschuhe.

Der Allround-Sortimenter

Warenangebot
Nachthemden, Schlafanzüge, Hausanzüge, Nickibekleidung, Bade- und Morgenmäntel in großer Auswahl. Im Winter: Skihandschuhe. Im Sommer: Bade- und Strandmode.

Ersparnis
Ca. 20 bis 50%. Zusätzliche Ersparnis im WSV/SSV ca. 20%.

Ambiente
Direkt am Werk wurde ein kleiner Verkaufsraum eingerichtet. Bei regem Kundenandrang geht es eng zu. Zwei Umkleidekabinen.

Adresse
Taubert Textil GmbH, Verkauf, Ismaninger Straße 1, 85356 Freising, Telefon: 0 81 61/98 88-77, Fax: 98 88-10.

Öffnungszeiten
Montag bis Freitag 10.00 bis 18.00 Uhr, vier Samstage vor Weihnachten 10.00 bis 16.00 Uhr.

Anreise
A92 (München-Landshut), Ausfahrt Freising-Ost. Weiter geradeaus und vor Isarbrücke links Richtung Ismaning. Nächste Straße geradeaus. Links Parkplatz und Verkauf.

Weihenstephan

Weihenstephan – allein der Name ist für einen Bayern ein Stück Agrarkultur. Dort gibt es sogar einen „Universitäts-Kuhstall" an der Hochschule für Agrarwissenschaften. Die Molkerei ist bekannt für beste Milchprodukte.

Hier hat Genuss Tradition

Warenangebot
Ständiges Angebot an Butter, Milch, Sahne, Käse, Camembert, Buttermilch, Jogurt, Fruchtbuttermilch.

Ersparnis
Bei regulärer Ware 10%, bei Überproduktion bis zu 50%, günstige Tagesangebote.

Ambiente
Verkauf über SB-Regale; Ware ist preisausgezeichnet. Das gesamte Sortiment ist ständig erhältlich.

Adresse
Staatliche Molkerei Weihenstephan GmbH & Co. KG, Milchstraße 1, 85354 Freising, Telefon: 0 81 61/17 20, Fax: 17 21 00.

Öffnungszeiten
Montag 13.00 bis 17.00 Uhr, Dienstag geschlossen, Mittwoch bis Freitag 9.00 bis 17.00 Uhr.

Anreise
A92 (Flughafen-Autobahn), Ausfahrt Freising-Mitte. Die Molkerei liegt an der B11 Richtung Neufahrn. Zufahrt und Parkmöglichkeit zum Verkaufspavillon über die Lindenallee.

Seit 50 Jahren ist Mederer ein führender Hersteller von Süßwaren und hat sich auf Gummibonbons spezialisiert.

Süßer Trolli

Warenangebot
Aus eigener Herstellung: Gummibärchen, -würmer, -tiere, -früchte, Trolli, aller Art, Colafläschchen, saure Stäbchen, Lakritzen. Schokoladenartikel, Gelee-Bananen, Kokosflocken, Rumkugeln.

Ersparnis
1.-Wahl-Abpackungen 10 bis 20%. Außer den handelsüblichen Größen werden vor allem 1,5-kg-Beutel angeboten. Ersparnis hier 30 bis 50%. Schokoartikel 25 bis 30%. Viele 2.-Wahl-Angebote im 1 kg-Pack.

Ambiente
Laden mit ca. 100 m² neben der Firma (um die Ecke gehen). Es darf probiert werden! Parkmöglichkeiten vorhanden.

Adresse
Mederer Süßwaren Vertriebs GmbH Trolli Shop: Hans-Bornkessel-Straße 3, 90763 Fürth, Telefon Laden: 09 11/70 90 98, Firma: 78 70 30.

Öffnungszeiten
Montag bis Freitag 9.00 bis 18.00 Uhr.

Weitere Verkaufsstelle
● 90471 **Nürnberg-Langwasser**, Breslauer Straße 400, Telefon: 09 11/8 17 04 00.

Anreise
A9 München-Nürnberg bis Dreieck Feucht, Richtung Fürth, Kreuz Nürnberg-Süd Richtung Fürth, Ausfahrt Höfen (an Pyramide). An Ampel links Richtung Fürth, an Kreuzung rechts in HBK-Straße.
A3 Würzburg-Nürnberg oder A73 Bamberg-Nürnberg bis Kreuz Fürth-Erlangen Richtung Fürth, Ausfahrt Fürth-Stadtmitte/Nbg.-Doos, links halten, an der großen Kreuzung geradeaus unter der Unterführung durch, ca. 500 m rechts; Straße links in die Hans-Bornkessel-Straße.

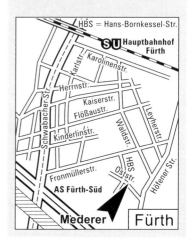

Stehmann's Hosenladen ist das Factory-Outlet des seit über 30 Jahren in Fürth ansässigen Familienunternehmens Stehmann Mode GmbH. Mode nach Lust und Laune – von klassisch bis trendy.

Der Damenhosen-Spezialist

Warenangebot
Damenhosen in enorm großer Auswahl, vom sportlichen Outfit (Stretchhosen, Jeans, Bermudas, Shorts), bis hin zum feinen, femininen Stil. Zugekaufte Ware: Hosenanzüge, Pullover, Blusen, Shirts. Maß-Änderungs-Service innerhalb 24 Stunden.

Ersparnis
30 bis 50 %. Zugekaufte Ware ca. 15 bis 25 %. Im WSV/SSV zusätzlich 20 bis 30 % Ersparnis.

Ambiente
Verkauf heißt „Stehmann's Hosenladen" und wirkt vom Angebot und der Aufmachung her wie eine Boutique.

Adresse
Stehmann's Hosenladen, Hansastraße 22, 90766 Fürth, Telefon: 09 11/75 90-111, Internet: www.stehmann.de.

Öffnungszeiten
Montag bis Freitag 9.00 bis 18.00 Uhr, Samstag 10.00 bis 14.00 Uhr.

Anreise
Die Hansastraße liegt im Westen von Fürth. Von Fürth-Mitte kommend die B8 Richtung Burgfarrnbach/Würzburg. Die Hansastraße ist die 2. Straße nach der Eisenbahnbrücke.

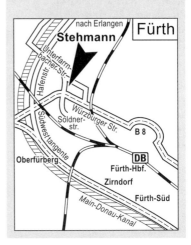

Die BIG-Spielwarenfabrik zählt weltweit zu den führenden Herstellern von Kunststoffspielwaren. Grundlagen diese Erfolges sind bestes Material und hochwertige Verarbeitung. Markenzeichen ist der BIG-Büffel.

Büffelstark

Warenangebot
Nur 1. Wahl: weltbekanntes BIG-Bobby-Car, BIG-Traktoren, Kinderrutschfahrzeuge, Tretfahrzeuge, Outdoor-Spielwaren (Sitz- und Spielgeräte wie Rutschen), Bausteine, Schwimmhilfen, Schlitten, Hula-Hoop-Reifen, Spiel- und Bastelartikel (Ritterburg, Steckspiele).

Ersparnis
10 bis 20%, nur 1. Wahl. Vermisst wurden Sonderposten, Sonderangebote. Kein SSV, kein WSV.

Ambiente
Einfacher Verkaufsraum, Lagerhallenatmosphäre. BIG bietet sein nahezu vollständiges Warensortiment an. Fachkundige Beratung ist möglich.

Adresse
BIG-Spielwarenfabrik, Dipl.-Ing. Ernst A. Bettag e.K., Alfred-Nobel-Straße 55-59, 90765 Fürth-Stadeln, Telefon: 09 11/97 63-0, Fax: 97 63-2 22, E-Mail: info@big.de, Internet: www.big.de.

Öffnungszeiten
Montag bis Freitag 8.00 bis 18.00 Uhr, Samstag 9.00 bis 13.00 Uhr.

Weitere Verkaufsstelle
● 96152 **Burghaslach**, BIG-Spielwarenfabrik, Leonhard-Höfler-Straße 5, an der A3 Würzburg-Nürnberg, Ausfahrt Burghaslach, Schlüsselfeld.

Anreise
A73, Ausfahrt Fürth-Stadeln. Über U64 Richtung Stadtmitte auf Stadelner Hauptstraße. In Theodor-Heuss-Straße abbiegen und geradeaus bis zum „BIG"-Hinweisschild.

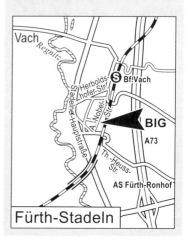

Der Handschuh-Spezialist bietet längst nicht nur Lösungen gegen kalte Hände. Auch Mützen, Schals und Stirnbänder sind im Angebot. Mit den Marken „Isartaler" und „Racix" ist die Isartaler Handschuhfabrik im Kinder- und Sportfachhandel führend.

Alles im Griff

Warenangebot
Sporthandschuhe und -fäustlinge für Ski, Snowboard, Langlauf, Mountainbike und Rennrad. Modische Handschuhe für den Alltag aus Leder, Fleece und Strick, mit und ohne Futter. Stirnbänder, Mützen und Schals aus Fleece und Strick.

Ersparnis
30 bis 40%. Kein SSV/WSV.

Ambiente
Große Auswahl auf engem Raum. Andere Größen und Farben werden direkt aus dem Lager gebracht.

Adresse
Isartaler Handschuhfabrik Josef Lorenz GmbH, Richard-Wagner-Straße 96, 82538 Geretsried. Telefon: 08171/31264, Fax: 80427, Internet: www.isartaler-handschuhe.de.

Öffnungszeiten
Montag bis Donnerstag 9.00 bis 12.00 und 14.00 bis 16.00 Uhr, Freitag 9.00 bis 12.00 Uhr, Samstag geschlossen.

Anreise
Geretsried liegt an der B11 (München-Innsbruck). Ausfahrt Geretsried-Süd direkt in die Richard-Wagner-Straße. Firma nach ca. 200 m rechte Seite. Eingang auf der Rückseite des grünen Gebäudes von der Richard-Wagner-Straße oder seitlich vom Ammerseeweg 1. Vor Haupteingang rechts in den Verkaufsraum.

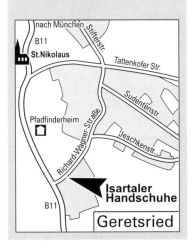

Gersthofen bei Augsburg   Taschen, Rucksäcke

Die Firma Deuter ist einer der bekanntesten Rucksackhersteller in Deutschland. Funktionalität sowie ein gutes Preis-Leistungs-Verhältnis stehen an erster Stelle.

Formschön & strapazierfähig

Warenangebot
Rucksäcke von Deuter – vom kleinen Kinderrucksack über Moderucksäcke, Wanderrucksäcke bis zum Bergsteigerrucksack. Außerdem ganz aktuell Bikerrucksäcke und Inlineskaterrucksäcke, Gürteltaschen, Handtaschen, Taschen in vielen verschiedenen Größen vom kleineren Schminketui über Freizeit-/Reisetaschen hin zu verschiedenen Koffern und Trolleys. Immer günstige Trend-Angebote.

Ersparnis
Ca. 30%.

Ambiente
Nennt sich „2.-Wahl-Shop", auf dem Firmengelände leicht zu finden.

Adresse
Deuter Sport und Leder GmbH, Siemensstraße 1-5, 86368 Gersthofen, Telefon: 08 21/49 87-1 25, Fax: 49 87-119.

Öffnungszeiten
Nur Dienstag und Donnerstag von 8.00 bis 16.00 Uhr.

Anreise
Auf der A8 nach Augsburg. B17 von Augsburg in Richtung Donauwörth, B2, Ausfahrt Industriegebiet Gersthofen Nord, beim Sternodrom Mercedeshaus vorbei, links in die Messerschmittstraße abbiegen, dann die 4. Straße wieder links = Siemensstraße.

DESCH

DESCH OUTSIDE. YOUNG INSIDE

Die Desch Herrenkleiderwerke fertigen seit 125 Jahren hochwertige Bekleidung für den Herrn. Jetzt kann man in Goldbach bei Desch gleich zweimal einkaufen. Im Desch Factory-Shop bietet das Unternehmen ein Herren-Sortiment mit internationalem Anspruch. In der neu eröffneten „Desch Shopping Hall" gibt es ein sportives Damen- und Herrensortiment.

Für Sie und Ihn

Warenangebot
Factory Shop: Anzüge, Sakkos, Hosen, Westen. Zur Komplettierung des Angebots: Hemden, Krawatten und Gürtel.
Shopping Hall: Herren: Angebot wie im Factory Shop, außerdem noch Jeans, Freizeitjacken, Lederjacken, Strick, Sweatshirts, T-Shirts, sowie Accessoires.
Damen: Hosenanzüge, Blazer, Hosen, Kostüme, Freizeitjacken, Lederjacken, Blusen, Jeans, Strick, Sweatshirts und Accessoires.

Ersparnis
30 bis 60%. Zusätzliche Preisersparnis im SSV/WSV ca. 20%.

Ambiente
Der Factory Shop erstreckt sich über zwei Etagen und bietet den Service eines Einzelhandelsgeschäfts. In der Shopping Hall gibt es in einem sachlich gestalteten Verkaufsraum neben den Desch-Produkten auch Fremdfabrikate namhafter Markenhersteller. Kundenparkplätze.

Adresse
Desch GmbH, Factory-Shop, Aschaffenburger Straße 10, 63773 Goldbach, Telefon: Factory Shop 0 60 21/59 79 49, Shopping Hall 59 79 19 Fax (für beide Verkaufsstellen): 59 79 17.

Öffnungszeiten
Montag bis Freitag 10.00 bis 19.00 Uhr, Samstag 10.00 bis 16.00 Uhr.

Anreise
A3 (Frankfurt-Würzburg), Ausfahrt Aschaffenburg-Ost. Dort nach Goldbach. Firma am Ortseingang Goldbach rechte Seite (sofort erkennbar).

Goldbach bei Aschaffenburg — Herrenbekleidung

Guy Laroche
PARIS

Stilvolle Eleganz im Schnitt, feine Stoffe italienischer Provenienz und das Renommée des Pariser Couture-Hauses vereinen sich in der Kasteller Spitzenkonfektion. Kastell-Mode wird in Deutschland gefertigt. Guy Laroche steht für Designermode aus internationalen Stoffkollektionen.

Mode-Impressionen

Warenangebot
Anzüge, Sakkos, Hosen, Gesellschaftskleidung (Smokings), Mäntel, Sportswear-Jacken.

Ersparnis
30 bis 40%. Im WSV/SSV 30% zusätzliche Ersparnis.

Ambiente
Eingang: An der Anmeldung geradeaus vorbei und die Treppen ins Untergeschoss hinab. Heller, freundlicher Verkaufsraum, die Ware ist übersichtlich und großzügig präsentiert. Parkplätze direkt vor dem Haus.

Adresse
Kastell, Otto Hugo GmbH & Co. KG, Herrenkleiderfabrik, Borngasse 12, 63773 Goldbach, Telefon: 0 60 21/5 30 41-0, Fax: 5 30 41-99.

Öffnungszeiten
Montag bis Freitag 8.30 bis 18.00 Uhr, Samstag 8.30 bis 14.00 Uhr.

Anreise
A3 Würzburg-Frankfurt, Ausfahrt Aschaffenburg Ost/Goldbach. Die Aschaffenburger Straße befindet sich vor dem Ortseingang Goldbach links (1. Straße). Kastell ist gut ausgeschildert.

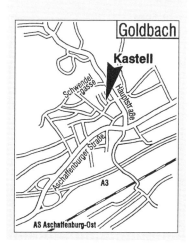

| Greding | Sportschuhe, -bekleidung |

Die großen Sportartikelhersteller der Welt: Adidas, Puma und Nike, verkaufen nahe der Autobahn Frankfurt-Nürnberg. In Schlüsselfeld hat Puma einen Fabrikverkauf, in Herzogenaurach adidas und Puma. Nike ist in Nürnberg und der Reebok-Outlet-Store an der Autobahnraststätte Greding, direkt an der Autobahn Nürnberg-München. Da hat der Sportfreund die Qual der Wahl ...

sports-experience and more

Warenangebot
Schuh- und Textilangebot, jedoch keine aktuelle Ware. Sportschuhe: Lauf-, Tennis-, Fußball-, Fitness- und Basketballschuhe. Tennisbekleidung, Fitnessbekleidung, Freizeitmode, Kindersportbekleidung. Auch Business- und Freizeitschuhe der bekannten Marke Rockport. Taschen und Rucksäcke.

Ersparnis
30 bis 50%. Bei Aktionen bis zu 70%.

Ambiente
650 m² Verkaufsfläche, Atmosphäre und Ausstattung angenehm. Outlet im amerikanischen Stil, qualifizierte Beratung, Kinderspielecke, vier Umkleidekabinen. Gute Parkmöglichkeiten direkt vor dem Haus.

Adresse
Reebok-Outlet Store, An der Autobahn 2-4, 91171 Greding, Telefon: 08463/6 42 20, Fax: 6 44 22 10.

Öffnungszeiten
Montag bis Freitag 10.00 bis 19.00 Uhr, Samstag 9.00 bis 16.00 Uhr.

Anreise
A9 Nürnberg-München, Ausfahrt Greding. Direkt an der Autobahn oberhalb von McDonalds.

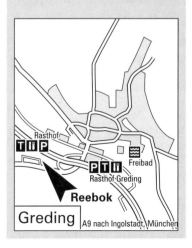

Gremsdorf — Schuhe, Lederwaren, Handtaschen

Manz fertigt seit mehr als 100 Jahren gepflegte, gute Herrenschuhe in meisterhafter Qualität. Fortuna ist Spezialist für Damen-Sandaletten und -Pantoletten mit Komfort sowie Damen- und Herrenhausschuhe. Die Designer-Marke Mercedes ist bekannt für Herrenschuhe sowie Damenschuhe aus bestem Material und höchster Qualität.

Klassiker

Warenangebot
Auswahl an Herrenschuhen (2. Wahl mit kleinen Fehlern), vom bequemen Freizeitschuh über den modischen Halbschuh zum zeitlosen, klassisch-eleganten Schuh. Lederwaren, Kleinlederwaren, Gürtel, sowie modische Damen-Handtaschen (Betty Barclay), Herrentaschen für Business und Reisen, Manz-Herrenhemden, große Auswahl an Socken.

Ersparnis
1. Wahl ca. 30 %, 2. Wahl ca. 50 %. Kein SSV/WSV.

Ambiente
Riesenauswahl, übersichtlich nach Größen geordnet. Parkplätze vorhanden. Hier auch ein Outlet von Trigema.

Adresse
Manz-Fortuna-Schuhfabrik GmbH, Gewerbepark 1, 91350 Gremsdorf, Telefon: 09193/3 60, Fax: 36 31, Internet: www.manz-fortuna.de.

Öffnungszeiten
Montag bis Freitag 9.00 bis 18.00 Uhr, Samstag 9.00 bis 14.00 Uhr.

Anreise
A3 Nürnberg-Würzburg, Ausfahrt 80 Höchstadt Ost. Der Fabrikverkauf liegt direkt an der Autobahnausfahrt im Industriegebiet.

Gremsdorf — Baby- und Kinder-, Damen- und Herrenbekleidung

Schirmer

Die Firma Schirmer entwickelte sich vom reinen Hosenspezialisten zum textilen Multiausstatter für die ganze Familie.

Mode fürs Kind

Warenangebot
Baby- und Kinderbekleidung, hauptsächlich 1.-Wahl-Ware. Hosen, Leggings, Shorts, Röcke, T-Shirts, Sweatshirts, Hemden, Blusen, Jacken, Anoraks, Parker, Damen- und Herrenbereich, Hosen und Sweatshirts.

Ersparnis
1.- und 2.-Wahl-Ware 30 bis 50 % Ersparnis, bei Rest- und Sonderposten teilweise bis 70 %. Im WSV/SSV nochmals reduziert.

Ambiente
Nüchterne Lagerhallen-Atmosphäre. Auch Wühltische. Verkauf erfolgt durch Lageristin; Beratung möglich.

Besonderheiten
Ausflugsziel Schloss Pommersfelden. Kulinarischer Hochgenuss Aischgründer Karpfen.

Adresse
Schirmer GmbH, Kellerstraße 6, 91350 Gremsdorf, Telefon: 0 91 93/49 06, Fax: 26 01.

Öffnungszeiten
Montag bis Freitag 9.00 bis 12.00 und 13.00 bis 17.00 Uhr.

Anreise
Fabrikverkauf liegt ca. 1000 m von A3 Würzburg-Nürnberg entfernt, Ausfahrt Höchstadt-Ost. Von Forchheim kommend, auf der B470, in Gremsdorf abbiegen in Richtung Poppenwind/Krausenbechhofen. Nach rechts abbiegen Richtung Sportplatz, noch ca. 300 m, linke Seite das Fabrikgebäude.

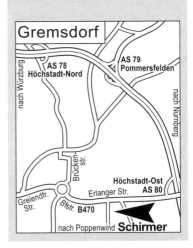

Großostheim — Herrenhosen, Freizeitbekleidung

DIE HOSE

Bundfaltenhose, Anzughose, Five Pocket Jeans, Shorts, Bequem-Jeans von Aubi. Die Firma produziert selbst Herrenhosen (nur Stretch), hat ihr Sortiment aber um namhafte Markenartikel und reizvolle Angebote geschmackvoll erweitert.

Wenn sie passt, ist es eine …

Warenangebot
Damen- und Herrenbekleidung auf ca. 1000 m² Verkaufsfläche, viele Größen, Stoffe, Schnitte. Sportliche Mode wie Jeans, Jacken, Pullis, Shirts, Blusen, Hemden.

Ersparnis
Bis 30%. Zugekaufte Ware ca. 15%. Im WSV/SSV ca. 50% zusätzliche Ersparnis.

Ambiente
Die Fremdware wird wie im Einzelhandel angeboten; die Hosen aus eigener Herstellung sind im hinteren Ladenraum ansprechend präsentiert; Fachverkäuferinnen; viele Umkleidekabinen.

Besonderheiten
Über 300 kostenlose PKW-Stellplätze. Praktischer Einkaufsverbund in Fußwegnähe der Firmen Petermann Hemden- und Blusenfabrik, Indigo Mode & Schuhe, Fa. Otto Schuler GmbH sowie dem Lebensmittelmarkt Lidl. Serviceleistung der Fa. August Bickert: Schnelländerungsdienst bei Hosen.

Adresse
August Bickert GmbH, aubi – Die Hose, Verkauf: Aschaffenburger Straße 38, 63762 Großostheim, Telefon: 0 60 26/97 29-0, Fax: 97 29-21.

Öffnungszeiten
Montag bis Mittwoch 9.00 bis 18.00 Uhr, Donnerstag 9.00 bis 19.00 Uhr, Freitag 9.00 bis 18.30 Uhr, Samstag 9.00 bis 15.00 Uhr.

Anreise
A3, Ausfahrt Nr. 57/Stockstadt, auf B469 Richtung Miltenberg. 3. Ausfahrt Richtung Großostheim. Der Verkauf ist nach ca. 150 m.

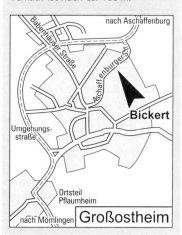

Das Unternehmen bietet Herrenmode an. Das Warenangebot umfasst auch die Konfektionsgrößen 62, 30 und 110 ohne Übergrößenzuschlag.

Herrenmode zum günstigen Preis

Warenangebot
Anzüge, Sakkos und Hosen, Hemden, Polos, T-Shirts, Westen und Jacken.

Ersparnis
30 bis 50%. Im SSV/WSV nochmals um 50% reduziert.

Ambiente
Angenehme Einkaufsatmosphäre, sachkundige und freundliche Verkäuferinnen.

Adresse
Nik Boll, Dieselstraße 4, 63762 Großostheim, Telefon: 0 60 26/9 97 40, Fax: 99 74-22.

Öffnungszeiten
Montag bis Freitag 10.00 bis 18.30 Uhr, Samstag 9.00 bis 14.00 Uhr.

Weitere Verkaufsstellen
- 93059 **Regensburg**, Im Gewerbepark C 53, Telefon/Fax: 09 41/4 12 02.
- 94032 **Passau**, Grabengasse 28, Telefon/Fax: 08 51/95 00 02.
- 94086 **Bad Griesbach**, Im Blumenhof 2.

Anreise
A3 Frankfurt-Würzburg, Ausfahrt 57 Stockstadt. Auf B469 Richtung Miltenberg. 3. Ausfahrt Richtung Großostheim. 1. Ausfahrt Großostheim nach links, 1. Haus auf der rechten Seite.

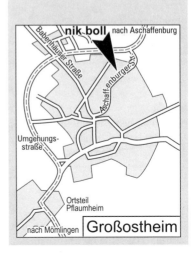

Eigene Fertigung, ausschließlich Verarbeitung geprüfter, erstklassiger Meterware aus dem EU- und EFTA-Raum. Großes Angebot bis Halsweite 54, auch Überlängen in Armlänge und Übergrößen.

Der Hemdenprofi

Warenangebot
Herrenhemden im oberen bis höchsten Qualitätsstandard durch eigenen Fertigungsbetrieb. Riesensortiment von klassisch bis hochmodisch. Gute Auswahl auch in ausgefallenen Größen und Überlängen. Sonderanfertigung nach Maß sowie für Vereinsausstattung möglich. Das Sortiment wird ergänzt durch Herrenstrick, Krawatten und Socken.

Ersparnis
Ca. 50%. Im WSV/SSV nochmals bis 20% reduziert.

Besonderheiten
Änderungswünsche werden vom Kundenservice sofort erledigt. Sonderanfertigungen haben eine Lieferzeit von fünf bis sechs Wochen.

Adresse
Petermann, Hemden- und Blusenfabrik, Aschaffenburger Straße 28, 63762 Großostheim, Telefon: 0 60 26/50 02-0, Fax: 50 02-21/-22, Internet: www.hemdenfabrik.de.

Öffnungszeiten
Montag bis Freitag 9.00 bis 18.00 Uhr, Samstag 9.00 bis 15.00 Uhr.

Anreise
A3, Frankfurt-Nürnberg, Ausfahrt Stockstadt. Großostheim liegt im Maintal bei Aschaffenburg am Autobahnzubringer Stockstadt/Miltenberg. Zweite Abfahrt nach Großostheim, unmittelbar vor der Eder-Brauerei. Auffallend durch vier Fahnen mit „Pesö" an der Einfahrt.

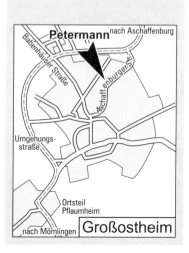

SAN SIRO

Seit 1970 Hersteller modischer Herrenhosen. Bekannt als Baumwollspezialist, mittlerweile umfasst das Sortiment auch modische Wollhosen und Jeans. Seit zehn Jahren mit sportlichen Sakkos und jungen Anzügen am Markt. Der Composé-Gedanke setzt sich verstärkt in der Kollektion durch. Stark am Markt mit „performer", einer knitterarmen und bügelfreien Baumwollhose.

Auffallend modisch

Warenangebot
Herrenhosen, -sakkos, -anzüge und Sportswear wie Jeans und Shirts. City-Hemden, Krawatten.

Ersparnis
Preisvorteile von ca. 30 bis 40% in der Saison, zum Schlussverkauf nochmals großzügige Reduzierungen. Im SSV/WSV 20% zusätzliche Ersparnis.

Ambiente
Vom Parkplatz im Hof ist der Eingang gut sichtbar. Mit Schildern (Verkauf) und Dekorationen wird der Weg in das Verkaufslager gewiesen.

Adresse
San Siro GmbH und Co. KG, Babenhäuser Straße 45, 63762 Großostheim, Telefon: 0 60 26/50 07-0 oder direkt über 50 07-42.

Öffnungszeiten
Montag bis Donnerstag 11.00 bis 18.00 Uhr, Freitag 11.00 bis 18.00 Uhr, Samstag 9.30 bis 15.00 Uhr.

Anreise
Von der A3 Frankfurt-Würzburg kommend Ausfahrt Stockstadt/Obernburg, weiter auf der B469 bis zur Ausfahrt Großostheim/Ringheim/Flugplatz, Richtung Großostheim führt der Weg direkt an San Siro vorbei (rechte Seite).

Qualität als Prinzip – Luxus, der höchsten Ansprüchen gerecht wird – stilistische Klarheit, die den Stil der Elite auszeichnet.

Exklusive Herrenmode zu echten Fabrikpreisen

Warenangebot
Anzüge, Sakkos, Hosen, Hemden, Krawatten, Mäntel. Verkauft wird nur die aktuelle Ware in 1. Wahl.

Ersparnis
30 bis 50 %. Kein SSV/WSV.

Ambiente
Verkauf direkt aus dem Lager; „Förderhaken" transportieren „noch warme Ware" aus der Fabrik ins Lager; da hier auch der Einzelhändler seine Ware auswählt, keine Preisauszeichnung, die Verkäuferin ist im Besitz der Preisliste; einfache Umkleidekabinen und ein Spiegel sind aufgestellt.

Adresse
Otto Schuler GmbH, Aschaffenburger Straße 35, 63762 Großostheim, Telefon: 0 60 26/97 24-0, Fax: 62 67.

Öffnungszeiten
Montag bis Freitag 9.00 bis 18.00 Uhr, Samstag 9.00 bis 15.00 Uhr.

Anreise
Großostheim liegt südlich von Aschaffenburg; von Aschaffenburg kommend, ist die Firma nach Ortseingang das erste Haus auf der rechten Seite; Kundenparkplätze vorhanden; zum Verkauf führt die weiße Tür im flachen Gebäude der Firma (rechtes Gebäude).

EDUARD DRESSLER

Die Erzeugnisse von Eduard Dressler zeichnen sich aus durch erlesene Stoffe, perfekten Schnitt und sorgfältigste Verarbeitung in bester handwerklicher Tradition. Höchste Qualität wird insbesondere durch die individuelle Prüfnummer garantiert, mit der jedes Kleidungsstück bis hin zum Fabrikverkauf versehen wird.

For very important Persons

Warenangebot
Eduard Dressler: Anzüge, Sakkos, Hosen, Smokings, Blazer, Mäntel, Krawatten, Pullover, Polo-Shirts, Gürtel, Aktentaschen, Laptoptaschen, Geldbörsen.

Ersparnis
Mindestens 30%, größtenteils sogar 40% auf 1. Wahl. Im SSV/WSV zusätzlich 30% Preisreduzierung.

Ambiente
Getarnt im Fachgeschäft „V.I.P Clothing" gibt es erstklassige Ware von Eduard Dressler in großer Auswahl.

Adresse
V.I.P. Clothing, Babenhäuser Straße 16, 63762 Großostheim, Telefon: 0 60 26/ 99 52 90.

Öffnungszeiten
Dienstag bis Freitag 10.00 bis 18.00 Uhr, Samstag 10.00 bis 14.00 Uhr.

Anreise
A3 Frankfurt-Würzburg: Ausfahrt 57 Stockstadt/Obernburg, B469 Richtung Amorbach. 3. Ausfahrt Aschaffenburg/Großostheim. Dann rechts Richtung Großostheim bis zum Kreisverkehr. 3. Ausfahrt (Industriegebiet West). Nach 200 m links. B26 aus Richtung Darmstadt: nach Babenhausen, weiter auf der B26. Richtung Großostheim. Am Flugplatz Kreisverkehr. 2. Ausfahrt geradeaus bis zum nächsten Kreisverkehr (2. Ausfahrt).

Großwallstadt — Damenbekleidung

Im Haus der Mode werden die neuen Kollektionen führender Markenhersteller präsentiert. Stil: modisch, sportiv, elegant.

Haus der Mode

Warenangebot
Komplettes Bekleidungssortiment für Damen in ausgezeichneten Qualitäten. Passende Accessoires runden das Angebot ab.

Ersparnis
Aktuelle Kollektionen 10 bis 30%. Restbestände werden in separatem Raum zu Schnäppchenpreisen (Ersparnis bis zu 70%) angeboten. Im WSV/SSV ca. 50% zusätzliche Ersparnis.

Ambiente
Präsentation wie im Fachgeschäft auf ca. 650 m² Verkaufsfläche. Freundliches, fachkundiges Personal. Ca. 50 Parkplätze direkt am Verkaufsgebäude.

Besonderheiten
Viermal im Jahr verkaufsoffener Sonntag (März, Mai, September, November).

Adresse
cm creativ mode GmbH „Haus der Mode", Großostheimer Straße (ohne Hausnummer), 63868 Großwallstadt, Telefon: 0 60 22/2 10 01, Fax: 2 10 14, E-Mail: info@haus-der-mode.com, Internet: www.haus-der-mode.com.

Öffnungszeiten
Montag bis Freitag 9.00 bis 13.00 und 14.00 bis 18.00 Uhr, Samstag 9.00 bis 15.00 Uhr.

Anreise
A3 Frankfurt-Würzburg, Ausfahrt Stockstadt. Danach B469 ca. 15 km, Ausfahrt Großwallstadt. Nach dem Ortseingang auf der rechten Seite das große Betriebsgebäude gegenüber der Tankstelle.

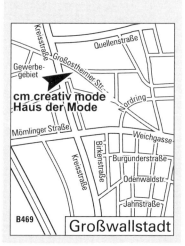

Josef Geis
Germany

campus
@josef-geis.de

Ein ungewöhnlich breites Angebot wird unter den Markennamen angeboten. Von junger Mode bis hin zu zeitloser Eleganz; gute Qualität.

Zeitlose Mode

Warenangebot
Anzüge, Hosen, Mäntel, Sakkos, Jacken, Krawatten, Hemden, Pullover, Shirts, Maßkonfektion (Anzüge, Sakkos, Hosen).

Ersparnis
40 bis 50%. Im WSV/SSV 20 bis 30% zusätzliche Ersparnis.

Ambiente
Nach Haupteingang links die Treppen ins Untergeschoss zum Verkauf; Fachberatung und Preisauszeichnung; große Auswahl auch in Spezialgrößen, Sofort-Änderungsdienst, Maßkonfektion – großes Stofflager.

Besonderheiten
Größter Hersteller am Ort, der alle Anzüge, Sakkos und Hosen noch selbst vor Ort produziert. Verkauf noch echt ab Fabrik.

Adresse
Josef Geis GmbH, Großostheimer Straße 14, 63868 Großwallstadt, Telefon: 0 60 22/66 04-0, Fax: 66 04-45.

Öffnungszeiten
Montag bis Donnerstag 8.00 bis 17.30 Uhr, Freitag 8.00 bis 16.30 Uhr, Samstag 8.30 bis 13.00 Uhr, viermal im Jahr verkaufsoffener Sonntag.

Anreise
A3 (Frankfurt-Würzburg), Ausfahrt Stockstadt. Auf B469 Richtung Miltenberg bis Ausfahrt Großwallstadt. Dort Richtung Ortsmitte, Firma im Eckhaus nach der 2. Querstraße links.

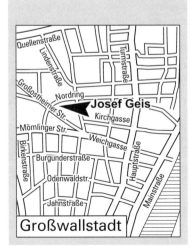

Großwallstadt — Herrenbekleidung

Mit diesen Kollektionen rennt „Mann" keinem Trend hinterher, sondern ist „up to date" und passend zum Typ gekleidet. Ansprechendes Sortiment in dezenten Tönen, die eine gediegene Eleganz ausstrahlen.

Erfrischend modisch

Warenangebot
Nur 1.-Wahl-Qualitäten: Anzüge, Sakkos und Hosen aus eigener Herstellung; Mäntel, Jacken, Hemden und Krawatten werden zugekauft.

Ersparnis
Durchschnittlich 35 bis 50%. Im SSV/WSV 25% zusätzliche Ersparnis.

Ambiente
Ein großes Schild „Eigenherstellung/Mode für den Mann" weist auf den Verkauf hin, was auch sehr wichtig ist, da der Verkauf wie ein Fachgeschäft aussieht. Die beiden Chefs im Verkauf und die freundlichen Verkäuferinnen sind fachlich top.

Besonderheiten
Für Herrenbekleidung gibt es in Großwallstadt noch weitere Fabrikverkäufe.

Adresse
R & R Collection, Mode für den Mann, Lützeltaler Straße 8, 63868 Großwallstadt, Telefon: 0 60 22/2 56 61, Fax: 2 37 51, Internet: www.rrcollection.de

Öffnungszeiten
Montag bis Freitag 9.00 bis 12.30 und 14.00 bis 18.00 Uhr, Samstag 9.00 bis 14.00 Uhr.

Anreise
Auf der B469 von Aschaffenburg kommend, ist die Firma nach dem Ortseingang im zweiten Gebäude rechts.

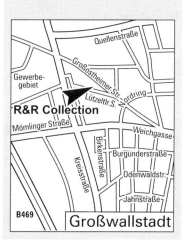

Günzburg/Donau — Fleischwaren

Das Sortiment der bekannten Metzgerei beinhaltet von der Schweinehälfte bis hin zum Würstchen so ziemlich alles, was es an Fleischwaren gibt.

Ein deftiges Mahl

Warenangebot
Fleisch vom Schwein, Rind, Lamm und der Pute sowie auch Innereien. Verarbeitete Waren: Salami, Landjäger, Grillwürste, Wiener Würstchen, Regensburger Würste (mit Käsefüllung), Weißwürste (auf Vorbestellung), Rostbratwürste, Fleischkäse, Schinken und bereits fertige Hamburger.

Ersparnis
Mindesteinkauf 25,- €, Ersparnis 20 bis 40 %. Zu allen ausgezeichneten Preisen muss noch die Mehrwertsteuer zugerechnet werden (Händlerpreise); Mengenrabatt.

Ambiente
Atmosphäre und Geruch wie im Schlachthof, da Fleisch frisch von Schweinehälfte (z.B.) geschnitten wird; Verkaufseingang in der Schmiedgasse an der Stirnseite des Gebäudes; gut beschildert; offiziell nur für Wiederverkäufer (Gaststätten); für jedermann zugänglich. Parkplatz vor dem Betriebsgebäude.

Adresse
Lutz Fleischwaren AG, Fleisch-Center Violastraße 1, (Verkauf) 89312 Günzburg, Telefon: 0 82 21/39 99 30, Fax: 3 99 93 19.

Öffnungszeiten
Montag bis Freitag 6.00 bis 15.00 Uhr, Samstag 8.00 bis 12.00 Uhr.

Anreise
Ulmer Straße in Richtung Leipheim auf B10. Nach links abbiegen zu Aldi, über Violastraße zum Verkauf. Parkplätze vorhanden.

Gundelfingen-Echenbrunn/Donau — Kinderbekleidung, Stoffe

OLD FACTORY STORE

Der „old factory store" befindet sich in einer stillgelegten Weberei, die im Stile der Jahrhundertwende zu einem nostalgischen Erlebniseinkaufszentrum umgebaut wurde.

Attraktive und qualitativ hochwertige Kindermode

Warenangebot
Kinderbekleidung: Jeans, Jacken, Latzhosen, T-Shirts, Kleider, Röcke, Overalls und Socken. Alles in den Größen 50/56 bis 152, XS-XL. Der größte Teil der Artikel ist Ware mit kleinen Fehlern und Musterkollektionen aus der Vorsaison.

Ersparnis
Bei regulärer Ware ca. 30% (Kollektion vom Vorjahr), Vertreter-Reisemuster und 1B-Ware sind weit günstiger.

Ambiente
14 verschiedene Shops diverser Markenhersteller, darunter ist Portofino/Gasolio. Ansprechend präsentierte Ware, ausreichend Parkplätze vor dem Gebäude, geduldige, fachkundige Beratung, Spiel- und Videoecke.

Adresse
Old Factory Store, An der Weberei 1, 89423 Gundelfingen-Echenbrunn, Telefon: 0 90 73/95 04-0, Fax: 95 04-10.

Öffnungszeiten
Montag bis Freitag 10.00 bis 19.00 Uhr, Samstag 10.00 bis 16.00 Uhr.

Anreise
Von Günzburg nach Ortseinfahrt die dritte Straße links, nächste rechts und nächste wieder rechts.

Hafenlohr bei Würzburg — Kindermöbel

Seit 1935 baut die Firma mit das Beste, was auf dem Kindermöbel-Sektor zu finden ist. Hervorragende Verarbeitung und strapazierfähiges Material halten den hohen Anforderungen, die an Kindermöbel gestellt werden, voll stand.

Der Kindermöbel-Spezialist

Warenangebot
Ausschließlich 2.-Wahl-Ware, Entwicklungs- und Auslaufmodelle, Messemodelle, Warenrücknahmen. Kinderbetten, Wickelkommoden, Kinderschränke.

Ersparnis
Je nach Beschädigungsgrad bis zu 40% Ersparnis.

Ambiente
Fabrikhalle mit ca. 400 m².

Besonderheiten
Unterfranken ist berühmt durch seine Frankenweine in der Bocksbeutelflasche. Würzburg ist immer eine Reise wert. Aber auch die Weinorte drumherum. Verlängertes Wochenende einplanen.

Adresse
Paidi-Möbel GmbH, 2.-Wahl-Lager, Am Bahnhof 12-16, 97840 Hafenlohr, Telefon: 0 93 91/5 01-1 92, Fax: 5 01-1 60.

Öffnungszeiten
Dienstag bis Freitag 8.30 bis 12.00 und 13.00 bis 17.00 Uhr, Samstag 8.30 bis 13.00 Uhr.

Anreise
Hafenlohr liegt kurz (3 km) hinter Marktheidenfeld bei Würzburg. Von der A3 Frankfurt-Nürnberg aus Richtung Würzburg kommend Ausfahrt Marktheidenfeld. Weiter Richtung Lohr/Hafenlohr, am Ortseingang scharf links, ca. 200 m.

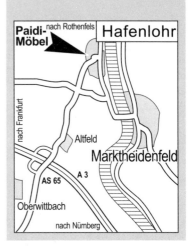

Schulranzen

Mc Neill-Schulranzen bieten im Straßenverkehr, auch an trüben Tagen, viel Sicherheit durch das neonfarbene Design; sie sind orthopädisch geformt und pflegeleicht (abwaschbar).

Testsieger und Marktführer

Warenangebot
Schulranzen und Zubehör in verschiedenen Größen und Materialien, Kindergartentaschen. Schulbeutel, Schüleretuis, modische Schul- und Reiserucksäcke. Auch Schultaschen aus Vollrindleder. Business-Taschen, Reisegepäck, Koffer, Trolleys von „Wallstreet". Rucksäcke, Sporttaschen von „Take it Easy".

Ersparnis
Sondermodelle und Auslaufdesigns 20 % und mehr. Kein SSV/WSV.

Ambiente
Eingang im Innenhof rechts durch die Glastüre, übersichtliche Präsentation, nicht generell preisausgezeichnet. Gute Parkmöglichkeiten.

Besonderheiten
Auf alle Schulranzen gibt es eine Entsorgungsgarantie. Alte Ranzen werden mit einem kleinen Betrag vergütet und zu fast 100 % recycelt.

Adresse
Thorka GmbH, McNeill-Schultaschen, Siemensstraße 28, 63512 Hainburg-Klein-Krotzenburg, Telefon: 0 61 82/9 57 10, Fax: 6 69 98.

Öffnungszeiten
Montag bis Donnerstag 13.00 bis 16.00 Uhr und jeden 1. Samstag im Monat 9.00 bis 13.00 Uhr.

Anreise
Hainburg-Klein-Krotzenburg liegt zwischen Aschaffenburg und Hanau; A3, Frankfurt-Aschaffenburg bis Ausfahrt Seligenstadt; von Seligenstadt Richtung Hainburg; nach Ortsausfahrt Seligenstadt 1. Ampel links, 1. Querstraße, dann rechts, 1. Einfahrt rechts.

QUALITÄT AUS FRANKEN

Die Firma Maintal-Obstindustrie ist vor allem durch ihre Spezialität, die Hagebutten-Konfitüre, bekannt (im Fränkischen „Hiffenmark" genannt). Der hohe Vitamin C-Gehalt trägt dazu bei, den täglichen Vitaminbedarf zu decken. Außerdem hat das Unternehmen mit den Bio-Konfitüren den Gaumen der Verbraucher entdeckt.

Gesundes am Morgen

Warenangebot
Konfitüren, Gelees, Fruchtaufstriche, Bio-Konfitüren und Wildpreiselbeeren in Gläsern und Eimern.

Ersparnis
Je nach aktuellem Angebot zwischen 10 und 20%; bis 50% bei Ware mit falscher oder fehlender Etikettierung. Kein SSV/WSV, keine Saisonware.

Ambiente
Kleiner Fabrikverkauf am Seiteneingang (bitte klingeln). Die Ware ist in SB-Regalen und Verkaufskörben schlicht präsentiert. Sonderposten sind gesondert beschildert. Fachkundiges, freundliches Personal berät.

Adresse
Maintal-Obstindustrie, Industriestraße 11, 97437 Haßfurt/Main, Telefon: 09521/94950, Fax: 949530, E-Mail: info@maintal-frucht.de, Internet: www.maintal-frucht.de.

Öffnungszeiten
Mittwoch und Donnerstag 11.00 bis 16.00 Uhr. Gute Parkmöglichkeiten auf dem Firmengelände.

Anreise
A70 Bamberg-Schweinfurt, Ausfahrt Knetzgau/Haßfurt, abbiegen auf die B26 Richtung Haßfurt, weiter geradeaus nach Haßfurt einfahren, der Hauptverkehrstraße folgen, an einem großen Möbelhaus vorbei, bis es auf der rechten Seite in Richtung TÜV/Industriestraße geht, nach ca. 200 m befindet sich links die Firma Maintal-Obstindustrie. Der kurze Weg zum Fabrikverkauf um die Ecke ist beschildert.

Helmbrechts Stoffe, Strickwaren, Damen-, Herrenbekleidung

Helmbrechts, Münchberg und Hof haben eine lange Tradition als Weber- und Textilstädte. In der alten Weberei in Helmbrechts ist aber inzwischen ein Verkauf eingerichtet, wo Ware von 14 Herstellern angeboten wird.

Markenmix in der Textilstadt

Warenangebot
Bekleidungsstoffe der aktuellen Kollektionen, Stoffe für Wohndekor, Futterstoffe. Diese Stoffe sind zum Teil von bekannten Marken. Damen-, Herren- und Kinderbekleidung, Outdoor-Bekleidung und Jeans, Accessoires, Bademoden. Ware von zum Teil bekannten Herstellern.

Ersparnis
Ca. 25 bis 50%. Bei Stoffresten noch mehr. Zusätzliche Ersparnis bei SSV/WSV ca. 25%.

Ambiente
Der Fabrikverkauf befindet sich im Erdgeschoss in einer alten Weberei. Ruhige Atmosphäre in großen, hellen Räumen. Die Räume sind unterteilt in Outdoor-Bekleidung/Hemden, Damenoberbekleidung, Stoffe/Kinderaccessoires. Parkplätze direkt vor dem Verkauf.

Adresse
Stoffwerk Fabrikverkauf, In der alten Weberei, Gustav-Weiss-Straße 2, 95233 Helmbrechts, Telefon: 0 92 52/91 60 32, Internet: www.Stoffwerk.com.

Öffnungszeiten
Montag bis Freitag (außer Mittwoch) 10.00 bis 18.00 Uhr, Samstag 10.00 bis 13.00 Uhr.

Anreise
A9 München-Berlin, Ausfahrt Münchberg-Nord. Richtung Helmbrechts fahren bis zum Kreisverkehr. Dort 3. Ausfahrt (links abbiegen). Richtung Innenstadt, dann nach ca. 400 m zweite Straße rechts abbiegen in die Gustav-Weiss-Straße. Stoffwerk nach ca. 50 m.

Helmbrechts-Wüstenselbitz — Schals, Tücher, Decken

V. FRAAS
THE SCARF SOURCE

V. Fraas, weltweit führender Hersteller textiler Accessoires, mit Niederlassungen in New York, London, Paris, Toronto und Hongkong, hat seinen Firmensitz im kleinen Wüstenselbitz im Frankenwald. Bis zu 10 Mio. Schals werden bei V. Fraas jährlich hergestellt.

Halswärmer der feinen Art

Warenangebot
Schals aus Schurwolle, Acryl, Cashmink, Baumwolle und Kaschmir. Tücher und Schals in vielen Dessins und Größen. Sehr großes, erstklassiges Angebot. Accessoires wie Handschuhe, Taschen, Modeschmuck, Krawatten und Gürtel. Decken aus Baumwolle, Wolle und Kaschmir.

Ersparnis
Ca. 30 bis 50%. Im WSV/SSV nochmals bis zu 50% reduziert.

Ambiente
Neuer Verkaufsraum, Ware ist übersichtlich und preisausgezeichnet in Regalen ausgelegt, Tücher auf Bügeln. Schals nach Materialart sortiert.

Adresse
V. Fraas AG & Co., Kulmbacher Straße 208, 95233 Helmbrechts-Wüstenselbitz, Telefon: 0 92 52/70 30, Fax: 70 35 00.

Öffnungszeiten
Montag bis Freitag 11.00 bis 18.00 Uhr, Samstag 10.00 bis 13.00 Uhr.

Anreise
A9, Ausfahrt Münchberg-Nord; rechts Richtung Helmbrechts; in Helmbrechts erste Abfahrt links Richtung Kulmbach; nach ca. 2 km links Richtung Wüstenselbitz; am Ortseingang erstes Haus auf der rechten Seite (im Haus des Kindergartens); Parkmöglichkeiten hinter dem Haus.

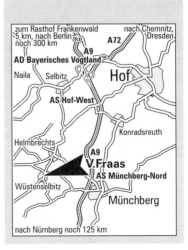

CARLO COLUCCI

Der italienische Modemacher zählt zu den Großen der Modezunft. Die Firma Carlo Colucci ist in den letzten Jahren zur Lifestyle-Kollektion avanciert und kleidet Frau und Mann von Kopf bis Fuß.

Qualität und Eleganz

Warenangebot
Für den Herren: Pullover, Westen, Outdoor-Jacken, Hemden, Sweatshirts u.a. Shirts, Gürtel, Mützen, Accessoires, Jeans, Anzüge, Sakkos, Hosen. Für die Dame: Pullover, Jacken, Kleider, Röcke, Shirtmode, Jeans, Accessoires.

Ersparnis
Zwischen 30 und 40%. Kein SSV/WSV.

Ambiente
Auf einer Einkaufsfläche von über 100 m² bietet sich dem Einkäufer ein perfekt gestaltetes Ambiente mit Springbrunnen, Großbildleinwand etc.

Adresse
Carlo Colucci Vertriebs GmbH, Am Eichelberg 1, 91567 Herrieden, Telefon: 0 98 25/8 27 40.

Öffnungszeiten
Montag, Dienstag, Mittwoch, Freitag 9.00 bis 18.00 Uhr, Donnerstag 9.00 bis 20.00 Uhr, Samstag 9.00 bis 16.00 Uhr.

Anreise
A6 (Heilbronn-Nürnberg), Ausfahrt Herrieden (neben ARAL-Rasthof). Firma direkt an der Ausfahrt.

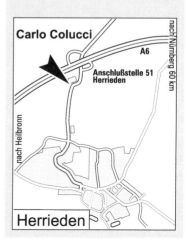

Adidas-Salomon ist Europas größter Sportartikelhersteller und die Marke adidas ist längst Symbol für Sportkult rund um den Globus. Adidas hat es geschafft, mit drei Streifen ein Gefühl von Identität mit den Großen des Sports rüberzubringen.

Die Marke mit den 3 Streifen

Warenangebot
2.-Wahl-Artikel und Sonderposten, Sportschuhe (vor allem Lauf-, Tennis- und Fußballschuhe, Freizeitschuhe, Trekking- und Wanderschuhe). Sport- und Freizeitmode für Damen, Herren, Kinder und Babys. Tennisbekleidung Trainingsanzüge, Joggingbekleidung. Sweatshirts, T-Shirts, Shorts, Laufbekleidung, Regenbekleidung. Bademoden, Sporttaschen. Babyschuhe ab Größe 18, Fußbälle, Basketbälle. Neu: Salomon Trekkingschuhe, Inlineskates Taschen und Rucksäcke.

Ersparnis
Ca. 30 bis 50 %. Kein SSV/WSV.

Ambiente
Nüchterne Atmosphäre, kaum Bedienung, aber große Auswahl an Sportschuhen und Trainingsbekleidung, 16 Umkleidekabinen. Immer großer Andrang.

Adresse
Adidas shop, Schießhausstraße 22-26, 91074 Herzogenaurach, Telefon: 0 91 32/ 84 20 46, Fax: 84 22 41.

Öffnungszeiten
Montag bis Mittwoch 9.00 bis 19.00 Uhr, Donnerstag und Freitag 9.00 bis 20.00 Uhr, Samstag 8.00 bis 16.00 Uhr.

Anreise
A3 Nürnberg-Würzburg, Ausfahrt Frauenaurach. In Herzogenaurach: Innenstadt. Shop ist in der Hauptverwaltung.

Herzogenaurach — Sportartikel, -bekleidung, -schuhe

Die Raubkatze hat ihren Super Outlet-Store Herzo eröffnet. Das lässt die Herzen aller Puma-Fans höher schlagen. Ein Outlet nach amerikanischem Vorbild, das keine Wünsche offen lässt.

Outlet in neuen Dimensionen

Warenangebot
Große Auswahl aller Sportartikelbereiche: Lauf-/Joggingschuhe, Fußball-, Kinder-, Tennis-, Fitnessschuhe. Auch Lifestyleschuhe. Freizeit-, Funktions-, Sport- und Fitnessbekleidung. Kinderbekleidung. Lifestyle-Mode. Nicht nur reduzierte Ware, sondern auch topaktuelle Kollektionen speziell aus dem Bereich Lifestyle. Auch Teamsportartikel wie Bälle, Taschen und Accessoires.

Ersparnis
Keine Ersparnis bei topaktueller Ware. Ansonsten 35 bis 50%, bei Einzelteilen bis 70%. Kein SSV/WSV, aber Aktionen.

Ambiente
Modernstes Ambiente mit viel Glas. Die Verkaufsfläche mit über 1300 m² auf drei Ebenen ist übersichtlich und großzügig. Sehr hilfsbereites Personal.

Adresse
Puma Outlet-Store Herzo, Zeppelinstraße 2, 91074 Herzogenaurach, Telefon: 09132/7 41 70, Fax: 74 17 16. Internet: www.PUMA.com.

Öffnungszeiten
Montag bis Freitag 9.00 bis 19.00 Uhr, Samstag 8.00 bis 16.00 Uhr.

Weitere Verkaufsstellen
- 90411 **Nürnberg**, Klingenhofstraße 70, Telefon: 09 11/5 27 29 10, Fax: 5 27 29 12.
- 96132 **Schlüsselfeld-Elsendorf**, Rudolf Dassler Straße 1, Telefon/Fax: 0 95 52/93 30 77 (siehe dort).

Anreise
A3 Nürnberg-Würzburg, Ausfahrt Frauenaurach/Herzogenaurach, Richtung Herzogenaurach. Nordumgehung fahren. An der 2. großen Kreuzung nach ca. 3 km rechts ab Richtung Herzo Base.

Herzogenaurach — Sportschuhe, Sportbekleidung, Sportausrüstung

In der Einkaufsstadt des Sports hat Sport-Hoffmann neben seinen 1300 m² großen Verkaufsräumen in der Innenstadt zusätzlich ein Fachgeschäft mit 1400 m² am Ortseingang. Hervorzuheben sind der Schnäppchenmarkt, der „1. FC Bayern Fan Shop in Franken" und eine große Sportschuhabteilung.

2 x in Herzogenaurach

Warenangebot
Hauptstraße 13: Sportschuhe und -bekleidung für Erwachsene und Kinder, Trainingsanzüge, Freizeit-Regenbekleidung, Tennis-, Gymnastik-, Bademoden, Taschen, Bälle, Schläger.
Erlanger Straße 58: Sportschuhe, Rad-, Wander- und Trekkingbekleidung sowie Zubehör, Sport- und Freizeitbekleidung, Regenbekleidung, Ski, Skistiefel, Bälle und Schläger für alle Sportarten, Golf-, Fußballartikel, Schnäppchen.

Ersparnis
1.-Wahl-Ware zum regulären Preis. 2.-Wahl-Ware, Auslaufartikel und Sonderposten zwischen 30 und 60% Ersparnis. Vereinzelt auch Preisnachlässe bis zu 70% möglich. Zu den Saisonenden nochmals attraktive Preisreduzierungen in verschiedenen Bereichen.

Ambiente
Gepflegte Atmosphäre. Kompetentes und freundliches Fachpersonal.

Adresse
Sport Hoffmann GmbH & Co. KG, Stammhaus in der Hauptstraße 13, Telefon: 09132/78170, Fax: 781724. Haupthaus in der Erlanger Straße 58, Telefon: 09132/78190, Fax: 781924, 91074 Herzogenaurach.

Öffnungszeiten
Montag bis Freitag 9.00 bis 19.00 Uhr, Donnerstag 9.00 bis 20.00 Uhr, Samstag 9.00 bis 16.00 Uhr.

Anreise
A3 Nürnberg-Würzburg, Ausfahrt Frauenaurach, nach 500 m links Richtung Herzogenaurach. Am Ortseingang rechts: Haupthaus mit Parkplätzen. Stammhaus im Ortszentrum.

Heusenstamm — Jeans, Freizeitbekleidung

Levis ist die bekannteste Jeans-Marke der Welt. Legendär: die Levi's 501-Jeans, die inzwischen ein echter Klassiker ist. Der Baumwollstoff, aus dem Jeans geschneidert werden, heißt übrigens Denim. Egal, ob die Jeans verwaschen oder gar rostig aussehen soll, mit diesem Stoff wird der Hersteller zum Zauberer. Jeans von Levi's gibt es jetzt neu: im Fabrikverkauf.

Quality never goes out of Style

Warenangebot
Überbestände, 2. Wahl, Musterteile und Restposten aus den zurückliegenden Saisons. Nahezu das gesamte Levi's und Dockers®-Sortiment.

Ersparnis
20 bis 40%, zusätzliche Preisersparnis im SSV/WSV.

Ambiente
Ca. 230 m² Verkaufsfläche, gute Parkplatzsituation, geschultes Personal.

Besonderheiten
Sehr gute Autobahnanbindung.

Adresse
Levi's Lagerverkauf, Levi Strauss Allee 18-22, 63150 Heusenstamm, Telefon: 0 61 04/6 01-0, Fax: 6 01-3 50.

Öffnungszeiten
Dienstag bis Donnerstag 15.00 bis 18.00 Uhr, Freitag 10.00 bis 20.00 Uhr, Samstag 10.00 bis 16.00 Uhr.

Weitere Verkaufsstelle
● 72555 **Metzingen**, Reutlinger Straße 63-67, Levi's Docker Factory Outlet,

Telefon: 0 71 23/2 04 33. Öffnungszeiten: Montag bis Freitag 10.00 bis 20.00 Uhr, Samstag 8.00 bis 16.00 Uhr.

Anreise
A3 Frankfurt-Würzburg, Ausfahrt 53 Obertshausen/Heusenstamm. Folgen Sie innerorts dem Schild Martinsee (auch wenn Sie über eine Landstraße nach Heusenstamm kommen). Levi's befindet sich direkt vor dem Sportzentrum Martinsee.

Teddy-Plüschwarenfabrik

Das Familienunternehmen steht bereits in der dritten Generation und bietet rund 400 verschiedene Teddybären und Plüschtiere. Aber nicht nur Kinder sorgen für Umsatz, denn auch bei Sammlern sind die Teddys beliebt.

Teddys zum Liebhaben

Warenangebot
Teddybären und Plüschspieltiere: Affen, Elefanten, Nilpferde, Esel, Dinosaurier, Tiger, Löwen, Frösche, Pinguine, Katzen, Handpuppen, Spieltiere mit Musikwerk, Hasen, Küken.

Ersparnis
Hauptsächlich 1.-Wahl-Ware. Ein kleines Regal mit „Vertreterware". Die Ersparnis liegt bei ca. 20 % bei 1. Wahl, 2. Wahl erheblich günstiger. Kein WSV/SSV.

Ambiente
Kleiner Verkaufsraum (ca. 15 m²) in einem Nebengebäude, links neben dem Haupteingang. Parkplätze auf dem Firmengelände. Betriebsferien meist im August.

Adresse
Teddy-Hermann GmbH, Amlingstadter Straße 5, 96112 Hirschaid, Telefon: 09543/8482-0, Fax 8482-10.

Öffnungszeiten
Dienstag und Donnerstag 12.30 bis 16.30 Uhr.

Anreise
A73, Ausfahrt Hirschaid, 1 km nach Hirschaid, bis zum Kreisverkehr, erste Straße rechts in Richtung Hirschaid-Ost, Gewerbegebiet, nach ca. 700 m an der zweiten Kreuzung links. Nach ca. 1 km Firmengelände links.

Signet

Besonderer Wert wird bei Signet auf durchgängig hochwertige Werkstoffe gelegt. Neben der europäischen Herkunft der Materialien wird auf Umweltverträglichkeit und saubere Herstellungsverfahren geachtet.

Hochwertiges Design

Warenangebot
Designpolstermöbel, Relaxsessel, Schlafsofas und Elementgruppen, die als Fotostücke oder Messegarnituren gedient haben, in Stoff, Alcantara bzw. Leder.

Ersparnis
Erhebliche Preisabschläge.

Ambiente
Ca. 200 m² Ausstellungsräume in angenehmem Ambiente.

Adresse
Signet Wohnmöbel GmbH, Bayernstraße 9, 96274 Hochstadt, Telefon: 09574/650515, Fax: 650516.

Öffnungszeiten
Montag bis Donnerstag 9.00 bis 16.00 Uhr, Freitag 9.00 bis 12.00 Uhr. Bitte telefonische Voranmeldung, da Ausstellungsräume nicht immer besetzt sind.

Anreise
Von Bamberg kommend auf der A173 bis Hochstadt, Ortsmitte nach Edeka-Markt rechts abbiegen, nach ca. 200 m am Ortsende links abbiegen. Zweites Haus auf der linken Seite.

EAGLE PRODUCTS

100 Jahre Webtradition haben den Namen „Eagle Products" (ursprünglich „Adler-Fabrikate") weltweit bekannt gemacht. Produziert werden hochwertige Accessoires aus Lammwolle, Cashmere, Mohair und Kamelhaar.

Naturhaar, edel und gekonnt verarbeitet

Warenangebot
Schals, Stolen, Tücher, Plaids, Decken mit kleinen Fehlern: modische und klassische Wollschals in uni und gemustert, feine Cashmereschals, -stolen und -capes, Seidentücher, Reisedecken aus Wolle, Kamelhaar und Mohair, Plaids aus Cashmere, Wollstoffe für Bekleidung.

Ersparnis
Bis 50%, aktuelle Kollektion mit kleinen Fehlern und Musterteile sowie Sonderposten und 2. Wahl sehr günstig. Keine Billigware.

Ambiente
Kleinverkauf in gemütlichem Verkaufsraum in der Fabrik. Fachkundige Beratung. Immer aktuelle Angebote, auch Sonderwünsche werden erfüllt.

Adresse
Cashmere-Shop, Orleansstraße 16, Eingang Landwehrstraße 48, 95028 Hof (Nähe Bahnhof), Telefon: 0 92 81/8 19 13-0, Fax: 8 19 13-11.

Öffnungszeiten
Mittwoch und Donnerstag 14.00 bis 16.30 Uhr, Freitag 9.00 bis 12.00 Uhr.

Anreise
Hof liegt an der A9 München-Berlin. In Hof folgen Sie der Beschilderung zum Hauptbahnhof, dort weiter, links abbiegen. Gleich wieder rechts und wieder links in die Orleansstraße abbiegen, wieder rechts in die Landwehrstraße.

Hof — **Damen- und Herrenbekleidung**

BEKLEIDUNGSWERKE

Die Le-Go Bekleidungswerke GmbH mit der schönen Adresse „Am Wiesengrund" gehören zu den bedeutendsten Damenbekleidungsherstellern in Deutschland. Es wird vorwiegend Mischgewebe verarbeitet (Viskose, Polyester, Baumwolle). Markenzeichen für Modelle mit Übergrößen: „Kohlhaas", L-1 fashion steht für junge Mode, Camilla für Strick und Dresdner Herrenmode für Herrenbekleidung.

Wir machen Mode möglich!

Warenangebot
Damenbekleidung: Mäntel, Kostüme, Blusen, Kleider, Hosen, Pullover, Jacken, T-Shirts mittlerer bis guter Qualität. Herrenbekleidung wie Anzüge, Hosen, Sakkos. 1.-Wahl-Ware, Musterware und Restverkäufe.

Ersparnis
Bis 50 %. Im SSV/WSV haben wir besonders günstige Angebote ausmachen können, bis 50 % zusätzlich reduziert.

Ambiente
Verkaufsraum im Fabrikgelände direkt unter der Eingangspforte. Freundliche Verkäuferinnen. Ware übersichtlich präsentiert.

Adresse
Le-Go Bekleidungswerke, Am Wiesengrund 20, 95032 Hof, Telefon: 0 92 81/75 00, Fax: 75 02 78.

Öffnungszeiten
Montag bis Freitag 9.00 bis 19.00 Uhr, Samstag 9.00 bis 16.00 Uhr.

Anreise
Hof ist zu erreichen über die A9 Nürnberg - Berlin, Ausfahrt Hof. A15 in Richtung Stadtmitte und dort Richtung Süden nach Skizze fahren.

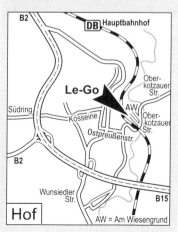

Hohenberg a. d. Eger — Frottierwaren

Frottier · Chenille

Qualitativ hochwertige Frottierwaren. Eine Spezialität ist das Chenille-Buntgewebe. Die Produkte werden vorwiegend im gehobenen Fachhandel vertrieben.

Kuschelweiches in Frottier

Warenangebot
1.-Wahl-Ware, 2.-Wahl-Ware. Handtücher, Saunatücher, Gästehandtücher, Bademäntel (auch für Kinder), Waschlappen, Toilettentaschen, Kindercapes; Garnreste.

Ersparnis
30 bis 50% bei 1. Wahl und 2.-Wahl-Ware. Kein WSV/SSV.

Ambiente
Gute Parkmöglichkeiten im Hof (ca. 15 Parkplätze). Der Verkauf findet im Innenhof des Fabrikgebäudes, im Erdgeschoss statt. Klingeln (ca. zwei Minuten Wartezeit, bevor sich die Tür öffnet).

Adresse
Ernst Feiler GmbH, Greimweg 4, 95691 Hohenberg a. d. Eger, Telefon: 09233/7728-0, Fax: 7728-99, E-Mail: info@feiler.de, Internet: www. feiler.de.

Öffnungszeiten
Montag bis Freitag 8.00 bis 11.30 und 13.00 bis 17.00 Uhr. Betriebsferien im August, bitte vorher anrufen.

Anreise
A93 Weiden-Hof, Ausfahrt 13, Marktredwitz-Nord. Auf der B303 Richtung Eger (Cheb), Ausfahrt Hohenberg. In Hohenberg zweite Straße rechts (siehe Beschilderung).

Hohenpeißenberg — Strick- und Walkwaren

VOLLMER MODELL

Für Damen und Herren nur hochwertige 100 Prozent reine Wolle, für Kinder zusätzlich Mischungen, die in der Waschmaschine zu waschen sind. Die gesamte Kollektion wird nicht chemisch behandelt. Eigene natürliche Walkherstellung mit ökologischer, chemiefreier Verfahrenstechnik.

Die Strickjacke im Folklorestil

Warenangebot
Bestickte Damenstrickjacken im Trachten- und Folklorestil, 3/4-Jacken mit Märchen- und ländlichen Motiven, Walk-Wanderjacken und lange Jacken, z.T. sehr aufwändig bestickt. Das gleiche Angebot gilt für Kinderartikel. Für Herren: Zopfjacken mit und ohne Arm, Trachten- und Wander-Walkjacken, Textile Souvenirartikel.

Ersparnis
Bis zu 50%, hochwertige Ware. Drei- bis viermal jährlich Sonderverkäufe, telefonisch erfragen.

Ambiente
Fachberatung. Ware ist übersichtlich nach Größen im Regal geordnet. Auch Übergrößen und Maßanfertigung.

Besonderheiten
Der Hohenpeißenberg liegt im Pfaffenwinkel und ist der nördlichste Alpengipfel mit 1000 m Höhe (Rundblick, Alpenpanorama). Sherry-Bar im Verkaufsraum.

Adresse
Vollmer – von Medvey KG, Strickwarenfabrik, Bahnhofstraße 36, 82383 Hohenpeißenberg, Telefon: 0 88 05/2 65, Fax: 87 46.

Öffnungszeiten
Montag bis Freitag 9.00 bis 12.00 und 14.00 bis 17.00 Uhr.

Anreise
Hohenpeißenberg liegt an der B472 zwischen Peiting und Peißenberg, Landkreis Weilheim-Schongau/Obb.

Immenstadt — Strumpfwaren, Bekleidung

Die Kunert-Gruppe ist ein führender europäischer Hersteller von Bein- und Oberbekleidung. Die bekannten Marken Burlington, Hudson, Kunert, Mexx, Bruno Banani, Mistral, K2, aem'kei und Schiesser basieren auf innovativen Produkten mit internationaler Bedeutung und hohem Sympathiewert.

Modebeine – Beinmode

Warenangebot
Feinstrumpfhosen, -Strümpfe und -Söckchen, Strickstrumpfhosen, -kniestrümpfe und -socken für Damen, Herren und Kinder. Burlington-Oberbekleidung, Sport- und Freizeitmode von Mistral und K2. Trendige Mode von aem'kei. Babybekleidung, Tag- und Nachwäsche von Schiesser.

Ersparnis
Bei 2.-Wahl-Ware handelt es sich meist um Auslaufmodelle, nur selten um fehlerhafte Ware: Ersparnis bis zu 70 %, bei 1.-Wahl-Produkten ca. 30 %. Im WSV/SSV bis 50 % zusätzliche Ersparnis.

Ambiente
Neue Verkaufsräume, groß und übersichtlich, auf zwei Ebenen mit einer Fläche von 1800 m². Umfangreiches Angebot. Angenehme Einkaufsatmosphäre. Gute Parkplatzsituation auf dem Werksparkplatz.

Besonderheiten
Kantine ist für alle Besucher geöffnet.

Öffnungszeiten
Montag bis Freitag 10.00 bis 18.30 Uhr, Samstag 10.00 bis 14.00 Uhr.

Adresse
Kunert AG, Julius-Kunert-Straße 49, 87509 Immenstadt, Telefon: 0 83 23/1 22 75, Fax: 1 24 03.

Weitere Verkaufsstelle
● 87719 **Mindelheim**, Trettachstraße 2, Telefon: 0 82 61/12 61. Montag bis Donnerstag 8.30 bis 16.15 Uhr, Freitag 8.30 bis 13.30 Uhr.

Anreise
Ab Autobahnkreuz Allgäu in Richtung Oberstdorf-Immenstadt B19.

Ingolstadt — Autos, Jahreswagen

Die eingetragene Genossenschaft BRG vermittelt nur und finanziert sich aus den Gebühren der Verkäufer. Seit 1990 wurden mehr als 50.000 Jahreswagen von Audi und VW vermittelt.

Audi- und VW-Jahreswagen

Warenangebot
Ständig hat der Audi-Computer ca. 2000 Jahreswagen von Audi und VW im Speicher. Der Kunde gibt – möglichst genau – seinen Wunsch an und bekommt dann Informationen. Die Anfrage erfolgt per Fax, Telefon, Post. Internet oder E-Mail.

Ersparnis
20 bis 30% ist der Jahreswagen gegenüber dem Neuwagen billiger. Die Jahreswagenvermittlung ist meist 10% billiger als ein Jahreswagenhändler. Dafür ist es für den Kunden wiederum etwas teurer, weil er das Auto abholen muss.

Ambiente
Der Käufer kann in den Vermittlungsbüros die Informationen einsehen. Am Samstag gibt es auf dem Audi Parkplatz in Ingolstadt auch einen Verkauf von Jahreswagen von 8.00 bis 12.00 Uhr.

Adresse
Audi/BRG-Jahreswagenvermittlung, Selbsthilfeeinrichtung für die Audi-Belegschaft eG, Ettinger Straße, 85045 Ingolstadt, Telefon: 08 41/89-3 45 67, Fax: 89-3 27 66. E-Mail: BRG-Jahreswagenvermittlung@AUDI.DE, Internet: www.brg-jahreswagen.de. Jahreswagenvermittlung Neckarsulm: BRG Jahreswagenvermittlung e G, 74172 Neckarsulm, Telefon: 0 71 32/31 23 39, Fax: 31 30 66. Zusätzliche Internet-Adressen: audi-wa-jahreswagen.de und audibelegschaft-jahreswagen.de.

Öffnungszeiten
Montag bis Freitag 8.00 bis 12.00 und 13.00 bis 15.30 Uhr, Samstag 8.00 bis 12.00 Uhr.

Anreise
Die Büros liegen jeweils auf dem Audi-Werksgelände.

BÄUMLER   FÉRAUD   pierre cardin
PARIS   PARIS

Bäumler macht Modetrends – stilsicher und geschmackvoll. Hervorragende Qualität, modische Kompetenz. Marke mit Ausstrahlung. Einer der fünf bekanntesten Herrenmodemacher in Deutschland.

Der Trendsetter

Warenangebot
1A-Ware. 2A-Ware. Mäntel, Anzüge, Sakkos, Hosen, Dinnerjacketts, Smokings, Hemden, Krawatten, Jeans. T-Shirts, Strick, Sportswear-Jacken, Socken. Auch Übergrößen (kein vollständiges Warenangebot) bis zur Größe 122 und 31. Es wurden zwei weitere, bekannte Marken gesichtet: Louis Féraud Damenmode und Kaiser Design, Herrenmode.

Ersparnis
1A-Ware bis 50% Ersparnis. Zusätzliche Preisersparnis im SSV/WSV 10 bis 20%.

Ambiente
Große Verkaufsfläche im Fabrikgelände, gute Präsentation, überzeugendes Warenangebot, fachkundige Beratung, Großparkplatz vor der Fabrik, sechs Umkleidekabinen. 2.-Wahl-Ware ist extra ausgezeichnet. SSV/WSV.

Besonderheiten
Nebenan Fabrikverkauf von HCH-Muermann, Friedrich-Ebert-Straße 68 (Louis Féraud).

Adresse
Bäumler-Belegschaftsverkauf, Friedrich-Ebert-Straße 86-90, 85055 Ingolstadt, Telefon: 0841/5050 (Zentrale), Fax: 505205.

Öffnungszeiten
Montag 13.00 bis 18.00 Uhr, Dienstag bis Freitag 9.00 bis 18.00 Uhr, Samstag 9.30 bis 16.00 Uhr.

Anreise
A9, Ausfahrt Ingolstadt Nord. Rechts abbiegen in die Römerstraße, weiter geradeaus, bis linker Hand die Friedrich-Ebert-Straße erscheint. Hier abbiegen und noch ca. 300 m. Linker Hand Firma Bäumler.

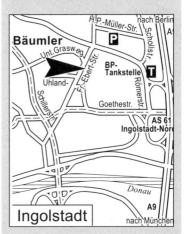

Ingolstadt — Damen-, Herren- und Kinderbekleidung

Das Unternehmen ist Trendsetter. Rosner besticht durch seinen lässigen Tragekomfort. Im Fabrikverkauf findet man eine große Auswahl an sportlicher Mode.

Lässiger Tragekomfort

Warenangebot
1.- und 2.- Wahl-Ware. Herren: Hosen, Jeans, Jacken, Lederbekleidung, Hemden, Krawatten, Sakkos, Blazer, Westen, Pullover, T-Shirts, Unterwäsche, Sweatshirts, Gürtel. Damen: Hosenanzüge, Kostüme, Röcke, Blusen, Hosen, Jeans, Tops, Blazer, T-Shirts, Sweatshirts. Kinder: Gr. 92 bis 164, Hosen, Jeans, Hemden, Blusen, Sweatshirts, T-Shirts, Jacken etc. Strümpfe für Damen, Herren und Kinder.

Ersparnis
30 bis 50%. Im SSV/WSV nochmals bis 60% reduziert.

Ambiente
Kaufhausatmosphäre, Bedienung auf Wunsch. 1.- und 2.-Wahl- bzw. fehlerhafte Ware teilweise nicht getrennt, 60 Umkleidekabinen. Sehr gute Parkmöglichkeiten. Cafeteria, Kinderspielecke.

Adresse
Rosner, Fabrikverkauf, Schölnhammerstraße 25-27, 85055 Ingolstadt, Telefon: 08 41/50 13 90, Kundentelefon: 5 80 64, Fax: 50 13 99.

Öffnungszeiten
Montag bis Freitag 9.00 bis 18.00 Uhr, Samstag 9.00 bis 16.00 Uhr.

Anreise
A9, Ausfahrt 61 Ingolstadt Nord, rechts in die Römerstraße, geradeaus bis BP-Tankstelle. Dort rechts, nächste Straße links.

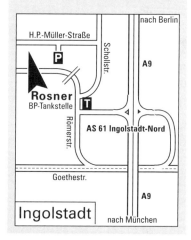

Günther

Nur exklusive und allerfeinste Lederqualitäten. Hieraus entstehen nach überliefertem Verfahren und mit größter Sorgfalt hochwertige Handschuhe mit erstklassiger Passform.

Fingerspitzengefühl für Stil und Eleganz

Warenangebot
Modische und klassische Handschuhe für Damen und Herren aus Glacé, Nappaleder, Wildleder und Schweinsleder. Auch Curly- und Pelzhandschuhe.

Ersparnis
30 bis 50%. Hochwertige Lederqualität, keine Billigware. Kein WSV/SSV.

Ambiente
Sehr freundliche und fachkundige Bedienung, keine Selbstbedienung. Ware übersichtlich in Regalen gelagert, bei Saisonbeginn größere Auswahl an modischen Handschuhen.

Adresse
Günther Lederhandschuhe GmbH, Ulmenweg 13, 89343 Jettingen-Scheppach, Telefon: 0 82 25/15 20, Fax: 15 51.

Öffnungszeiten
Montag bis Freitag 7.00 bis 12.00 Uhr, Montag bis Donnerstag zusätzlich 13.30 bis 17.00 Uhr.

Anreise
Jettingen-Scheppach liegt direkt an der A8 zwischen Augsburg und Ulm, Autobahnausfahrt Burgau, rechts ab, Richtung Ortsteil Scheppach, nach DEA-Tankstelle die erste Straße rechts, nach ca. 300 m links, dann nach 200 m geradeaus auf der rechten Seite das Fabrikgebäude. Fabrikverkauf in der Versandabteilung.

GOLD ⬤ FINK
Fabrikverkauf

Das Familienunternehmen hat seit mehr als 50 Jahren Erfahrung in der Schmuckanfertigung. Es werden Zuchtperlen, Diamanten, Gold und Silber kunstvoll verarbeitet.

Goldrichtig

Warenangebot
Ketten, Anhänger, Ohrringe, Clips, Armbänder und Armreifen in verschiedenen Gold- und Silberlegierungen, mit Perlen, Saphiren, Rubinen, Diamanten und Brillanten, Armbanduhren, Manschettenknöpfe, Pillendosen und weitere Accessoires, lose Steine. Nur 1.-Wahl-Ware in Echtschmuck, Musterteile, Überproduktionen, Einzelteile.

Ersparnis
Perlen 40 bis 50%, Gold/Silber bis 35%.

Ambiente
Stilvolle Präsentation der Ware in Vitrinen und Schaukästen in drei Räumen, ruhige Einkaufsatmosphäre und fachkundige Beratung. Parkplätze: begrenzte Anzahl auf dem Betriebsgelände.

Besonderheiten
Schätzungen von Schmuckstücken (nur auf Anfrage), kleine Diashow über einen PC. Der Chef Michael Fink ist Diamantgutachter und Perlenspezialist.

Adresse
Gold-Fink GmbH, Bismarckstraße 2, 87600 Kaufbeuren, Telefon: 0 83 41/ 86 86, Fax: 7 39 70, E-Mail: goldfink@aol.com, Internet: www.gold-fink.de.

Öffnungszeiten
Montag bis Freitag 9.30 bis 17.00 Uhr.

Anreise
Aus Marktoberdorf kommend auf der B16 in Richtung Kaufbeuren. Nach Kaufbeuren einfahren, weiter geradeaus in Richtung Günzburg/ B16, links abbiegen in die Bismarckstraße Richtung Klinikum/Parkplatz-Süd und der Beschilderung Gold-Fink folgen, nach ca. 20 m rechts.

Große Auswahl an Artikeln aus Glas und Kunststoff zur eigenen Herstellung von Modeschmuck oder Bastelarbeiten.

Schmuckprofi für Glas und Kunststoff

Warenangebot
Schmuckteile aus Kunststoff und Glas in allen Größen, Farben und Formen. Besonderheit sind die geschliffenen Glasperlen. Modeschmuck-Artikel aller Art, Kolliers, Arm- und Ohrschmuck, Broschen etc.

Ersparnis
Ca. 30 bis 50%. Kein WSV/SSV.

Ambiente
Große Auswahl, auch ab Lager. Nach vorheriger Anmeldung können Betriebsführungen durchgeführt werden.

Adresse
EHS, Emil Hübner & Sohn GmbH, Modeschmuck – Glas und Kunststoff, Sonnenstraße 17, 87600 Kaufbeuren-Neugablonz, Telefon: 0 83 41/63 72, Fax: 6 51 64.

Öffnungszeiten
Montag bis Donnerstag 8.00 bis 12.00 und 13.00 bis 17.00 Uhr, Freitag 8.00 bis 12.00 Uhr.

Anreise
B12, Ausfahrt Kaufbeuren, Kreisverkehr Ausfahrt Neugablonz, Hauptstraße Sudetenstraße. Dann nach Plan weiter.

Kaufbeuren-Neugablonz — Modeschmuck

Die Firma Miko-Schmuck produziert seit mehr als 55 Jahren hochwertigen Modeschmuck. Die umfangreiche Kollektion passt sich stets den aktuellen Trends an. Erstklassige nickelfreie Verarbeitung. Die Steine sind von Swarovski.

Exklusiver Modeschmuck

Warenangebot
Qualitativ hochwertiger Modeschmuck wie Colliers, Armbänder, Armreifen, Ohrschmuck, Broschen, Kettengürtel, Schlüsselanhänger.

Ersparnis
Ca. 50%. Nur erstklassige Ware zu Fabrikpreisen.

Ambiente
Persönliche Beratung durch fachkundiges Personal.

Besonderheiten
Neugablonz ist als Schmuckstadt bekannt. Besuch des Industriemuseums empfehlenswert. Dort reichhaltige Informationen über Modeschmuck.

Adresse
Ferdinand Mikolasch, Schmuck- und Metallwarenfabrik, Hüttenstraße 24, 87600 Kaufbeuren-Neugablonz, Telefon: 0 83 41/63 29, Fax: 6 94 43, Internet: www.mikolasch.com.

Öffnungszeiten
Montag bis Donnerstag 7.15 bis 12.00 und 13.00 bis 17.00 Uhr, Freitag 7.15 bis 12.00 Uhr. Betriebsferien im August.

Anreise
Neugablonz liegt neben Kaufbeuren zwischen Kempten und Landsberg im Allgäu. B12, Autobahnausfahrt Kaufbeuren, Kreisverkehr Richtung Neugablonz, dann Sudetenstraße bis zur Kreuzung, dann Hüttenstraße, nächste Kreuzung Ecke Grünwalder Straße ist Fabrikverkauf (schräg gegenüber Firma Swarovski).

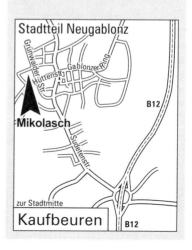

Walter Stöckel

Seit mehr als 60 Jahren ist die Walter Stöckel GmbH in der Modeschmuckbranche tätig. Entstanden aus den unterschiedlichsten Werkstoffen präsentiert sich das Sortiment von zeitloser Eleganz bis zu modischem Pep.

Echter Modeschmuck

Warenangebot
Colliers, Armbänder, Broschen, Ohrclips, Ohrstecker, Schalringe, Schalclips, Knopfboutique mit handgefertigten Glasknöpfen, Kunststoff- und Metallknöpfen. Holz- und Glasperlen, Glassteine, Zubehör für Modeschmuckfertigung.

Ersparnis
Ca. 20 bis 40 %.

Ambiente
Großer Ausstellungsraum, Präsentationswände und Schauvitrinen. Freundliche Beratung durch fachkundiges Personal. An der Rezeption anmelden.

Adresse
Walter Stöckel & Co. KG, Knopfgasse 30, 87600 Kaufbeuren-Neugablonz, Telefon: 0 83 41/6 23 20, Fax: 6 10 35.

Öffnungszeiten
Montag bis Donnerstag 8.00 bis 12.00 und 13.00 bis 17.00 Uhr, Freitag 8.00 bis 12.00 Uhr, Samstag geschlossen.

Anreise
Über Landsberg, Buchloe auf der B12 bis Ausfahrt Kaufbeuren (Verteilerring), dort Richtung Neugablonz. In die letzte Straße (Lange Straße) rechts abbiegen, dann wieder rechts in die Knopfgasse. Von Ulm über A7 bis Ausfahrt Memmingen, Richtung München bis Autobahnausfahrt Wörishofen. Von Wörishofen über Schlingen bis Pforzen. Ausfahrt Pforzen Neugablonz beachten. In Neugablonz erste Straße links, nächste rechts.

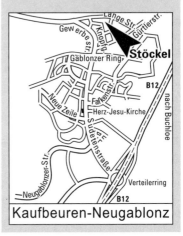

FISCHER TEXTIL GmBH

Die Firma Fischer beliefert die Modemacher im Damenwäsche- und Miederwarenbereich im In- und Ausland. In den Fabrikhallen lagern mehr als 30 Tonnen Stoffe.

Stoff-Eldorado

Warenangebot
Modische Wirk- und Strickstoffe: Unis, Jacquards, Präge-, Flock-, Pigment-, Transfer-, Gold- und Silberdrucke; Plissees, Stickereien. Materialien: Polyester, Polyamid, Polycotton, Viskose, Seide, Baumwolle, Baumwoll-Lycra.

Ersparnis
30 bis 70%. Kein SSV, kein WSV.

Ambiente
Verkauf im 1. Stock des Betriebes, sehr beengt, soll aber ausgebaut werden. Bei Großabnahme (ab 100 kg oder 1000 m) wird mit dem Geschäftsführer verhandelt. Verkaufsraum ca. 15 m² groß; Fachverkäufer steht zur Verfügung.

Adresse
Fischer Textil GmbH, Alte Amberger Straße 8, 95478 Kemnath-Stadt, Telefon: 09642/461, Fax: 8504.

Öffnungszeiten
Donnerstag 13.00 bis 17.00 Uhr. Betriebsferien im Juli/August, bitte vorher anrufen.

Anreise
A9, Ausfahrt Bayreuth, weiter in Richtung Bayreuth auf der B22 nach Kemnath, Zentrum Kemnath, Richtung Pressath/Kastl, Amberger Straße. Von hier abzweigen in die Alte Amberger Straße (ca. 200 m).

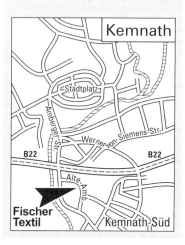

Schuster bleib bei deinen Leisten – dieser Spruch ist das Leitmotiv für die Arbeit der Firma Meindl. Seit nunmehr zehn Generationen produzieren sie Schuhe und verkaufen mehr als 800.000 Paar pro Jahr: Schuhe für Alltag, Freizeit, Sport und Bewegung. Was viele nicht wissen: Meindl produziert auch Leder- und Lammfellbekleidung in modernem alpinem Design.

Auf Schritt und Tritt

Warenangebot
Trekking-, Berg-, Outdoor-Schuhe, „Aktivschuhe" (Sportschuhe für den Alltag), Langlauf-, Trachtenschuhe und Stiefel. Die Kollektion der Trachtenmode umfasst von Lederhosen über Lederjacken bis hin zur Trachtenbluse so ziemlich alles in sehr großer Auswahl.

Ersparnis
Die Sonderangebote aus Restposten, 2. Wahl und Sondermodellen sind 20 bis 40 % günstiger. Jacken, Hosen: Anfertigung auch nach Maß!

Ambiente
Großzügiges, neu gestaltetes Einzelhandelsgeschäft.

Adresse
Meindl Bekleidung GmbH & Co. KG, Dorfplatz 8-10, 83417 Kirchanschöring, Telefon: 0 86 85/98 52 70, Fax: 15 75.

Öffnungszeiten
Montag bis Freitag 8.30 bis 18.00 Uhr, Samstag 9.00 bis 13.00 Uhr.

Anreise
Über B20 Freilassing-Passau nach Laufen Richtung Kirchanschöring. A8, Ausfahrt Siegsdorf über Waging/See.

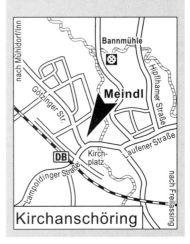

Kirchheim-Heimstetten Sport-, Damen-, Herrenbekleidung

BOGNER

Der Name „Bogner" und das „B" am Reißverschluss stehen für Exklusivität und Klasse. Trendsetter in der Skikollektion. Sportlich, hochwertig, elegant.

Sportlich, hochwertig, elegant

Warenangebot
Komplette Bogner-Kollektion: Damen- und Herrenbekleidung, Sonia Bogner, Sportbekleidung (Ski, Golf, Tennis), Beach- und Freizeitmode. Kinderbekleidung Big Ice, Fire & Ice (Young Fashion), Bogner Leather, Accessoires. Die Artikel stammen nicht aus dem aktuellen Sortiment oder weisen kleine Fehler auf.

Ersparnis
Bis zu 40 bis 60%. Zusätzliche Reduzierung im SSV/WSV.

Ambiente
Bogner Extra ist umgezogen direkt aufs Bogner-Werksgelände. Jetzt ca. 900 m² große, helle Lagerräume. Ca. 500 m bis zur S-Bahn-Haltestelle Heimstetten (S6).

Adresse
Bogner Extra, Am Werbering 5-9, 85551 Kirchheim-Heimstetten, Telefon: 0 89/4 36 06-6 70, Fax: 4 36 06-6 99.

Öffnungszeiten
Montag bis Freitag 10.00 bis 18.00 Uhr, Samstag 10.00 bis 16.00 Uhr.

Weitere Verkaufsstellen
● 66482 **Zweibrücken**, Designer Outlet Center, Londoner Bogen 10-90, Telefon: 0 63 32/47 29 79, Fax: 47 29 84.

● 72555 **Metzingen**, Nürtinger Straße 63, Telefon: 0 71 23/96 38 47.

● 84518 **Garching an der Alz** (12 km von Altötting entfernt), Oberbayern, Nikolausstraße 42, Telefon: 0 86 34/52 11.

● 84048 **Mainburg/Niederbay.**, Mitterweg 8, Telefon: 0 87 51/24 09.

Anreise
A94, München-Passau, Ausfahrt Feldkirchen Ost, Richtung Heimstetten. Auf die Feldkirchener Straße, rechts in die Weißenfelder Straße, links dann „Am Werbering". Am Ende ist die Hofeinfahrt von Bogner.

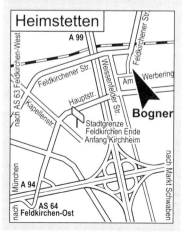

RENA LANGE

Die Modedesignerin Rena Lange hat die Modelinie des Hauses Lange entscheidend geprägt und zu einem international erfolgreichen Unternehmen der Modebranche werden lassen. Die Marke Rena Lange zählt zum hochwertigen, exclusiven Genre der Damenmode.

Charme-Offensive

Warenangebot
Sehr elegante Damen-Kollektion mit sehr viel Abendmode. Accesssoires. Sportliche White-Label-Kollektion in Jeans-Mode für die Freizeit.

Ersparnis
50 bis 70%, am Saisonende nochmals 30 bis 50%. Kein SSV/WSV.

Ambiente
Stilvolle Shopeinrichtung, helle, übersichtliche Räume, angenehme Beratung.

Adresse
Rena Lange Outlet, Ammerthalstraße 19, 85551 Kirchheim-Heimstetten, Telefon: 0 89/90 93 91 10.

Öffnungszeiten
Donnerstag 12.00 bis 20.00 Uhr, Freitag 10.00 bis 18.00 Uhr, Samstag 10.00 bis 16.00 Uhr.

Weitere Verkaufsstelle
● **Maasmechelen Village**, Tourists Outlets, Zetellaan 100, B-3630 Belgien, Internet: www.maasmechelen village.com.

Anreise
Kirchheim-Heimstetten liegt im Osten von München, nahe der Messe München-Riem. Vom Norden A99 Richtung Salzburg, dann auf die A94 Richtung München wechseln. Nach wenigen Metern Ausfahrt Feldkirchen-Ost/Heimstetten. Nach der Ausfahrt rechts. An der Kreuzung geradeaus und zweite Straße links. Erste Einfahrt rechts. Haus Nr. 19 auf der linken Straßenseite.

Die Firma produziert qualitativ hochwertige Kinderwagen- und Kinderbettausstattungen (keine Kinderbekleidung und Kinderwagen). Das komplette Sortiment besteht aus eigener Fertigung und auch zugekaufter Handelsware, z.B. findet man auch ein breit gefächertes Spielwarensortiment.

Der Vollsortimenter

Warenangebot
Sehr umfangreiches und vollständiges Sortiment rund um den Kinderwagen: Regenverdecke, Kinderbettwäsche, Schlafsäcke, Fußsäcke, Schirme usw., Spielwaren. Reguläre Ware, Lagerüberhänge und 2.-Wahl-Ware.

Ersparnis
Ca. 50 %.

Ambiente
Über 200 m² Verkaufsfläche. Freundliches Verkaufslokal, wie ein Fachgeschäft. Fachauskünfte möglich. Kein Umtausch der Ware. Alle Artikel nur gegen Barzahlung.

Adresse
Eckert GmbH, Armin-Knab-Straße 31-33, 97318 Kitzingen, Telefon: 0 93 21/3 93-0, Fax: 3 93-1 00.

Öffnungszeiten
Montag bis Donnerstag 13.00 bis 16.00 Uhr, Freitag 9.00 bis 13.00 Uhr.

Anreise
Von Norden kommend: A3, Ausfahrt Rottendorf. Auf der B8 nach Kitzingen und über die neue Mainbrücke. Von Süden kommend: A3, Ausfahrt Kitzingen-Schwarzach. Nach Kitzingen hinein, auf B8 Richtung Nürnberg abbiegen. Am Einkaufscenter (rechte Seite) geradeaus vorbei, an Ampelkreuzung rechts. Erste Straße rechts und bis zum Ende durchfahren. Eckert linke Seite.

Das Unternehmen gehört seit Jahren zu den führenden Herstellern von beidseitig verwendbaren Handwebteppichen in Europa. Bevorzugt wird qualitativ hochwertige Wolle aus Neuseeland und geruchsneutrale Jute verarbeitet.

Natürlich schöner wohnen

Warenangebot
Handwebteppiche, Berberteppiche, Tibetteppiche und handgeknüpfte Designerteppiche. Musterwaren, Ware mit kleinen Schönheitsfehlern (z.B. Farbabweichung), Auslaufmodelle.

Ersparnis
50 % bei 1.-Wahl-Ware, bei 2.-Wahl-Ware noch mehr.

Ambiente
Neuer Fabrikverkauf auf dem Firmengelände. Teppiche hängen an den Wänden und liegen auf dem Fußboden gestapelt. Fachberatung falls erwünscht. Personal hilft beim Einladen von größeren Teppichen.

Adresse
Paulig Teppichweberei GmbH, Hoheimer Straße 1 (Gewerbegebiet Goldberg), 97318 Kitzingen, Telefon: 0 93 21/30 01-0, Fax: 30 01 20.

Öffnungszeiten
Freitag 10.00 bis 18.00 Uhr, Samstag 10.00 bis 14.00 Uhr. Ausreichend Parkplätze mit Lademöglichkeit vor dem Eingang.

Anreise
Aus Richtung A7 (Kassel-Ulm) kommend Ausfahrt 103, Kitzingen, auf der B8 in Richtung Nürnberg, am Ortsende von Kitzingen an der Abzweigung nach Rödelsee (Gewerbegebiet Goldberg) ist linker Hand „Firma Paulig" ausgeschildert. Aus Richtung Nürnberg-Frankfurt A3 kommend Ausfahrt Kitzingen/Schwarzach in Richtung Kitzingen, an der 3. Ampel (E-Center) rechts, nächste Ampel wieder rechts auf die B8 Richtung Nürnberg, abbiegen in die Hoheimer Straße.

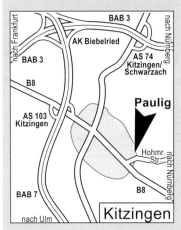

Kleinheubach bei Miltenberg/Main — Keramik

der KeramikBasar
Werksverkauf von scheurich

Marktführer von Zier- und Haushaltskeramik, Terracotta und Keramikgeschenken. Auf einer Riesenfläche und in einem einmaligen Umfeld präsentiert der Keramik Basar das gesamte aktuelle Programm sowie 2A-Ware, Rest- und Sonderposten aus dem Exportprogramm.

Tausend Quadratmeter Einkaufserlebnis

Warenangebot
Großes Angebot an Terracotta, Übertöpfe und Pflanzschalen, Postamente und Schirmständer, Schalen, Leuchter und Vasen, Tonbratentöpfe und Auflaufformen, Mikrowellengeschirr, Becher und Krüge, Geschirr, Springbrunnen und Keramikfiguren, Sparschweine und Luftbefeuchter.

Ersparnis
1A-Programm 30 bis 40%, 2A- und Sonderpostenware bis zu 80%. Weitere Abschläge zum Saisonende. Zusätzliche Ersparnis im WSV/SSV ca. 20%.

Ambiente
Eigenes Verkaufsgebäude „Keramik Basar". Für Gruppen nach Voranmeldung Filmvorführung „Die Herstellung von Keramik" (kostenlos) sowie Kaffee und Kuchen (1,- € pro Person).

Adresse
Keramik Basar, K.E.P.U. GmbH, Bahnhofstraße 12, 63924 Kleinheubach, Telefon: 09371/4900, Fax: 4960.

Öffnungszeiten
Montag bis Freitag 9.00 bis 18.00 Uhr, Samstag 9.00 bis 14.00 Uhr.

Anreise
A3, Ausfahrt Stockstadt, über die B469 Aschaffenburg-Miltenberg. Der Keramik Basar liegt direkt am Bahnhof und ist gut ausgeschildert.

ST.EMILE

Die Marke St.Emile gilt als Geheimtipp beim gehobenen Fachhandel. Der Grund: Die Marke besetzt trendige Themen. Denn „Frau" trägt nichts Normales mehr. Jedenfalls nicht im herkömmlichen Sinne. Alles, was etwas mehr Pfiff hat, findet man bei St.Emile. Kundinnen, die anders aussehen möchten als in der Vergangenheit, jünger, modische finden hier eine gute Adresse.

Echt anziehend

Warenangebot
Anzüge, Kostüme, Röcke, Hosen, Blazer, Mäntel, Strick, Jersey, Leder; Vorjahresware, Musterteile aus der laufenden Saison, 1. und 2. Wahl.

Ersparnis
Generell 30 bis 50%. Zusätzliche Ersparnis im SSV/WSV bis zu 50%.

Ambiente
Die Ware in dem 150m² großen Verkaufsraum ist sehr übersichtlich sortiert. Die Kunden können in ruhiger Atmosphäre einkaufen. Sechs Umkleidekabinen. Im hinteren Teil des Verkaufsraumes gibt es preisreduzierte Sonderposten. Freundliche und fachkundige Beratung. Bezahlung mit EC-Karte ist kein Problem.

Adresse
St.Emile, Wallstraße 6, 63839 Kleinwallstadt, Telefon: 0 60 22/66 24 14, Fax: 6 62 49 14.

Öffnungszeiten
Montag bis Freitag 10.00 bis 18.00 Uhr, Samstag 10.00 bis 16.00 Uhr.

Anreise
A3 Frankfurt-Würzburg, Ausfahrt Aschaffenburg, auf die B463 Richtung Miltenberg. Niedernberg/Großostheim abfahren. Richtung Niedernberg nach Kleinwallstadt der Hauptstraße folgend Richtung Eisenfeld liegt St.Emile gegenüber dem Bahnhof auf der rechten Seite.

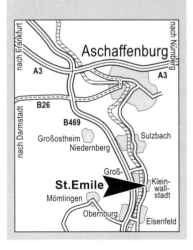

Kochel am See   Handbemaltes Keramikgeschirr

Kocheler Keramik
Meister Töpferei

Handbemalte Keramikgeschirre sind weithin als alpenländische Keramik bekannt. Oft wirkt diese Keramik derb und rustikal. Ganz anders ist das bei der Kocheler Keramik. Zarte Pastelltöne und feine Handbemalung passen zu Menschen, die Landhausstil auch auf den Tisch bringen.

Keramikkunst direkt aus dem Brennofen

Warenangebot
1.- und 2.-Wahl-Ware. Handbemaltes Kaffeegeschirr, Speisegeschirr, Serviettenringe; Küchendosen, Brottöpfe, Zwiebel- und Knoblauchtöpfe; Tisch- und Hängelampen, Aromalampen; Duftkugeln, Windlichter, Geschenkartikel, Gartenkugeln, Übertöpfe für den Garten, Tischdecken.

Ersparnis
20% bei 1.-Wahl-Artikeln, 40% bei 2.-Wahl-Artikeln. Bei Sonderaktionen und Auslaufdekoren bis 50%. Kein WSV/SSV.

Ambiente
Ansprechender Verkaufsraum. Fachliche Beratung. Individuelle Geschenke können auf Wunsch gefertigt werden. Besichtigung der Werkstatt möglich.

Adresse
Kocheler Keramik, Graseckstraße 47/- Ecke Mittenwalder Straße, 82431 Kochel am See, Telefon: 0 88 51/2 46, Fax: 73 15, Internet: www.keramikshop.de.

Öffnungszeiten
Montag bis Freitag 9.00 bis 18.00 Uhr, Samstag 9.00 bis 12.00 Uhr.

Anreise
A952, Ausfahrt Murnau/Kochel. In Kochel Richtung Walchensee, Ortsausgang an der B11. Schild Kocheler Keramik Töpferei.

Kolbermoor — Büromöbel

Hochwertige System-Büromöbel von einem der führenden Hersteller: Design und Funktion in Form und Farbe.

Feel at home at the office ...

Warenangebot
Tischprogramme – vom Einzeltisch bis zur Winkelkombination, höhenverstellbar und voll elektrifizierbar; Schränke, Regale, Container, Trennwände, Stühle.

Ersparnis
30 bis 60 %. Kein SSV/WSV.

Ambiente
Kompetente Beratung, Parkmöglichkeiten direkt vor dem Gebäude.

Adresse
Werndl Werkverkauf, Rosenheimer Straße 74, 83059 Kolbermoor, Telefon: 0 80 31/4 05-3 90, Fax: 29 75 99 oder 2 97 58 63, Internet: www.werndlwerkverkauf.de.

Öffnungszeiten
Montag bis Freitag 10.00 bis 18.00 Uhr.

Anreise
A8 München Richtung Salzburg, Ausfahrt Bad Aibling, dann links Richtung Kolbermoor. A8 Salzburg Richtung München, Ausfahrt Rosenheim, rechts Richtung Rosenheim, über Pang. Am Ortsende Rosenheim/Ortsanfang Kolbermoor befindet sich das Industriegebiet Aicher-Park. Rechts in die Karl-Jordan-Straße, noch mal rechts in die Rosenheimer Straße mit dem Werndl Werksverkauf.

Kronach — Bademoden

Der Hersteller bietet ein umfassendes Sortiment an Badebekleidung an. Bikinis und Badeanzüge gibt es von Cup A bis F. Die Modelle „Magic Line" enthalten einen hohen Lycra-Anteil um so die Figur zu korrigieren und zu formen. Die gesamt Kollektion entspricht dem ÖKO-TEX Standard 100.

Bademoden made in Germany

Warenangebot
Sehr große Auswahl an Badeanzügen (auch für Prothesen), Bikinis, Sportbadeanzüge, kleines Sortiment an Strand- und Fitnessbekleidung. Herren-Badehosen (Kastenform, Slipform), Kinder-Badebekleidung.

Ersparnis
Ca. 40 %. Zusätzliche Ersparnis im WSV/SSV ca. 20 %.

Ambiente
Rechts am Gebäude ist ein Verkaufsraum für Fabrikverkauf reserviert. Ware übersichtlich sortiert und preisausgezeichnet. Engagierte, freundliche Verkäuferin.

Adresse
L. Schmidt GmbH, Industriestraße 46, 96317 Kronach, Telefon: 0 92 61/60 68-0, Fax: 60 68-60.

Öffnungszeiten
Montag bis Donnerstag 13.00 bis 16.00 Uhr, Freitag und Samstag geschlossen. Ab April Freitag 11.00 bis 14.00 Uhr geöffnet.

Weitere Verkaufsstelle
● 09419 **Thum**, Ortsteil Jahnsbach, Nautilus-Skin Touch GmbH & Co. KG, Straße der Freundschaft 102. Öffnungszeiten: Montag bis Freitag 9.00 bis 17.00 Uhr, Samstag 9.00 bis 14.00 Uhr.

Anreise
In Kronach in das Industriegebiet fahren. Die Hauptstraße im Industriegebiet ist die Industriestraße. Firma im letzten Teil der Straße rechte Seite. Fabrikverkauf beschildert.

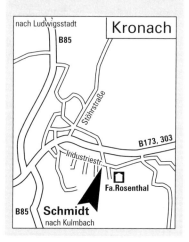

weidner
Sportmodenfabrik

Da weder Jacke gleich Jacke ist, noch Hose gleich Hose, gibt's bei Weidner alle möglichen Zwischenvarianten. Diese Vielfalt verschiedener Größen gilt für die gesamte Produktpalette. Qualität und Passform wird hier großgeschrieben.

Für individuelle Vorlieben

Warenangebot
Damen und Herren: Sportbekleidung für Ski, Tennis, Wandern, Radeln, Jogging, Golf und Freizeit. Auch Outdoor-Bekleidung, Regenbekleidung, Snowboard-, Trekking- und Jagdbekleidung. Komplette Sortimente in riesiger Auswahl, Sportunterwäsche und Zubehör wie Strümpfe, Stirnbänder etc.

Ersparnis
30 bis 50%. Im WSV/SSV bis zu 50% zusätzliche Ersparnis.

Ambiente
Die bescheiden-schlicht wirkende Eingangstür (beschriftet) eröffnet ein riesiges Einkaufsparadies: Verkauf im gesamten Lagerbereich und zwei dafür vorgesehenen Verkaufsräumen.

Adresse
R. Weidner GmbH, Schulstraße 5, 92703 Krummennaab, Telefon: 09682/2289, Fax: 2296.

Öffnungszeiten
Donnerstag 17.00 bis 20.00 Uhr, Samstag 9.00 bis 13.00 Uhr.

Anreise
A93 (Weiden-Hof), Ausfahrt Falkenberg, dann Richtung Erbendorf. In der Ortsmitte am Rathaus rechts.

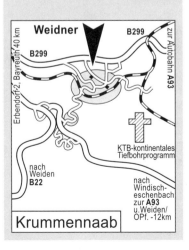

Küps — Korbwaren

locker

Das Unternehmen wurde 1870 gegründet und importiert heute im großen Stil. Im Direktverkauf sind rund 3000 Artikel ausgestellt, und es gibt fast nichts aus Korb und Rattan, was es hier nicht gibt.

Wo die Korbmacher zu Hause sind

Warenangebot
Rattan-/Korbmöbel (vom Regal über Tisch, Stuhl, Sofa usw.), Truhen, Einkaufskörbe, Geschenkkörbe, Blumenbänke, Korbübertöpfe, Nähkästchen, Schirm-/Zeitungsständer, Fußmatten, Wäschekörbe, Türvorhänge, Tiertransportkörbe/Tierkörbc, Taschen, Schalen, Körbchen und Geschenkartikel.

Ersparnis
25 bis 50 %. Musterstücke und Auslaufmodelle zu Sonderpreisen. Kein SSV/WSV.

Ambiente
Verkauf in einem fränkischen Gutshof aus dem 16. Jahrhundert. Warenpräsentation über zwei Stockwerke und in den Erdgeschossräumen/Innenhof. Alle Preise ausgezeichnet.

Adresse
Christian Locker GmbH, Locker's Korbstadel, Marktplatz 4, 96328 Küps, Telefon: 0 92 64/9 14 51.

Öffnungszeiten
Montag bis Freitag 10.00 bis 18.00 Uhr, Samstag 10.00 bis 13.00 Uhr.

Anreise
B173 (Lichtenfels-Kronach), an der 2. Ampel in Küps rechts Richtung Ortsmitte abbiegen und immer geradeaus. Nach ca. 500 m trifft man direkt auf den Korbstadel (am Korbstadel rechts: Parkplatz). Von Kronach kommend an der 1. Ampel links in Richtung Ortsmitte. Dann wie oben.

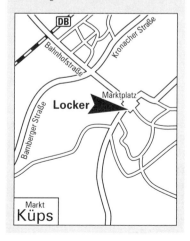

Scheler Damenbekleidung

Scheler-Mode ist für Damen gemacht, die Qualität mehr schätzen als Modetrends. Zeitlose Schnitte in guter Qualität zum günstigen Preis.

Schicke Mode für Damen

Warenangebot
Geführte Größen 40 bis 52. Damenröcke, Faltenröcke, schmale und weite Röcke in den unterschiedlichsten Qualitäten; Hosen, gut sortiertes Angebot an Blusen und Pullis.

Ersparnis
Ca. 30%. IM WSV/SSV zusätzliche Ersparnis von ca. 30%.

Ambiente
Großzügige Präsentation im Rückteil des Gebäudes (beschildert); Ware preisausgezeichnet und übersichtlich geordnet; Fachberatung.

Besonderheiten
Änderungen, Kürzungen werden gegen kleinen Aufpreis sofort in der Nähstube erledigt.

Adresse
Scheler Damenbekleidung, Bahnhofstraße 26, 96328 Küps, Telefon: 0 92 64/ 8 02 72.

Öffnungszeiten
Montag bis Freitag 9.00 bis 12.00 und 14.00 bis 18.00 Uhr, Samstag 9.00 bis 12.00 Uhr.

Anreise
Von Nürnberg-Bamberg auf B173 Richtung Lichtenfels-Küps-Kronach. In Küps Richtung Coburg, Firma noch vor Bahnübergang rechte Seite.

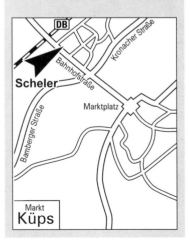

Küps-Johannisthal — Lederbekleidung

Oberfranken ist einer der wichtigsten Standorte der deutschen Lederindustrie. Und dort sind auch noch die qualitativ erstklassigen Ledermodemacher wie Büttner International. Sehr schöne, modische Ware der Marke Pielini, die man in vielen Ledergeschäften vergeblich sucht. Bestes Leder, erstklassige Verarbeitung. Eigene Produktion. Aber nur kleine Auswahl im Privatverkauf.

Spitzenklasse in Leder

Warenangebot
Damen- und Herrenjacken, Röcke, Hosen, Bermudas, Blousons, Lammfelljacken. Angebot von klassisch bis modisch aktuell. Blousons beispielsweise sehr aufwändig gearbeitet, Rückenteil mit Seideneinsatz. Leder in hochaktuellen Farben.

Ersparnis
Ca. 40%. Keine Billigware, keine 2.-Wahl-Ware. Im hochpreisigen Sektor angesiedelt. Kein WSV/SSV.

Ambiente
80 m² großer Verkaufsraum, übersichtlich.

Adresse
Büttner International-Privatverkauf, Alte Schulstraße 26, 96328 Küps-Johannisthal, Telefon: 0 92 64/64 94.

Öffnungszeiten
Montag bis Freitag 9.00 bis 12.00 Uhr und 13.30 bis 17.30 Uhr, Samstag 9.00 bis 13.00 Uhr.

Anreise
Von der A73 Nürnberg-Bamberg auf die B173 Richtung Lichtenfels-Küps-Kronach. In Küps Richtung Schmölz abbiegen. Nach dem Bahnübergang nach 200 m rechts abbiegen nach Johannisthal. In Johannisthal gabelt sich Weg nach 200 m, dort rechts abbiegen in die Alte Schulstraße.

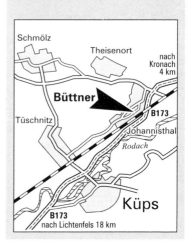

Pharma

Hier erhält man Kosmetikprodukte von Kopf bis Fuß und Einblicke in die Kosmetikproduktion.

Kosmetik ab Werk

Warenangebot
Haarpflege, Körperpflege, Deodorants, Tabaluga-Pflegespaß, Fußpflege, Babypflege, Bade- und Duschpflege, Sonnenkosmetik, Mundhygiene, Herrenkosmetik, Feuchttücher zum Reinigen und Erfrischen, Cremeseifen; Nagellackentferner; Brillentücher u.a. Die Marken sind: Family, Fuß Fit, Dressindent, Tabaluga, Marvita, CD6-Deodorantien, Lavex; Brillen-Klar usw.

Ersparnis
Bis zu 50%. Kein WSV/SSV.

Ambiente
Parkplätze sind direkt am Verkauf ausreichend vorhanden.

Besonderheiten
Vor Festtagen Sonderöffnungszeiten erfragen. Dann gibt es auch besondere Angebote z.B. Geschenkpackungen.

Adresse
Pharmakosmetik Kulmbach GmbH, Am Kreuzstein 7-9, 95326 Kulmbach, Telefon: 09221/699-0, Fax: 699-299, Internet: www.pharmakosmetik-kulmbach.de.

Öffnungszeiten
Donnerstag und Freitag 10.00 bis 17.00 Uhr, Samstag 10.00 bis 13.00 Uhr.

Anreise
Kulmbach liegt direkt an der B85. Von A70 kommend Ausfahrt Kulmbach/Neudrossenfeld.

Lappersdorf bei Regensburg — Lederwaren

Aktuelle Lederwaren des gehobenen Genres und Vorjahresmodelle. Ob weiches oder strukturiertes Leder, es werden beste Materialien perfekt verarbeitet. Die Lederwaren sind außen elegant, innen funktionell.

Feine Lederhaut

Warenangebot
Lederwaren von CBS, Taschen, Geldbeutel, Kulturbeutel, Koffer, Trolleys, Schminktäschchen, Reisetaschen, Gewehrtaschen, Schirme, Tennistaschen, Kosmetikkoffer, Rucksäcke (Kunststoff), Flugbags, Handtaschen, Schlüsseltaschen. 1. und 2. Wahl. Aktuelle Kollektion und Auslaufmodelle.

Ersparnis
30 bis 50 %. Kein WSV/SSV.

Ambiente
Verkaufsräume mit ca. 50 m². Zwei Verkäuferinnen, die auch beraten. Die Ware ist übersichtlich in Regalen und auf Tischen präsentiert.

Adresse
Reila Lederwaren GmbH, Dr.-Martin-Luther-Straße 10, 93138 Lappersdorf, Telefon: 09 41/8 30 84 50, Fax: 8 86 96.

Öffnungszeiten
Nur am Freitag von 13.00 bis 17.00 Uhr.

Anreise
Autobahnausfahrt Regensburg-Lappersdorf, Richtung Lappersdorf-Mitte. Nach Konditorei Café Hahn rechts abbiegen Richtung Rathaus/Pfarrzentrum, nach ca. 100 m Beschilderung CBS Reila Lederwaren. Noch ca. 150 m zum Fabrikverkauf.

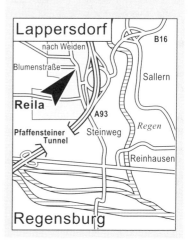

Lauingen/Donau — Strumpfwaren, Wäsche und Bekleidung

VATTER GMBH

Bi-Strümpfe und -Strumpfhosen sind Artikel aus hochwertigen Materialien und ausgezeichneter Qualität.

Zartes für das Bein

Warenangebot
Marken: Bi, Ergee, Nur Die, Bellinda, Elbeo. Strumpfhosen ab 20 den bis 80 den (Stützstrumpfhosen von leichter bis starker Stützkraft), Herrensocken. Unterwäsche für Herren, Damen und Kinder. Herrenhemden und Krawatten, Sweatshirts.

Ersparnis
30 bis 70 % bei 1B-Qualitäten, Restposten und Restmengen, Musterteile. Zusätzliche Ersparnis im WSV/SSV.

Ambiente
Ein Nebeneingang der Firma Bi mit dem Hinweisschild „Lauinger Strumpfladen" führt in einen hellen, großzügigen Raum, in dem die Ware übersichtlich angeboten wird.

Adresse
Bi Shopping Store, Johann-Röhm-Straße 17, 89415 Lauingen an der Donau, Telefon: 0 90 72/92 15 40.

Öffnungszeiten
Montag bis Freitag 9.00 bis 18.00 Uhr, Samstag 9.00 bis 12.00 Uhr.

Anreise
Auf der B16 aus Richtung Dillingen in Richtung Stadtmitte Lauingen fahren (nicht Ortsumfahrung). Der Verkauf ist neben Autohaus Rudhardt. Gebäude ist etwas zurückgesetzt.

Leidersbach — Herrenbekleidung

Starke Leistungen aus eigener Produktion. Seit 1949 fertigt das Unternehmen Herrenbekleidung, Qualität ist das Maß für die Kollektionen.

Mode für Männer

Warenangebot
Herrenbekleidung für den anspruchsvollen Mann. Mode von sportlich bis leger. Anzüge, Sakkos, Hosen, Mäntel, Sportswear, Hemden, Krawatten, Accessoires. Spezialität: Maßanfertigung. Weitere Produktionsprogramme: Club- und Vereinskleidung, Messekleidung, Bühnenkleidung, Dienstkleidung.

Ersparnis
Ca. 30 bis 40% günstiger, Sonderangebote bis zu 50% preiswerter.

Ambiente
Verkaufsräume Parterre, klare Angebotsgliederung mit Verkaufsberatung. Extra Abteilung für Maßanfertigung und Übergrößen.

Adresse
Schuck Mode für Männer, Bergstraße 19, 63849 Leidersbach, Telefon: 0 60 28/9 75 60, Fax: 97 56 56, E-Mail: info@schuck-mode.de, Internet: www.schuck-mode.de.

Öffnungszeiten
Montag bis Freitag 9.00 bis 18.00 Uhr, Samstag 9.00 bis 15.00 Uhr.

Anreise
A3 Frankfurt-Würzburg: aus Richtung Frankfurt kommend Ausfahrt Aschaffenburg-West. B469 Richtung Obernburg, Ausfahrt Leidersbach.
A3 Würzburg-Frankfurt: aus Richtung Würzburg kommend Ausfahrt Weibersbrunn. Richtung Hessenthal. Am Ortsausgang Heimbuchenthal rechts ab über Volkersbrunn nach Leidersbach.
B26 aus Richtung Darmstadt. Auf B469 Richtung Obernburg, Ausfahrt Leidersbach. In Leidersbach führen Hinweisschilder mit Firmenlogo in die Bergstraße 19.

Lindau/Bodensee — Kekse, Dauergebäck

SNACK-WORLD

Die Firma Bahlsen ist ein traditionsreicher, großer Keksbäcker mit vielen neuen Ideen. Hochwertige Qualitätsprodukte. Der Markenname spricht für sich.

Der große Keks

Warenangebot
Großes Sortiment an Bahlsen-Produkten. Auch Restposten von Retouren und Gebäckbruch. Süßes und salziges Dauergebäck.

Ersparnis
20 bis 50 %. Das Sortiment enthält auch Ware, bei der in den nächsten Wochen das Mindesthaltbarkeitsdatum abläuft. Eine Geschmackseinbuße war bei mehreren Tests nicht zu bemerken. Die Kekse schmecken prima.

Ambiente
Selbstbedienungsmarkt direkt von der Palette. Der überdurchschnittlich große Parkplatz vor dem Verkaufsgebäude ist für die große Kundenzahl nötig. Warteschlange an der Kasse ist Alltag.

Adresse
The Lorenz Bahlsen Snack-World, Fabrikladen, Bregenzer Straße 115, 88131 Lindau, Telefon: 0 83 82/7 05 70.

Öffnungszeiten
Montag bis Freitag 9.00 bis 18.30 Uhr, Samstag 9.00 bis 13.00 Uhr.

Weitere Verkaufsstelle
● 92431 **Neunburg vorm Wald**, Industriestraße 11, Telefon: 0 96 72/4 60. Öffnungszeiten: Montag bis Freitag 10.00 bis 18.00 Uhr und Samstag 9.00 bis 13.00 Uhr.

Anreise
A96 Memmingen-Bregenz, Ausfahrt Lindau-Ost. Richtung „Lindau Insel". Man befindet sich dann auf der Bregenzer Straße. Rechts Obi-Baumarkt, daneben rechts gibt es die Bahlsen-Produkte.

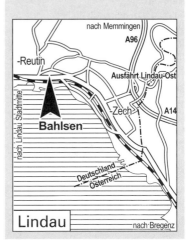

Lindenberg/Allgäu — Allgäuer Käse

Gekäst aus naturbelassener Milch ist „Baldauf Alpkäse" zu einem Tipp unter den Kennern hochwertiger Milcherzeugnisse geworden. Dieser Bergkäse-Typ ist von würzig bis pikant in verschiedenen Reifegraden erhältlich. Ein „himmlisches Stück Allgäu ..."

Von würzig bis pikant

Warenangebot
Alpkäse, Bauernkäse, Emmentaler, Alpkäsle, Original Bergkäse von der Hochalpe, sowie weitere Käsespezialitäten aus Deutschland, Frankreich, Italien, Spanien und der Schweiz. Außerdem edle Weine.

Ersparnis
Schwer zu vergleichen, da Ware unvergleichlich gut ist. Die Preise richten sich zudem nach dem Reifegrad des Käses: junger Käse ist billiger als durchgereifter Käse.

Ambiente
Im hauseigenen „Käs-Keller" wird das gesamte Warensortiment angeboten. Außerdem besteht die Möglichkeit der Direktbestellung. Parkplätze vorhanden.

Besonderheiten
In den Sommermonaten werden unter der Regie des Lindenberger Tourismus-Büros Schaukäse-Veranstaltungen organisiert. Außerdem Besichtigungsmöglichkeit nach Voranmeldung.

Adresse
Gebr. Baldauf GmbH & Co., Goßholz 5, 88161 Lindenberg, Telefon: 0 83 81/ 8 10 41.

Öffnungszeiten
Käs-Keller Lindenberg-Goßholz: Montag bis Samstag 8.30 bis 12.30 und 14.30 bis 18.00 Uhr, Mittwoch und Samstag nachmittags geschlossen!

Anreise
Von Lindenberg in Richtung Isny. Den „Käs-Keller" finden Sie im Teilort Goßholz auf der linken Seite (beschildert).

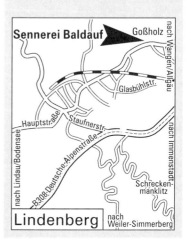

Lindenberg/Allgäu — Hüte und Strickwaren

Die Firma, vor allem bekannt durch die Hutproduktion, bietet für jeden Anlass, jedes Wetter und jeden Kopf eine passende Bedeckung. Das Angebot an Strickwaren sorgt für die modische Abrundung.

Mit Hut ist jedes Wetter gut

Warenangebot
Kopfbedeckungen für Damen und Herren in verschiedenen Qualitäten; Strickwaren. Kollektions- und Einzelposten, 1B-Posten.

Ersparnis
1.-Wahl-Ware zwischen 30 und 40%, 2.-Wahl-Ware um 50% ermäßigt. Zusätzliche Ersparnis im WSV/SSV 10 bis 20%.

Ambiente
Präsentation der Ware wie im Fachgeschäft, sehr übersichtlich, fachkundige Beratung. Der Verkauf nennt sich Lagerverkauf und befindet sich im Eckhaus der Fabrik. Und wer hier keinen Hut findet, der wird ewig suchen.

Adresse
Mayser, Bismarckstraße 4, 88161 Lindenberg, Telefon: 0 83 81/5 07-1 60, Fax: 5 07-1 01.

Öffnungszeiten
Montag bis Freitag 9.00 bis 12.30 und 14.00 bis 16.30 Uhr, Donnerstag bis 18.00 Uhr, Samstag 9.00 bis 13.00 Uhr.

Anreise
Lindenberg liegt an der Deutschen Alpenstraße zwischen Lindau und Immenstadt. Vom Busbahnhof ca. 100 m (Richtung Isny) auf der linken Seite.

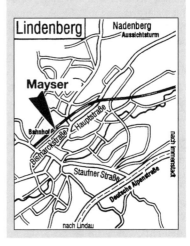

Mainaschaff — Bettwaren, Matratzen, Schlafsäcke

f.a.n. Frankenstolz Schlafkomfort ist einer der führenden deutschen Hersteller im Bereich der Bettwaren und Matratzen.

f.a.n.tastische Betten

Warenangebot
Steppbetten und Kissen mit Naturhaar- und Synthetik-Füllungen (waschbar, kochfest); Nackenstützkissen, Daunen-, Federartikel, großes Matratzensortiment (Federkern, Latex, 5-Zonen-System, Kindermatratzen). Lattenroste, Auflagen, Bettwäsche, Steppdecken, Schlafsäcke, Tagesdecken und Bettüberwürfe.

Ersparnis
30 bis 50 %. Im SSV/WSV weitere Preisvorteile.

Ambiente
Großer Verkaufsraum mit übersichtlichem Artikelangebot, Möglichkeiten zum „Liegetest" bei Matratzen, Fachberatung.

Adresse
f.a.n. Frankenstolz Schlafkomfort, 63814 Mainaschaff, Industriestraße 3, Telefon: 0 60 21/7 08-0, Fax: 7 64 79.

Öffnungszeiten
Montag bis Freitag 9.00 bis 18.00 Uhr, Samstag 9.00 bis 14.00 Uhr.

Weitere Verkaufsstellen
● 04758 **Oschatz**, Hangstraße 19-37, Telefon: 0 34 35/67 08-0, Fax: 67 08-50.

Öffnungszeiten: Montag, Mittwoch, Freitag 13.00 bis 17.30 Uhr, Dienstag, Donnerstag 9.00 bis 17.30 Uhr.
● 96132 **Schlüsselfeld/Aschbach**, Sandweg 8, Telefon: 0 95 55/92 40, Fax: 9 24-2 00. Öffnungszeiten: Montag 9.00 bis 18.00 Uhr, Samstag 9.00 bis 12.00 Uhr. Schlüsselfeld/Aschbach liegt an der A3 Frankfurt-Würzburg, Ausfahrt Geiselwind-Schlüsselfeld.

Anreise
Mainaschaff bei Aschaffenburg liegt an der A3 Frankfurt-Würzburg. Die Firma ist direkt gegenüber dem Mainparksee.

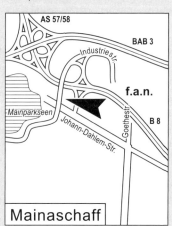

Mainaschaff — Sport- und Freizeitbekleidung

Trigema, Deutschlands größten T-Shirt- und Tennisbekleidungs-Hersteller, kennt man aus der ARD-Fernsehwerbung. Trigema produziert ausschließlich in Deutschland und vermarktet seine Produkte weitgehend selbst.

Deutschlands Nr. 1

Warenangebot
Original-Katalogangebot für Damen, Herren, Kinder. Sehr reichhaltiges Angebot an Sport- und Freizeitbekleidung, Tag- und Nachtwäsche.

Ersparnis
Ein Preisvergleich ist nicht möglich, da Trigema-Ware im Sportartikel-Fachhandel nicht angeboten wird. Zusätzliche Ersparnis im SSV/WSV 20%.

Adresse
Trigema, Industriestraße 1-3, 63814 Mainaschaff, Telefon und Fax: 0 60 21/ 45 89 26 (Im Firmengelände der Firma Frankenstolz-Schlafkomfort f.a.n.).

Öffnungszeiten
Montag bis Freitag 9.00 bis 18.00 Uhr, Samstag 9.00 bis 14.00 Uhr.

Weitere Verkaufsstellen
- 83324 **Ruhpolding**, Otto-Filitz-Straße 1, Telefon/Fax: 0 86 63/50 10.
- 87541 **Bad Hindelang**, Am Bauernmarkt 1, Telefon/Fax: 0 83 24/ 95 31 40.
- 87645 **Schwangau**, Alemannenweg 5, Telefon/Fax: 0 83 62/8 17 07.
- 91350 **Gremsdorf**, Gewerbepark 1, Telefon/Fax: 0 91 93/50 41 30.
- 93471 **Arnbruck**, Zellertalstraße 13 (Werksgelände Weinfurtner), Telefon/Fax: 0 99 45/3 75.
- 94086 **Bad-Griesbach-Schwaim**, Schwaimer Straße 67, Telefon/Fax: 0 85 32/92 46 76.
- 95100 **Selb**, Hutschenreuther Platz (im Werksgelände Hutschenreuther), Telefon/Fax: 0 92 87/89 07 41.
- 96103 **Hallstadt**, Biegenhofstraße 5, Telefon/Fax: 09 51/7 00 94 94.

Anreise
Mainaschaff bei Aschaffenburg liegt an der A3 Frankfurt-Würzburg. Firma ist gegenüber dem Mainparksee.

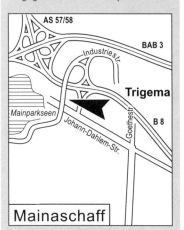

Maisach — Gardinen, Dekostoffe, Heimtextilien

Fensterdekorationen sind Bestandteil geschmackvoller und kultivierter Wohnraumgestaltung. Der große Reichtum textiler Gestaltungsmöglichkeiten, gerade fürs Zuhause, ist wieder entdeckt; nur viel leichter, luftiger und duftiger.

Ein Gesicht für Fenster

Warenangebot
Nur 1. Wahl. Gardinen für alle Fenstergrößen und Einrichtungen, Übergardinen und Fertigstores, Dekostoffe, Möbelstoffe, Badegarnituren, Vorleger, Handwebteppiche, Tischwäsche, Bettwäsche, Handtücher, Kissen und Bezüge, Zubehör.

Ersparnis
20 bis 40 %. Im SSV/WSV 30 bis 50 % zusätzliche Ersparnis.

Ambiente
Ware wie im Fachgeschäft präsentiert, sehr gute Modelle zur Anregung ausgestellt, Parkplätze vor dem Haus.

Adresse
Gardinenweberei Friedrich, Birkenstraße 1, 82216 Maisach, Telefon: 0 81 41/39 03-0, Fax: 39 03-30.

Öffnungszeiten
Montag bis Freitag 9.30 bis 18.00 Uhr, Samstag 9.00 bis 13.00 Uhr.

Anreise
Anfahrt aus Richtung Augsburg: A8, Stuttgart-München, Ausfahrt 77, Sulzemoos, Richtung Maisach. In Maisach Richtung Friedhof fahren (v. Hauptstraße aus). Verkauf ist östlich der Kirche.
Anfahrt aus Richtung München: A8, Stuttgart-München, Ausfahrt 78, Dachau-Fürstenfeldbruck. Zuerst Richtung Fürstenfeldbruck halten, dann Richtung Maisach abbiegen. In Maisach (siehe oben).

Das Trachtendepot Ampertal ist Hersteller eines umfangreichen Programms von Trachten- und Landhausmoden. Daneben auch Vertrieb anderer Marken.

Für Freunde von Trachten- und Landhausmoden

Warenangebot
Für Damen: Blusen, Jacken, Röcke, Hosen, Dirndl, Landhauskleider, Gürtel, Tücher, Lederbekleidung, Strick- und Walkjacken, Schuhe. Herren: komplette Programme in Leinen und Leder, Hemden, Trachtenjeans, Strickwaren, Schuhe.

Ersparnis
20 bis 70%. Im SSV/WSV zusätzliche Ersparnis.

Ambiente
Neuer, großer Lagerverkauf in der Ahornstraße, direkt an der B2.

Adresse
Trachtendepot Ampertal, Ahornstraße 22, 82291 Mammendorf, Telefon: 08145/8305, Fax: 8307.

Öffnungszeiten
Montag bis Freitag 9.00 bis 18.00 Uhr, Donnerstag bis 20.00 Uhr, Samstag 9.00 bis 13.00 Uhr, 1. Samstag im Monat bis 16.00 Uhr.

Anreise
Mammendorf liegt an der B2 zwischen Fürstenfeldbruck und Augsburg. Aus Richtung München kommend nach dem Ortsschild erste Straße rechts ist die Ahornstraße. Aus Richtung Augsburg kommend: Durch Mammendorf fahren, bis zum Ortsende, dann links einordnen (Ahornstraße).

Marktredwitz/Oberfranken — Tischwäsche, Stoffe

Textilmarkt BENKER

Die Warenpalette umfasst Tischwäsche für die festliche Tafel. Rustikale Macharten für den täglichen Gebrauch. Sehr effektvoll sind auch die Spitzendecken.

Tischdekore

Warenangebot
Handarbeitsstoffe, Tischwäsche: Tischdecken in vielen Farben, Stilrichtungen, Größen, Dessins. 1.- und 2.-Wahl-Ware. Stoffe für Tischwäsche. Zugekaufte Ware von anderen Herstellern: Nacht- und Unterwäsche, Shirtmode, Kinderbekleidung, Bettwäsche, Handtücher, Arbeitsbekleidung.

Ersparnis
30%. Im WSV/SSV ca. 50% zusätzliche Ersparnis.

Ambiente
Großer Verkaufsraum, Warenpräsentation einfach aber übersichtlich, Preise an allen Artikeln angebracht, Stoffreste in Wühlkiste, teilweise Selbstbedienung, zwei Umkleidekabinen. Parkplätze direkt vor der Tür.

Adresse
J. Benker Weberei GmbH & Co. KG – Textilmarkt, Fabrikstraße 12, 95615 Marktredwitz, Telefon: 0 92 31/40 14, Fax: 66 14 67.

Öffnungszeiten
Montag bis Freitag 9.00 bis 12.00 und 14.00 bis 17.00 Uhr, Samstag 9.00 bis 12.00 Uhr.

Anreise
In Marktredwitz Richtung Dörflas (nordöstlich der Stadtmitte). Nach Überqueren des Bachs nächste Straße rechts (Firma/Verkauf beschildert).

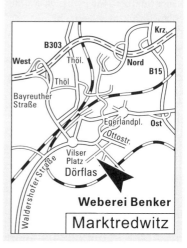

senz.

Senz fertigt hochwertige Strickwaren, überwiegend aus Naturmaterialien wie Baumwolle und Schurwolle sowie Mischungen. Das ansprechende Sortiment bietet für Jung und Alt das Richtige.

Lieblingsstücke

Warenangebot
Pullover, Strickjacken, Pullunder, Strickröcke, Twinsets, Trachtenstrickmode, T-Shirts.

Ersparnis
40 bis 50 %. Im WSV/SSV ca. 20 bis 50 % zusätzliche Ersparnis.

Ambiente
Ware übersichtlich und ordentlich präsentiert, die Preise sind ausgezeichnet; sehr nette, fachkundige Verkäuferin. Strickerei-Besichtigung möglich.

Adresse
Senz Strickwarenfabrik, Pettendorfer Straße 29, 83250 Marquartstein, Telefon: 0 86 41/87 65, Fax: 6 11 42.

Öffnungszeiten
Montag bis Freitag 9.00 bis 12.00 und 14.00 bis 17.00 Uhr, Samstag 9.00 bis 12.00 Uhr.

Weitere Verkaufsstellen
● 83242 **Reit im Winkl**, im „Kuhstall", Telefon: 0 86 40/7 98 21
● 83229 **Aschau i. Ch.**, Bahnhofstraße 11, Telefon: 0 80 52/54 10
● 82324 **Ruhpolding**, Hauptstraße 43, Telefon: 0 86 63/80 09 39
● 83435 **Bad Reichenhall**, Salinenstraße 2, Telefon: 0 86 51/6 92 58

Anreise
A8 (München-Salzburg) bis Ausfahrt Marquartstein; in Ortsmitte hinter Maibaum rechts in die Pettendorfer Straße einbiegen.

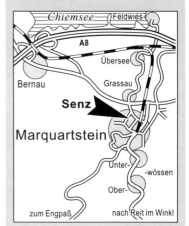

Sportswear

Die Sport- und Freizeitbekleidung, die hier angeboten wird, zeichnet sich durch angenehme Materialien und funktionsgerechte Details aus. Hochwertige Qualität zu günstigen Preisen.

Sportliches Outfit

Warenangebot
Für Damen und Herren: große Auswahl an Sport-/Freizeitbekleidung und Strickwaren (Markenware), Sweatshirts, T-Shirts, Jogginganzüge, Sportjacken, Damenhosen, Herrenunterwäsche, Socken. Für Kinder: Sweatshirts, T-Shirts, Jogginganzüge, Pullover.

Ersparnis
1. Wahl 30% bis 40%; bei Sonderposten bis zu 50%. Im WSV/SSV nochmals reduziert.

Ambiente
Gute Verkehrsanbindung, moderne Verkaufsräume, übersichtliche Präsentation, gute Preisauszeichnung, Umkleidemöglichkeiten vorhanden, Zahlung mit EC-Karte möglich.

Adresse
Mezzo-Mezzo, Sportswear GmbH, Woringer Straße 6, 87700 Memmingen/Allgäu, Telefon Verkauf: 0 83 31/96 21 58.

Öffnungszeiten
Montag bis Freitag 9.00 bis 18.00 Uhr, Samstag 9.00 bis 13.00 Uhr.

Weitere Verkaufsstelle
● 87700 **Memmingen**, Teramostraße 6, Telefon: 0 83 31/92 20 43

Anreise
A7 in Richtung Kempten, Ausfahrt Memmingen-Süd. Richtung Stadtmitte, 1. Straße rechts in den Birkenweg (bei Praktiker Baumarkt) nächste Straße links in die Woringer Straße, Verkauf auf der linken Seite.

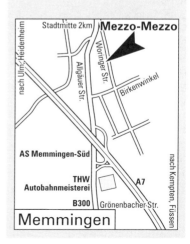

Mertingen — Molkereiprodukte

Man nehme eine Frucht und mache sie zum Star. Dieser Jogurt zählt sicher zu den bekanntesten Produkten der Firma Zott und hat sich auch einen vorderen Platz unter den Konkurrenzmarken erkämpft.

Ein gutes Früchtchen

Warenangebot
Die Ware ist nicht beschädigt, das Ablaufdatum nicht überschritten. Teilweise lohnt es sich aber nicht mehr, die Ware auszuliefern, weil sie nicht mehr frisch beim Einzelhändler ankäme. Manchmal sind auch die Etikettenbezeichnungen falsch oder verschiedene Jogurtsorten sind im Becher vermischt. Typische Produkte wie Starfrucht, Sahne-Jogurt, Jogolé und monte. Fremdware, z.B. Hochland, Meggle, Richter.

Ersparnis
Bei Sonderposten bis zu 50%.

Ambiente
Ca. 60 m². Käseecke. Ware in Kühlregalen. Parkplätze vor und auf dem Firmengelände. Der Fabrikverkauf befindet sich im Werk 1, direkt an der Straße, gegenüber der Verwaltung.

Adresse
Zott GmbH & Co. KG, Dr.-Streichele-Straße 4, 86690 Mertingen, Telefon: 09078/8010, Fax: 8011 10 Internet: www.zott.de.

Öffnungszeiten
Montag bis Freitag 7.00 bis 18.00 Uhr, Samstag 7.00 bis 12.00 Uhr.

Anreise
Auf der B2 nach Donauwörth in Richtung Mertingen/Augsburg. Nach Mertingen einfahren. Auf der Durchgangsstraße bleiben.

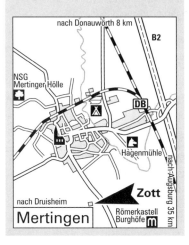

In Michelau, wo sich das „Deutsche Korbmuseum" befindet, werden die handwerklich kunstvoll geflochtenen Sammler- und Nostalgiewagen von ausgebildeten Korbmachern gefertigt. Design und Materialien werden liebevoll gestaltet. Die Holzspielwaren sind mit ungiftigen Farben handbemalt und aus Holz von wiederaufgeforsteten Nutzwäldern hergestellt.

Ein Hauch von Nostalgie

Warenangebot
Kinderwagen, Kindersportwagen, Buggys, Dreiräder, Puppenwagen, Puppensportwagen, Puppenbetten, Nostalgie- und Sammlerwagen, Holzspielwaren. Keine Bekleidung.

Ersparnis
Je nach Produkt und Qualitätsklasse zwischen 10 und 30 %.

Ambiente
200 m² großer Verkaufsraum, fachmännische Beratung, ständig wechselndes Warensortiment.

Adresse
Knorr GmbH & Co. KG, Gutenbergstraße 1, Industriegebiet, 96247 Michelau/Oberfranken, Telefon: 0 95 71/97 60-0, Fax: 8 87 24, Internet: www.knorr-int.com.

Öffnungszeiten
Montag bis Freitag 13.00 bis 17.00 Uhr. Vormittags nur nach telefonischer Vereinbarung. Betriebsferien jeweils zwei Wochen in den bayerischen Pfingst- und Sommerferien sowie Weihnachten.

Anreise
Michelau liegt bei Lichtenfels. Auf der B173 Ausfahrt Michelau in Richtung Industriegebiet fahren. Firma Knorr mitten im Industriegebiet.

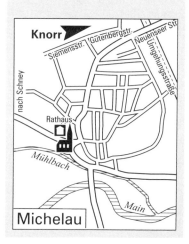

Michelau/Oberfranken — Möbel-, Dekostoffe

Die Firma Zellner beliefert die „Großen" der Polstermöbelindustrie. Interessante Dessins in modischem Stil wechseln mit traditionellen Bezugsstoffen in vielen Mustern und Farben aus hochwertiger Qualität.

Polstermöbel-Industrie

Warenangebot
1.- und 2.- Wahl-Ware. Möbelbezugsstoffe für Polstermöbel, Stühle, Eckbänke, Autositze, Wohnwagen-Polster, Samtvorhänge, Kissenbezüge, Tischdecken, Dekostoffe, Sets.

Ersparnis
Hauptsächlich 1.-Wahl-Ware, bis zu 50 % Ersparnis. 2.-Wahl-Posten vorhanden, teilweise zum reinen Materialpreis. Kein WSV/SSV.

Ambiente
Lagerhallenatmosphäre; ca. 160 m²; Fachverkäuferin. Die Ware ist meist nach Preisen geordnet. Parkplätze vorhanden.

Adresse
Zellner GmbH, Fabrikverkaufsstelle Michelau, Gutenbergstraße 11, 96247 Michelau, Telefon: 0 95 71/97 97-0, Fax: 8 31 29.

Öffnungszeiten
Montag bis Donnerstag 8.00 bis 12.00 und 13.00 bis 17.00 Uhr, Freitag 8.00 bis 13.00 Uhr.

Weitere Verkaufsstellen
● 90478 **Nürnberg**, Findelwiesenstraße 3, Telefon: 09 11/45 24 07
● 71063 **Sindelfingen**, Paul-Zweigart-Straße 12, Telefon: 0 70 31/87 56 43
● 83026 **Rosenheim**, Klepperstraße 1, Telefon: 0 80 31/47 04 19
● 93057 **Regensburg**, Isarstraße 17, Telefon: 09 41/4 67 22 12
● 86152 **Augsburg**, Auf dem Kreuz 49, Telefon: 08 21/3 19 67 74

Anreise
B173 aus Bamberg, Kronach oder Kulmbach kommend, Ausfahrt Michelau. Ort in Richtung Norden durchfahren, dann kommen Sie in die Gutenbergstraße.

Das Unternehmen bietet hauptsächlich Ski- und Golfartikel und warb mit der Aussage „Die von uns angebotenen Ski erhalten Sie in ganz Europa nirgendwo billiger".

Fundgrube für Skifahrer

Warenangebot
Hauptsächlich 1. Wahl und Auslaufmodelle, Restposten. Ski, Skihosen, -handschuhe, -bindungen, -brillen, -mützen, -stöcke, -anoraks. Wanderstiefel, Regenjacken, Faserpelz-Pullover, Rucksäcke, Golfschläger, -bags, -bälle.

Ersparnis
Bis 50%. Bei Sonderangeboten bis 80%. Kein SSV/WSV.

Ambiente
Lagerhalle mit drei Umkleidekabinen.

Adresse
Sport Fundgrube, Rosenheimer Straße 9, 83714 Miesbach, Telefon: 0 80 25/ 81 50. Verwaltung: Kühme Sporthandels GmbH, Naturfreundestraße 19, 83734 Hausham, Telefon: 0 80 26/5 82 44, Fax: 53 54, E-Mail: info@kuehme-sport.de.

Öffnungszeiten
Montag bis Freitag 9.00 bis 19.00 Uhr, Samstag 9.00 bis 16.00 Uhr.

Weitere Verkaufsstellen
● 94032 **Passau**, Prachatitzer Straße 1, Telefon: 08 51/3 54 63.
● 93053 **Regensburg**, Grunewaldstraße 2, Telefon: 09 41/7 04 04 45.
● 94469 **Deggendorf**, Graflinger Straße 133, Telefon: 09 91/2 70 96 78.
● 92224 **Amberg**, Regensburger Straße 69, Telefon: 0 96 21/78 91 59.
● A-6380 **St. Johann/Tirol**, Salzburger Straße 29, Telefon: 00 43/53 52/6 14 60.

Anreise
A8 München-Salzburg, Ausfahrt Weyarn, Miesbach, Bayrischzell, Schliersee. Richtung Miesbach. In Miesbach an der ersten Ampel rechts einbiegen in die Rosenheimer Straße. Einfahrt zur Shell-Tankstelle; die Sport Fundgrube ist dahinter.

DANIEL HECHTER

Seit 1977 besteht die Symbiose zwischen Createur Daniel Hechter und Hersteller Otto Aulbach GmbH in Miltenberg. Prêt à vivre – bereit zu leben – das ist die selbstgewählte Devise Hechters - und so ist auch seine Mode: unkonventionell und erfrischend anders, ein komplettes Bekleidungsprogramm für alle Tageszeiten und Anlässe.

Erfrischend anders

Warenangebot
Ware 1. Wahl und Ware der aktuellen Saison. Herrenanzüge, -sakkos, -mäntel, -sportswear (Jeans, Shirts, sportliche Hemden), Lederjacken, modische Parkas, Blousons, Hemden, Krawatten und Gürtel. Jetzt im Sortiment auch eigene Damenabteilung auf eigener Etage (2. Stock).

Ersparnis
40 % auf aktuelle Ware. 2. Wahl und ältere Ware noch günstiger. Kein SSV/WSV.

Ambiente
Professioneller Fabrikverkauf in neuen Räumen. EG: Anzüge, Sakkos, Hosen, Mäntel. 2. OG: Sportswear, Lederjacken, Hemden, Pullover, Krawatten. Kellergeschoss: 2.-Wahl-Ware. Zahlungsmodalitäten: EC-Karte und VISA im Fabrikverkauf möglich. Im 2.-Wahl-Verkaufsshop weiterhin nur Barzahlung.

Adresse
Miltenberger Otto Aulbach GmbH, Frühlingstraße 17, 63897 Miltenberg, Telefon: 0 93 71/4 00 00, Fax: 8 06 67.

Öffnungszeiten
Donnerstag 16.00 bis 19.00 Uhr, Freitag 12.00 bis 18.00 Uhr, Samstag 9.00 bis 14.00 Uhr.

Anreise
A3 von Frankfurt kommend Ausfahrt Miltenberg/Obernburg, km 206, bis Ortsende Miltenberg auf Eichenbühler Straße fahren. Links vor Möbelfabrik Rauch nach rückwärts versetzt Firmenaufschrift am Gebäude „Miltenberger".

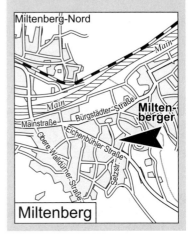

Mistelbach b. Bayreuth — Kinderbekleidung, Spielwaren

Die Marke mit dem Klecks kennt man. Das ist Kindermode, die passt. Hier wird viel Aufwand im Detail für die Kleinsten getrieben, damit sie sich wohl fühlen. Und nicht zu vergessen: die sigikid-Kuscheltiere.

Ein Klecks für Kinder

Warenangebot
Baby- und Kindermode (Gr. 62/68 bis 152), Spielwaren (Plüsch, textile Geschenke), Spiel- und Sammlerpuppen. Auslaufware und Kollektionen aus vorausgegangenen Saisons (1. Wahl) sowie Ware mit kleinen Fehlern (2. Wahl). Sehr gut sortiert nach Größen.

Ersparnis
30 %, teilweise bis 50 %.

Ambiente
900 m² Ladenfläche, sehr großzügig und hell. Spielecke, Getränkeautomat. Kinderwagenfreundlich; Parkplätze.

Besonderheiten
Integrierter Shop: Hier ist das aktuelle Spielwaren-Sortiment von sigikid zu den regulären Handelspreisen erhältlich.

Adresse
sigikid, H. Scharrer & Koch GmbH & Co. KG, Am Wolfsgarten 8, 95511 Mistelbach. Telefon: 0 92 01/ 70 90 oder 70 89. E-Mail: family@sigikid.de, Internet: www.sigikid.de.

Öffnungszeiten
Mittwoch bis Freitag 10.00 bis 18.00 Uhr, Samstag 10.00 bis 14.00 Uhr.

Weitere Verkaufsstelle
● 93437 **Furth im Wald,** Kötztinger Straße 10, Telefon: 0 99 73/22 22. Mittwoch bis Freitag 10.00 bis 18.00 Uhr, Samstag 10.00 bis 13.00 Uhr.

Anreise
A9 von Berlin her kommend: Ausfahrt BT-Nord, durch Bayreuth durch, B22 Richtung Hollfeld, nach dem Ortsende von Bayreuth links Richtung Mistelbach, am Ortsausgang von Mistelbach, linke Seite, an der Hauptstraße.

Mömlingen — Herren- und Trachtenbekleidung

Auf kurzlebige Trendmode kann die Firma gut und gern verzichten: Das eher konservative Standardprogramm und die Trachtenmode aus deutscher Produktion ist heute wie morgen tragbar; die gute Qualität sorgt dafür.

Solides für den Herrn

Warenangebot
Anzüge, Sakkos, Hosen, Hemden, Krawatten, Trachtenjacken und -pullis, Bundhosen und -strümpfe, Westen, Mäntel, Jacken.

Ersparnis
Ca. 30 %. Im SSV/WSV zusätzliche Ersparnis.

Ambiente
Präsentation auf einfachen Ständerreihen, jedoch übersichtlich und luftig. Preislisten an den Ständern. Kundenparkplätze direkt vor dem gut erkennbaren Verkauf. Maß- und Einzelbestellservice, Vereinskleidung.

Adresse
Schildmann GmbH (im Hause Klotz), Odenwaldstraße 24, 63853 Mömlingen, Telefon: 0 60 22/68 42 33, Fax: 3 81 84, E-Mail: Klotz-Moemlingen@t-online.de.

Öffnungszeiten
Montag bis Freitag 9.00 bis 12.30 und 14.00 bis 18.00 Uhr, Samstag 9.00 bis 13.00 Uhr. Viermal im Jahr verkaufsoffener Sonntag, Termine auf Anfrage. Betriebsferien an Pfingsten, im August, an Weihnachten, bitte vorher anrufen.

Anreise
Von Frankfurt kommend auf der A3 Richtung Würzburg, Ausfahrt Stockstadt; B469 über Obernburg nach Mömlingen, dort in Richtung Höchst, Fabrikverkauf ca. 250 m vor Ortsende.

Das Bekleidungswerk Pullacher ist einer der führenden Hersteller von modischer und praktischer Kinderbekleidung. Sehr gute Qualität und ansprechende Kollektion.

Pfiffiges fürs Kind

Warenangebot
Außer Unterwäsche und Schuhen alles an Kinderbekleidung von den Größen 62 bis 176. Hübsche Kollektion zu günstigen Preisen: Hosen, Röcke, Kleider, Blusen, Jeans, Latzhosen, T-Shirts, Pullis, Sweatshirts, Anoraks und Jacken, Schlafanzüge und Ausfahrgarnituren.

Ersparnis
Bei 1.-Wahl-Ware 20 bis 50%, bei 2.-Wahl-Ware auch über 50%. Im WSV/SSV ca. 20% zusätzliche Ersparnis.

Ambiente
Lagerhalle, Ware auf Bügeln in langen Reihen aufgehängt, Kundenparkplätze vor dem Haus.

Adresse
Pullacher Bekleidungswerk, Ilse Moden Streicher & Co., Neuchinger Straße. 14, 85452 Moosinning, Telefon: 0 81 23/10 21, Fax: 42 61.

Öffnungszeiten
Montag bis Freitag 9.00 bis 12.00 und 12.30 bis 16.00 Uhr, Samstag geschlossen.

Anreise
B388 München-Ismaning in Richtung Erding. Geradeaus durch den Ort. In der Ortsmitte nach dem Rathaus 2. Querstraße rechts ist Neuchinger Straße. Nach 300 m auf der rechten Seite.

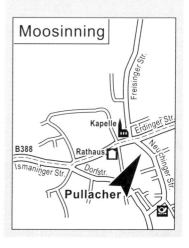

TRAVELLER
FINE LEATHER GERMANY

Die Firma Traveller gehört seit 1919 zu den führenden Herstellern von Lederwaren. Sorgfältigste Verarbeitung und beste Materialien sind selbstverständlich.

Für Individualisten

Warenangebot
Der Original Traveller Aktenkoffer mit Laptop-Fach, neu: auf Rollen. Hochfunktionelles Flugreisegepäck aus Nylon und Leder, Trolleys, Kleidersäcke, Reisetaschen, Laptoptaschen und -Rucksäcke, Brieftaschen, Portemonnaies etc. sowie Otto Kern Handtaschen. Kollektions- und Musterteile, Auslaufmodelle und Restposten, 2. Wahl.

Ersparnis
30 bis 50%. Preisaktionen bei Auslaufmodellen nochmals 20% reduziert. Zusätzliche Preisersparnis im SSV/WSV 20%.

Ambiente
Übersichtliche Warenpräsentation auf 350 m². Fachkundige Beratung. Kalte und heiße Getränke.

Adresse
Traveller, Jean Weipert GmbH, Kolpingstraße 18, 63165 Mühlheim-Lämmerspiel, Telefon: 0 61 08/90 42 26, Fax: 7 79 41. Internet: www.traveller-werkverkauf.de.

Öffnungszeiten
Dienstag bis Freitag 10.00 bis 18.00 Uhr, Samstag 10.00 bis 15.00 Uhr.

Anreise
A3 Offenbacher Kreuz Richtung Würzburg; Ausfahrt Hanau, auf rechter Spur Richtung Hanau. Danach auf linker Spur bleiben in Richtung Steinheim, Ausfahrt Steinheim. Anschließend links Richtung Lämmerspiel. Am Ortseingang 2. Straße rechts (Stauffenbergstraße) und dann 2. Straße links (Kolpingstraße).

Die Firma Hammer-Fashion gehört zu den führenden Modeanbietern in Europa und ist bekannt für ihre anspruchsvollen und qualitativ hochwertigen Produkte. Das Unternehmen hat sich vom Rockspezialisten zum Anbieter aktueller Kombimode entwickelt.

Rock- und Kombimode

Warenangebot
1. und 2. Wahl, Überproduktion aus laufender Saison, 2. Wahl aus laufender Saison, Restposten aus Vorsaison. Damenbekleidung im mittleren bis gehobenen Genre (auch Designermode), Röcke, Hosen, Blazer, Shirts, Accessoires, Blusen und Jacken, aber auch Gürtel und Stoffreste, Kinderschuhe. Ständig 15.000 Teile am Lager. Zugekaufte Ware: Italienische und deutsche Schuhmode, Designermode für Kinder und Damen aus dem Vorjahr (Prada, Gucci, Jil Sander, etc.).

Ersparnis
1.-Wahl-Rest- und Sonderposten 20 bis 40%, 2. Wahl bis 70%. Zusätzliche Ersparnis im WSV/SSV 50%.

Ambiente
Große Verkaufsfläche (900 m²) in ehemaliger Produktionshalle. Beratung möglich, 20 Umkleidekabinen, Kaffeebar, Kinderecke, Bezahlung mit EC-Karte möglich.

Adresse
Hammer-Fashion GmbH & Co., Kirchenlamitzer Straße 71, 95213 Münchberg, Telefon: 0 92 51/44 10 (Zentrale), 44 11 05 Werksverkauf.

Öffnungszeiten
Montag bis Freitag 11.00 bis 18.00 Uhr, Samstag 10.00 bis 16.00 Uhr.

Anreise
Von der A9 durch die Stadt Richtung Schwarzenbach/Saale (B289). Richtung Rehau (Gewerbegebiet Ost). Ca. 800 m vor dem Ortsausgang.

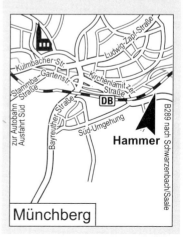

Münchberg — Heimtextilien

Markenqualität zu erschwinglichen Preisen für das wohlige und geschmackvolle Zuhause.

Mode rund ums Wohnen

Warenangebot
Schlaufenschals, Hussen, Kissen, Tischdecken, Tischläufer, Tischsets, Stoffe, Bettwäsche. Seit diesem Jahr wird auch die Ware des Möve Frottana Fabrikverkaufs angeboten: Badetücher, Gästetücher, Saunatücher, Waschlappen, Accessoires. Hauptsächlich 1.-Wahl-Ware.

Ersparnis
20 bis 40 %. Kein eigentlicher WSV oder SSV, aber Sonderaktionen im Frühjahr und Herbst, nochmals 10 bis 20 % Ersparnis.

Ambiente
In einer großen Fabrikhalle, präsentieren sich Esprit home und Möve Frottana einfach bis geschmackvoll. Freundliches Personal. Die Waren sind übersichtlich präsentiert und preisausgezeichnet, einzelne Rollkästen mit 1B-Ware. Umtausch nur bei nachweisbaren Fehlern. Ausreichend Parkplätze.

Adresse
Esprit home Werksverkauf, Gartenstraße 25, 95213 Münchberg, Telefon: 0 92 51/89-1 44.

Öffnungszeiten
Montag bis Freitag 10.00 bis 17.00 Uhr, Samstag 10.00 bis 14.00 Uhr.

Anreise
A9 Nürnberg-Berlin, Ausfahrt Münchberg-Süd. Nach Münchberg fahren. Nach der Aral-Tankstelle rechts hoch die Georg-Meister-Straße. Auf dieser Straße ca. 300 m bleiben, dann links in die Gartenstraße. Nach 300 m Fabrikverkauf.

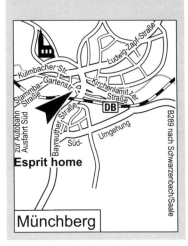

JAWA, die Jahreswagenvermittlung der BMW Group, hält attraktive Angebote bereit und vermittelt den direkten Kontakt zu den Fahrzeugverkäufern. Über die JAWA können folgende Fahrzeugarten erworben werden: BMW Jahreswagen (6-18 Monate jung), MINI Jahreswagen (12-18 Monate), sowie BMW und MINI-Gebrauchtwagen (über 18 Monate), ausschließlich von BMW Mitarbeitern gefahren, immer aus erster Hand und zu günstigen Konditionen.

BMW/MINI-Jahreswagen

Warenangebot
Meist sind etwa 3000 Jahreswagen bzw. 200 Gebrauchtwagen gespeichert. 2000 davon sind sofort verfügbar. Die JAWA stellt über die Vermittlungsmedien (Internet etc.) den Kontakt zwischen dem Interessenten und dem Verkäufer her. Die Verhandlungen werden dann direkt von beiden Parteien geführt. Fahrzeuge können in der Vermittlungszentrale in München nicht besichtigt werden.

Ersparnis
Jahreswagen sollten je nach Typ, Ausstattung und gefahrenen Kilometern zwischen 15 und 30% (Gebrauchtwagen auch darüber hinaus) günstiger sein als Neuwagen.

Besonderheiten
Die **telefonische Erreichbarkeit** wurde wegen der hohen Nachfrage erweitert und verbessert: Montag bis Freitag 8.00 bis 20.00 Uhr, Samstag 9.00 bis 18.00 Uhr.

Adresse
Jahreswagen Vermittlung (JAWA), BMW Group, PD-101/JAWA, 80788 München, Telefon: 01 80/3 18 33 18, Fax: 0 89/ 3 82-6 83 87, E-Mail: jawa@bmw.de, Internet: www. bmw.de/jawa bzw. www.MINI.de/jawa.

Wer elho trägt, zeigt das Logo – logo! Sportswear von elho wird den höchsten Ansprüchen gerecht. Sport zieht an im Winter und im Sommer, im Gebirge und am Meer. Was man anzieht, das zeigt man auch.

Das Logo für Trendsetter Mode

Warenangebot
Winter: Skibekleidung für Damen, Herren, Kinder. Anoraks, Overalls, Hosen, Westen, Snowboardbekleidung, Outdoor-Jacken, Fleecepullis und -jacken, Mützen und Stirnbänder. Sommer: Outdoor-Bekleidung wie Anoraks und Outdoor-Hosen, Freizeitjacken, auch Badebekleidung. Auch Ware der Marke Excess.

Ersparnis
25 bis 30 %.

Ambiente
Eingang rechts am Werk, Schild „nur für Berechtigte". Berechtigt ist jeder, der sich an der Kasse kostenlos einen Ausweis ausstellen lässt. Den Ausweis bekommt jeder Kaufwillige, unabhängig von der Firmenzugehörigkeit. Zudem wird man dann bei besonderen Aktionsverkäufen angeschrieben.

Adresse
Elho Brunner AG, Stahlgruberring 22, 81829 München, Telefon: 0 89/4 20 91-0, Fax: 4 20 91-116.

Öffnungszeiten
Mittwoch, Donnerstag, Freitag 12.30 bis 18.00 Uhr. Zudem am letzten Samstag im Monat 10.00 bis 14.00 Uhr.

Anreise
A99 (Ostumgehung München). Am AB-Kreuz München-Ost auf A94 Richtung München, Ausfahrt M-Am Moosfeld. An Ampel links, nächste Straße links über Brücke. Nach Brücke links ist der Stahlgruberring. elho befindet sich in der 2. Rechtskurve.

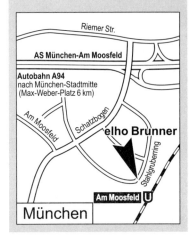

München — Bilderrahmen, Bilder, Spiegel

Das Unternehmen ist Deutschlands größter Hersteller von Stil- und Furnier-Rahmen. Es werden alle Arten von Stilrahmen gefertigt – auch geschnitzt – in jeder gewünschten Größe. Auf 1800 m² Ausstellungsfläche über 7000 Gemälderahmen in Normgrößen auf Lager.

Alles im Rahmen ...

Warenangebot
Stil- und Furnierrahmen in mehr als 500 verschiedenen Ausführungen und Tönungen bis hin zu Originalmodellen aus alter Zeit. Glas und Passepartouts mit und ohne Verzierungen. Große Auswahl an Spiegeln, Postern, Gemälden, Stichen, Kunstdrucken und Ölgemälden.

Ersparnis
Ca. 35 %.

Ambiente
Lagerverkauf, freundliche und kompetente Bedienung. Parkplatz im Hof.

Adresse
Europa Leisten, Dachauer Straße 15-17, 80335 München, Telefon: 0 89/55 37 45, Fax: 55 59 40.

Öffnungszeiten
Montag bis Freitag 9.30 bis 19.00 Uhr, Samstag 10.00 bis 15.00 Uhr.

Anreise
150 m nördlich vom Hauptbahnhof entfernt im Rückgebäude des King`s Hotel.

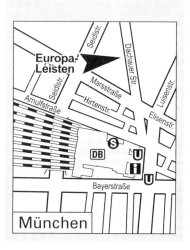

München — Computer, PCs, PC-Zubehör

Die Computerbranche ist ein schnelllebiges, hartes Geschäft. Die Fujitsu-Siemens Computers GmbH will durch den Werksverkauf neue Kunden ansprechen und gewinnen.

PCs vom Feinsten

Warenangebot
Business-PCs, Consumer PCs, Notebooks und Zubehör, Workstations, Monitore, Digital Video Boards (DVB), Home Peripherals, Komponenten, Zubehör.

Ersparnis
Erheblicher Preisvorteil bei Rückläufer-Restposten und Sonderangeboten.

Ambiente
Verkaufsräume direkt neben der Pforte. Kompetentes Personal.

Besonderheiten
Das aktuelle Angebot der Neugeräte kann unter www.pc-werksverkauf.de abgerufen werden. Im Online-Shop kann Ware direkt bestellt werden. Versand gegen Vorauskasse. Im Shop auch Beratung und Service. Hier sind auch immer wieder besonders preisgünstige Geräte zu kaufen, die nicht im Internet-Angebot zu finden sind.

Adresse
Fujitsu Siemens Computers GmbH, Filiale München, PC Werksverkauf, Otto-Hahn-Ring 6-12, 81739 München. Telefonische Anfragen nicht erwünscht, Fax: 0 89/63 64 30 31, E-Mail: pc-shop @fujitsu-siemens.com.

Öffnungszeiten
Montag bis Freitag 13.00 bis 18.00 Uhr.

Weitere Verkaufsstelle
● 86199 **Augsburg**, Bürgermeister-Ulrich-Straße 100, Fax: 08 21/8 04 22 61, E-Mail: info. werksverkauf@fujitsu-siemens.com.

Anreise
Der PC-Werksverkauf befindet sich im Südosten Münchens, in Neuperlach. U- und S-Bahn Neuperlach Süd.

HELGA BAUR

Ginger-Modelle haben "das besondere Etwas", den i-Punkt, der durchschnittlicher Mode fehlt. Die Modelle sind häufig in bekannten Frauenzeitschriften wiederzufinden. Sehr gute Qualität.

Exklusiv und extravagant

Warenangebot
Mode im Mittel- und Hochpreissegment: komplettes Bekleidungssortiment, passende Kombimode und stark reduzierte Einzelstücke. Von der schlichten Stretchhose über Bodys, Röcke, Pullis, aufwändig verarbeitete Jacketts bis zum ausgefallenen Ledermantel.

Ersparnis
25 bis 50%. Zusätzliche Ersparnis im WSV/SSV.

Ambiente
Schlichter Verkaufsraum im Untergeschoss. Ware großzügig auf Ständerreihen; Umkleidekabinen; Pauschalpreise am Ständer befestigt.

Adresse
Helga Baur – Ginger Moden, Am Einlass 3A, 80469 München, Telefon: 089/26 63 09, Fax: 2 60 54 46.

Öffnungszeiten
Verkauf findet zweimal im Frühjahr und zweimal im Herbst, jeweils 2-3 Tage, statt. Wer in der Kundenkartei ist, wird angeschrieben. Telefonisch anfragen, wann Verkauf stattfindet.

Anreise
Liegt in der Stadtmitte, südlich vom Viktualienmarkt (über Blumenstraße erreichbar).

Es gibt wohl fast keine modebewusste Frau, die mit Oui-Bekleidung noch keine Bekanntschaft gemacht hat. Tragbare Modelle aus guten Qualitäten machen diese Mode unwiderstehlich.

Das „Ja" zur Mode

Warenangebot
Kleider, Blusen, Hosen, Röcke, Pullis, T-Shirts, Sweatshirts, Blazer, Kostüme, Mäntel, Accessoires wie Gürtel, Schals, Tücher. Aktuelle Kollektion jedoch ausschließlich 2. Wahl (teilweise erhebliche Mängel), Rückläufe vom Einzelhandel und nicht georderte Ware.

Ersparnis
Bis zu unglaublichen 75%.

Ambiente
Wenn sechsmal jährlich die aktuelle Kollektion verramscht wird, gerät die Münchner Frauenwelt in Aufruhr. Große Halle im UG reserviert (Eingang über Laderampe). Ware liegt bergeweise auf dem Boden, nur wenige Ständer. Keine Spiegel/keine Kabinen. Die gut organisierte Frau bringt die Freundin zur Beratung und einen Spiegel mit.

Adresse
Oui KG, Moosacher Straße 26 a, 80809 München, Telefon: 0 89/35 48 10, Fax: 3 51 60 59.

Öffnungszeiten
Verkauf dreimal im Frühjahr/Sommer und dreimal im Herbst/Winter. Termine bitte telefonisch erfragen. Die ersten beiden Verkäufe pro Saison sind Kollektionsverkäufe und etwas teurer. Der letzte Verkauf ist der Resteverkauf mit den genannten 75%.

Anreise
In München Richtung Olympiazentrum, nördlich der Innenstadt. Oui ist rechts neben Olympiapark-Nord; die Moosacher Straße verläuft von Moosach (West) nach Milbertshofen (Ost).

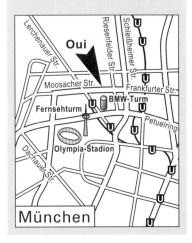

München | Hemden und Maßhemden

Hier lassen sich Persönlichkeiten aus Politik, Fernsehen, Theater und Industriekonzernen gerne eine "Schlinge" um den Hals legen.

... der feine Unterschied

Warenangebot
Hemden, Blusen, Krawatten, Maßhemden, Maßblusen, über 800 verschiedene Stoffe. Kragenweiten 37-54, Übergrößen. Musterhemden, Monogramme, Auswahl an Knöpfen, 30 verschiedene Kragen- und Manschettenformen.

Ersparnis
30 bis 70 %. Im WSV/SSV bis zu 50 % zusätzliche Ersparnis.

Ambiente
Laden mit Anprobe und Stilberatung. Änderungen aller Art bei Hemden und Blusen möglich.

Adresse
Scherer Hemden und Maßhemden, Hannelore Scherer, Albrechtstraße 32 (Ecke Volkartstraße), 80636 München, Telefon: 0 89/1 23 10 17, Fax: 18 89 77.

Öffnungszeiten
Montag, Mittwoch, Freitag 14.00 bis 19.00 Uhr und nach Terminvereinbarung.

Anreise
Landshuter Allee, an den Gaswerken vorbei, Richtung Donnersberger Brücke. In Höhe Sapporo-Ring/Dachauer Straße abfahren (die Volkartstraße kann von Norden kommend auf der Landshuter Straße nicht direkt angefahren werden). Oder mit U1 bis Haltestelle Rotkreuzplatz. Bahn 12 und Bus 33 bis Haltestelle Albrechtstraße.

München — Sport- und Freizeitbekleidung

Sport-Scheck

Einer der größten deutschen Sportartikelhändler hält in München gleich zweimal Einzug in die Schnäppchenwelt.

Ein „Heißer Fleck" für Sportler

Warenangebot
Sport- und Freizeitbekleidung. Schuhe, Inlineskates, Mountainbikes. Restposten und Auslaufware aus dem Gesamtprogramm. Supertrends und sportive Mode der bekanntesten Markenhersteller.

Ersparnis
Bis 70%. Einzelteile oft noch günstiger.

Ambiente
Laden in Einkaufspassage.

Adressen
1. Sport-Scheck „Hot-Spot" – Ostbahnhof, Orleansplatz 11, 81667 München, Telefon: 0 89/44 90 03 41, Fax: 44 90 03 42.
2. „Hot-Spot" – Olympia-Einkaufszentrum, Hanauer Straße 85, 80993 München, Telefon: 0 89/14 07 96 61, Fax: 14 07 96 92.

Öffnungszeiten
Montag bis Freitag 10.00 bis 20.00 Uhr, Samstag 9.00 bis 16.00 Uhr.

Anreise
Zu 1.: Der Shop Orleansplatz liegt im Stadtteil Haidhausen und ist am besten mit der U-Bahn oder dem Bus zu erreichen.
Zu 2.: Der Shop liegt direkt am Olympia-Einkaufszentrum. Eine S-Bahn-Haltestelle liegt etwas nördlicher, „Fasanerie".

München Tag- und Nachtwäsche, Dessous

Mit 2000 Beschäftigten und einem Jahresumsatz von ca. 250 Millionen Euro ist Triumph International Spitzenreiter aller Wäschehersteller in Deutschland.

Für den Körper, für die Sinne

Warenangebot
Für Damen: Tagwäsche, Nachtwäsche, Bade- und Strandmoden, Homewear. Speziell: Dessous, Ästhetische Funktion (Form & Beauty), Tagwäsche (behappy), Sport-BHs (triaction), Jugend (BeeDees), Slip-Programme, Mamabel Still-BHs. Für Herren: Tagwäsche, Nachtwäsche, Bademoden.

Ersparnis
Ca. 20% bis 50% u.a. auf Auslaufmodelle, Retouren, Muster. Kein SSV/WSV.

Ambiente
Haupteingang, dann über den Hof dem roten Schild „Hausverkauf" folgen. Ware teilweise originalverpackt oder auf Ständern wie im Fachgeschäft. Preise sind ausgezeichnet. Anprobieren nicht möglich. Ideal ist es daher, wenn man sein Triumph-Modell bereits kennt.

Adresse
Triumph International Holding GmbH, Marsstraße 40-44, 80323 München, Telefon: 01 80/4 96 09 60 (zum Ortstarif).

Öffnungszeiten
Montag bis Donnerstag 9.00 bis 16.00 Uhr, Freitag 9.00 bis 13.00 Uhr.

Weitere Verkaufsstellen
- 73430 **Aalen**, Industriestraße. Montag bis Donnerstag 10.00 bis 11.45 und 14.00 bis 17.30 Uhr, Freitag 10.00 bis 16.30 Uhr.
- 73538 **Heubach**, Fritz-Spiesshofer-Straße. Montag bis Donnerstag 10.00 bis 12.00 und 14.30 bis 17.30 Uhr, Freitag 10.00 bis 16.00 Uhr.

Anreise
In München zum Hauptbahnhof fahren, dann weiter in westlicher Richtung. Die Marsstraße verläuft parallel zu den Gleisen (nördlich). Triumph rechts neben Brauerei Spaten.

München-Allach Sportbekleidung und -ausrüstung

Mit ca. 2000 m² Verkaufsfläche gehört Sport bittl München sicherlich zu den größten Lagerveräufen. Sportausrüstung und Sportbekleidung für alle gängigen Sportarten lassen sich hier auf zwei Stockwerken „schnappen".

Der Sport-Riese

Warenangebot
1.-Wahl-Ware aus der Vorsaison, Restposten und Überhänge. Mountainbikes, Rennräder, Tourenräder, Kinderräder, Radsportbekleidung, Trainings- und Fitnessbekleidung, Fitnessgeräte, Wander-, Berg- und Skischuhe, Outdoor-Bekleidung, Langlauf- und Alpinski, Skibindungen, Skistöcke, Snowboards, Schlittschuhe, Rollerskates, Tennisschläger, Golftaschen, Rucksäcke, Sport- und Freizeitschuhe, Bademoden, Spielwaren-Shop.

Ersparnis
Ca. 15% bis 50%. Kein WSV/SSV, aber Sonderverkaufsaktionen mit nochmaligem Preisnachlass bis 20%.

Ambiente
Lagerverkauf auf zwei Stockwerken; nüchternes, schmuckloses Ambiente. Großparkplatz.

Adresse
Sport bittl München, Elly-Staegmeyr-Straße 11, 80999 München-Allach, Info-Telefon: 0 89/8 921 91 45, Internet: www.bittl.de

Öffnungszeiten
Nur jeden 2. Samstag von 9.00 Uhr bis 16.00 Uhr (vorher anrufen oder im Internet nachsehen).

Anreise
A9 Nürnberg-München, Autobahnkreuz München-Nord in Richtung Stuttgart A99, Ausfahrt Ludwigsfeld in Richtung München auf der Dachauer Straße, nach dem Rangierbahnhof rechts abbiegen in die Ludwigsfelder Straße bis zur Eversbuschstraße, hier links bis zur Esmarchstraße, weiter geradeaus bis es auf der rechten Seite zum bittl-Lagerverkauf geht, dann der Beschilderung folgen.

Marc O'Polo

Marc O'Polo - moderne, innovative Casualwear aus überwiegend natürlichen Materialien für junge Erwachsene und Kinder. Die Marke ist im hochwertigen Segment angesiedelt.

Sportliche Mode

Warenangebot
Herren: Jacken, Mäntel, Pullover, Hemden, Sweatshirts, Hosen, Jeans, Sportswear. Schuhe, Taschen, Accessoires. Damen: Jacken, Mäntel, Röcke, Hosen, Kleider, Pullover, Blusen, Sweatshirts, Jeans, Underwear. Taschen, Schuhe, Accessoires. Kinder: Jacken, Pullover, Hemden, Blusen, Sweatshirts, Hosen, Jeans.

Ersparnis
30 bis 60%. Ware ist Vorjahreskollektion. Im Schlussverkauf noch einmal erhebliche Preisreduzierungen bis zu 60%.

Ambiente
Präsentation wie in einer Boutique, fachkundige Beratung, aufmerksames Personal. Große Auswahl. Preise ausgezeichnet. Ware generell vom Umtausch ausgeschlossen.

Adresse
Marc O'Polo Lagerverkauf, Lena-Christ-Straße 46, 80807 München-Martinsried, Telefon: 0 89/8 57 68 95.

Öffnungszeiten
Montag bis Freitag 10.00 bis 20.00 Uhr, Samstag 10.00 bis 16.00 Uhr.

Weitere Verkaufsstelle
● 14057 **Berlin-Charlottenburg**, Kaiserdamm 7, Telefon: 0 30/3 25 61 60. Montag bis Freitag 10.00 bis 19.00 Uhr, Samstag 10.00 bis 16.00 Uhr.

Anreise
Von München-Stadtmitte Richtung Gräfelfing (auf Würmtalstraße). Vor Gräfelfing links ins Gewerbegebiet Martinsried, nächste Straße links. Die Firma befindet sich im letzten Haus links vor der Kurve. Der Eingang ist an der Rückseite des Hauses (von der Straße aus).

München-Milbertshofen Wasch- und Reinigungsmittel

DIE QUALITÄT

Hochwirksam gegen Schmutz, umweltschonend und wirtschaftlich – das sind die Prinzipien bei der Herstellung der Dr.-Schnell-Reinigungsmittel.

Die Reinigungskraft

Warenangebot
Reinigungsmittel für Küche, Bad, Böden, Teppiche, Kleidung und Geschirr. Produkte für die Körperpflege: Waschemulsionen (seifenfrei), seifenfreie Waschstücke und Körperlotionen.

Ersparnis
Von dem Einkaufspreis für Unternehmen werden noch 10% abgezogen (weil Selbstabholer).

Ambiente
Im einfachen Ladengeschäft wird das gesamte Sortiment präsentiert; große und kleine Packungen erhältlich (die Großpackungen für Gastronomiebetriebe beispielsweise sind sehr günstig); Parkplätze vor dem Haus; Verkauf sehr gut beschildert.

Adresse
Dr.Schnell GmbH, Taunusstraße 19, 80807 München-Milbertshofen, Telefon: 089/350608-0, Internet: www.dr-schnell.de.

Öffnungszeiten
Montag bis Freitag 8.00 bis 17.00 Uhr.

Anreise
Firma im Nordosten von München, in Milbertshofen; man orientiert sich von Stadtmitte aus immer Richtung „Mittlerer Ring"; nach Olympiazentrum links nach Milbertshofen auf die Frankfurter Straße; die zweite Querstraße links ist die Taunusstraße; Betrieb nach ca. 50 m.

München-Milbertshofen — Damen- und Herrenbekleidung

www.hallhuber.de

Der Münchener Modehersteller ist deutschlandweit mit rund 55 Filialen vertreten. Hallhuber produziert hochwertige Basics und trendige Mode zu erschwinglichen Preisen, einige Designermarken runden das Programm ab.

Hochwertiges günstig

Warenangebot
Umfangreiches Sortiment wie in den Filialen, aktuelle und vergangene Saisons, Damen- und Herrenbekleidung, Accesoires und ein kleines Sortiment an Schuhen.

Ersparnis
Ca. 15 bis 50%, bei Einzelteilen bis zu 70%. Im WSV/SSV zusätzliche Rabatte auf aktuelle Ware.

Ambiente
Ca. 300 m² großer Verkaufsraum (Filiale Nürnberg ca. 120 m²), Preisauszeichnung, Umkleidekabinen, Spiegel. Umtausch nur gegen Ware und Kassenbon.

Adresse
Hallhuber GmbH, Taunusstraße 49, 80807 München-Milbertshofen, Telefon: 0 89/35 62 41 38.

Öffnungszeiten
Montag und Dienstag 11.00 bis 18.30 Uhr, Mittwoch bis Freitag 11.00 bis 20.00 Uhr, Samstag 10.00 bis 16.00 Uhr.

Weitere Verkaufsstellen
● 85599 **Parsdorf,** Heimstettener Straße 1 (gegenüber von Segmüller), Telefon: 0 89/90 47 65 22. Montag bis Freitag 10.00 bis 19.00 Uhr, Samstag 9.00 bis 16.00 Uhr.
● 90403 **Nürnberg**, Ludwigsplatz 7, Telefon: 09 11/2 01 97 42. Montag bis Freitag 10.00 bis 20.00 Uhr, Samstag 10.00 bis 16.00 Uhr.

Anreise
A9 Richtung München, Ausfahrt Frankfurter Ring, dem Straßenverlauf folgen, die Taunusstraße (Milbertshofen) zweigt nach rechts vom Frankfurter Ring ab. U-Bahn-Station Frankfurter Ring, U2 und U8, Bushaltestelle Ingolstädter Straße, Linie 36.

WIRKES LEDERMODEN

Das umfangreiche Sortiment stammt nur zum Teil aus eigener Produktion, der Rest aus Großeinkauf bei bekannten Firmen.

Landhaus & Tracht

Warenangebot
Große Auswahl an Landhausmode und Tracht in allen Preislagen: über 50 verschiedene Modelle kurze und lange Trachtenhosen in Wildbock und Hirsch (auch Maßanfertigung). Über 100 verschiedene Modelle Dirndl und Kleider, Hemden, Janker in Leder, Strick und Walk.

Ersparnis
Ca. 25 bis 30 %.

Ambiente
Sehr gute, freundliche Beratung, Ware übersichtlich präsentiert, Änderungsservice.

Adresse
Gebr. Wirkes, Taunusstraße 51, 80807 München-Milbertshofen, Telefon: 089/3 59 93 50.

Öffnungszeiten
Montag bis Donnerstag 9.30 bis 19.00 Uhr, Freitag 9.30 bis 20.00 Uhr, Samstag 9.00 bis 16.00 Uhr, vor Weihnachten bis 18.00 Uhr.

Weitere Verkaufsstellen
● 90431 **Nürnberg**, Sigmundstraße 175, Telefon: 09 11/65 22 02

Vor allem Ledermode:
● 93059 **Regensburg**, Im Gewerbepark C 40, Telefon: 09 41/4 02 02 40
● 86153 **Augsburg**, Wertachstraße 1912, Telefon: 08 21/42 52 12
● 97076 **Würzburg**, Nürnberger Straße 86, Telefon: 09 31/2 87 63 90

Anreise
Die Taunusstraße liegt im Norden von München. Von der A8 kommend Ausfahrt Frankfurter Ring, einige km bis zur Kreuzung (Brücke) Leopoldstraße/Ingolstädter Straße, noch ca. 300 m geradeaus, dann rechts.

München-Milbertshofen

LODEN-FREY OUTLET

Loden-Frey, längst weit über die Grenzen Bayerns für Top-Mode bekannt, gehört zu den führenden Bekleidungshäusern Europas. Nicht nur traditionelle Loden- und Trachtenbekleidung, sondern auch ein reichhaltiges Angebot an aktueller und hochwertiger Mode international bekannter Designer-Labels für Damen, Herren und Kinder gehört zum festen Sortiment von Loden-Frey.

Von Cerruti bis Meindl ...

Warenangebot
Ein ausgewähltes Sortiment hochwertiger Einzelstücke aus den Designerkollektionen (wie z.B. Armani, Bogner und Windsor). Auch die Highlights der klassischen bayerischen Trachtenmode für die ganze Familie.

Ersparnis
1.-Wahl-Ware 20 bis 50%. Im SSV/WSV bis 70% zusätzliche Ersparnis.

Ambiente
Weitläufige, helle und freundliche Verkaufsräume, die durch das besondere Ambiente des „Trachtenhäusels" perfekt ergänzt werden. Kompetente und freundliche Beratung.

Adresse
Loden-Frey Outlet, Triebstraße 36-38, 80993 München-Moosach, Telefon: 0 89/14 90 08 10, Fax: 14 90 08 80.

Öffnungszeiten
Montag bis Freitag 9.30 bis 18.00 Uhr, Samstag 9.00 bis 16.00 Uhr. Keine Werksferien.

Anreise
Verkauf nordwestlich vom Olympiapark. Die Triebstraße ist die Verbindungsstraße Ost-West im Norden Münchens. Oder ab U-Bahn-Station Olympiazentrum mit Omnibus 36/136/41 bis Haltestelle Lasallestraße.

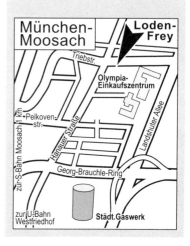

Neu-Ulm — Lederwaren

Jérome Leplats oberstes Prinzip ist es, edle Materialien zu hochwertigen Lederwaren zu verarbeiten.

Das Original

Warenangebot
Damenhandtaschen, Herrengelenktaschen, Reisetaschen, Kulturtaschen aus Leder, Ledertaschen und -beutel, Kosmetikkoffer, große Auswahl an Kleinlederwaren, Krawatten, Tücher, Gürtel.

Ersparnis
Ca. 20 bis 40%.

Ambiente
Präsentation wie in einem Fachgeschäft. Fachkundige Beratung und Preisauszeichnung, Kataloge sind erhältlich, jedoch nicht von allen Artikeln 2.-Wahl-Angebote.

Besonderheiten
Jérome-Leplat-Artikel sind Waren im oberen Preissegment. Hier ist Ware mit kaum erkennbaren Fehlern günstig zu erwerben. Großes Angebot auch an Geschenkartikeln.

Adresse
Jérome Leplat, Max-Eyth-Straße 39, 89231 Neu-Ulm, Telefon: 07 31/ 7 25 37-10.

Öffnungszeiten
Dienstag bis Freitag 9.00 bis 12.00 und 14.00 bis 18.00 Uhr oder nach Vereinbarung.

Anreise
Von der A8 aus Stuttgart oder München kommend: Ausfahrt Ulm-West, Richtung Ulm, Ausfahrt Neu-Ulm. Dann links, immer geradeaus. Nach der 3. Ampel: rechts Schild Max-Eyth-Straße, diesem folgen, dann rechts. Auf der Max-Eyth-Straße immer geradeaus, über eine Ampelanlage, dann nach ca. 450 m. Von der A7 aus Richtung Kempten, Lindau kommend: Autobahndreieck Hittistetten, Richtung Senden, Neu-Ulm. Nach ca. 10 km Ausfahrt Neu-Ulm, weiter s.o.

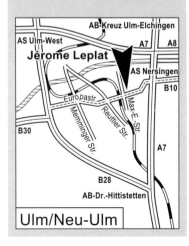

TRIXI SCHOBER

Trixi Schober steht für edle, effektvolle Mode und ist doch ganz schlicht geschnitten. Eine Marke, die sehr oft in Zeitschriften wie Vogue, Elle, Freundin, Brigitte und Burda International zu finden ist.

Klare Linie

Warenangebot
Nobel-Look im gehobenen Preissegment: Mäntel, Jacken, Kostüme, Kleider, Blusen, Hosen, Röcke, Westen, Abendgarderobe.

Ersparnis
40 bis 50% auf 1. Wahl. Zusätzliche Preisersparnis im SSV/WSV von 10 bis 50%.

Ambiente
Nach Eingang rechts in den Verkauf. In heller, kühler Atmosphäre ist die Ware auf Ständerreihen akkurat präsentiert. Besucherparkplätze.

Adresse
Trixi Schober Bekleidungsfabrik, Hauptstraße 48, 94127 Neuburg a. Inn-Neukirchen, Telefon: 0 85 02/4 75.

Öffnungszeiten
Montag bis Freitag 9.00 bis 12.00 und 13.00 bis 17.00 Uhr, Samstag geschlossen.

Anreise
Neuburg am Inn liegt ca. 8 km südwestlich von Passau. A3 Passau-Regensburg, Ausfahrt Passau-Süd, nach Neuburg-Neukirchen. Die Hauptdurchgangsstraße im Ort ist die Hauptstraße. Firma am Ortsende rechts.

Otto Bittel.

Reichhaltiges Angebot für Babys bis hin zu den reiferen Jahrgängen, die vor allem auf Qualität achten und auf kurzlebige Modegags verzichten.

Qualität und Tradition

Warenangebot
Marken-Vollsortiment angefangen bei Damen-, Herren-, Baby- und Kinderbekleidung über Strumpfwaren, Miederwaren, Wäsche und Nachtwäsche für jedes Alter und jeden Anspruch bis hin zu Bettwäsche, Frottierwaren, Wolle und Berufsbekleidung, Kleiderröcke, Schürzen und Kurzwaren; ausschließlich Markenware.

Ersparnis
1.-Wahl-Ware: bei Markenware 20 %, bei Ware aus eigener Fertigung bis zu 60 %. Zusätzliche Ersparnis im WSV/SSV mindestens 25 %. Im Schnäppchenmarkt werden Restposten, B-Ware, Überproduktionen und Einzelteile bis zu 70 % günstiger angeboten.

Ambiente
Der knapp 400 m² große Laden ist trotz seiner Größe oft sehr voll; lässt man sich etwas Zeit, findet man alles. Die Fachverkäuferinnen helfen gerne.

Adresse
Mode- und Wäschehaus Bittel OHG, Waldstraße 22, 91564 Neuendettelsau, Telefon: 0 98 74/42 94, Fax: 43 19.

Öffnungszeiten
Montag bis Freitag 9.00 bis 18.00 Uhr, Samstag 9.00 bis 13.00 Uhr.

Anreise
A6 (Nürnberg – Heilbronn), Ausfahrt 54 Neuendettelsau, nach Neuendettelsau, durch Ort hindurch bis zum Bahnübergang, die nächste Straße rechts bis zum Ende durchfahren, man trifft genau auf Fabrik.

Die Firma produziert Herren- und Damenhosen im klassischen und modischen Stil. Zudem verkauft sie Jeans und Freizeitbekleidung.

Für jeden Po gibt's eine Hose ...

Warenangebot
Riesige Auswahl an Herren- und Damenhosen, Hemden, Blusen, Blazer, T-Shirts, Damenkombinationen aus T-Shirt-Stoff, Marken-Jeans von Levis, Diesel, Lee, Wrangler, Mustang, h.i.s., Pioneer, Krawatten, Sakkos, Sweatshirts, Pullis, sportliche Jacken.

Ersparnis
Bis 20%. Bei Barkauf zusätzlich 10% bei Hosen und Jeans. Im WSV/SSV nochmals bis 20% reduziert.

Ambiente
Ware wie im Fachgeschäft präsentiert; vier Umkleidekabinen; Parkplätze vor dem Haus. Sofort-Änderungs-Service; Tele-cash; Übergrößen auch bei Jeans.

Adresse
Hosen Löhr, Waldstraße 21, 91564 Neuendettelsau, Telefon: 0 98 74/52 11.

Öffnungszeiten
Montag bis Freitag 8.00 bis 18.00 Uhr, Samstag 8.30 bis 12.30 Uhr.

Anreise
Hosen Löhr befindet sich in Neuendettelsau gegenüber der Kleiderfabrik Otto Bittel. Firma ist ab A6, Anschlussstelle Neuendettelsau, ausgeschildert.

Efruti ist ein weltweit exportierender Hersteller von Fruchtgummi mit international anerkannter Qualität.

Fruchtgummi-Fabrikverkauf

Warenangebot
Fruchtgummi in verschiedenen Formen (auch als Mischung), mit und ohne Farbstoffe, auch mit Fruchtsäften, extra-sauer oder als Schaumzuckerware.

Ersparnis
20 bis 40 %.

Ambiente
Selbstbedienungsladen. Ware übersichtlich in Regalen geordnet.

Adresse
Efruti GmbH & Co KG, Industriestraße 1-3, 92431 Neunburg vorm Wald, Telefon: 0 96 72/9 21 80, Fax: 92 18 11.

Öffnungszeiten
Montag bis Freitag 9.00 bis 12.00 und 13.00 bis 17.00 Uhr.

Anreise
A93/E50 Regensburg-Weiden, Ausfahrt 31, Schwarzenfeld. Richtung Neunburg vorm Wald. Am Ortsanfang von Neunburg bleibt man auf der Umgehungsstraße, die direkt ins Industriegebiet führt.

Neustadt/Aisch — Bettwäsche

ESTELLA®
Ambiente für mein Bett

Das Unternehmen ist führender Hersteller moderner Markenbettwäsche und farblich abgestimmter Bettücher. Die Spezialität des Hauses ist eine bügelfreie Interlock-Jerseybettwäsche aus ägyptischer Mako-Baumwolle mit praktischem Reißverschluss zum einfachen und schnellen Beziehen.

Ambiente für das Bett

Warenangebot
Bettwäsche in Mako-Satin, Mako-Jersey, auch Edelflanell-Bettwäsche, Frottierwäsche, Jersey-Spannbettücher, Kinderbettwäsche, Kissenprogramme.

Ersparnis
30 bis 50%, noch günstiger bei 1B-Ware und Sonderangeboten. Kein WSV/SSV.

Ambiente
Fabrikverkauf im vorderen Teil der Lager- und Versandhalle. Riesenauswahl, sehr übersichtlich präsentiert. Die Ware ist preisausgezeichnet. Freundliches Personal. Parkplätze direkt vor dem Gebäude.

Adresse
Estella-Ateliers – Die besondere Bettwäsche GmbH, Josef-Kühnl-Weg 1-3, 91413 Neustadt/Aisch, Telefon: 09161/66069, Internet: www.estella.de, E-Mail: info@estella.de.

Öffnungszeiten
Montag, Dienstag, Mittwoch, Freitag 9.30 bis 18.00 Uhr, Donnerstag 9.30 bis 20.00 Uhr, Samstag 9.30 bis 16.00 Uhr.

Anreise
In Neustadt/Aisch die B470 Richtung Rothenburg o.d. Tauber fahren. Firma am Ortsende auf der rechten Seite. Man erreicht sie über die Karl-Eibl-Straße.

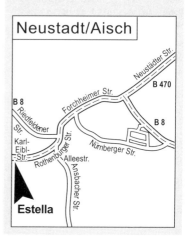

Die traditionsreiche Puppenfabrik mit der internationalen Marke „Lissi" bietet Puppen in über 1000 Modellen an. Ständiges Verkaufslager von über 10.000 Puppen. Ferner Spiel- und Sammlerpuppen, Puppenwagen mit Zubehör.

Lissi-Puppen in aller Welt

Warenangebot
Kleinpuppen, Babypuppen von 15 bis 65 cm, Nostalgiepuppen, preisgekrönte Sammlerpuppen, Spielpuppen, Puppenwagen und -bekleidung. Ständig Sonderposten.

Ersparnis
Je nach Artikel 25 bis 30 %.

Ambiente
Ansprechende Präsentation der Ware in der Hauptverkaufsstelle im Ortsteil Wildenheid, Hutstraße 31.

Besonderheiten
Museum der Deutschen Spielzeugindustrie in Neustadt: geöffnet täglich von 10.00 bis 17.00 Uhr. Führung möglich, aber Voranmeldung unter Telefon: 0 95 68/56 00.

Adresse
Lissi Bätz GmbH, Hauptstraße 31, 96465 Neustadt-Wildenheid bei Coburg, Telefon: 0 95 68/92 10 93 und 21 66, Fax: 92 10 99.

Öffnungszeiten
Montag bis Donnerstag 8.00 bis 12.30 und 13.00 bis 17.00 Uhr, Freitag 8.00 bis 12.30 Uhr.

Anreise
B4 von Coburg nach Neustadt bei Coburg, Richtung Altenpflegeheim, dann nach links abbiegen. Ortsteil Wildenheid. Vorbei am Hallenbad, in Wildenheid erste Straße rechts abbiegen. Noch ca. 500 m zu Firma Lissi Bätz (rechte Seite).

Die Altbayerische Krystall Glashütte ist keine Glashütte, sondern ein Ladengeschäft, in dem sich alles ums Glas dreht. Nicht zu verwechseln mit dem echten Fabrikverkauf des Glasherstellers Nachtmann ca. 150 m weiter südlich. Dennoch ist die Altbayerische Krystall Glashätte einen Besuch wert, die Ware ist dort nicht unbedingt teurer ist als bei Nachtmann.

Funkelndes Spitzen-Design

Warenangebot
Echt- und Bleikristall, Glas- und Kristallprogramm der Marken F. X. Nachtmann, Marc Aurel, Spiegelau, Leonardo.

Ersparnis
1. Wahl ca. 20 %, 2. Wahl ca. 40 %. Sonderpreise bis 50 %. Kein SSV, kein WSV.

Ambiente
Freundliche und fachkundige Bedienung, ruhige Einkaufsatmosphäre. Schau-Glashütte, Brotzeitstüberl.

Besonderheiten
In ganz Neustadt gibt es interessante Ladengeschäfte, in denen Glas und Porzellan angeboten wird. Für Porzellan ist und bleibt allerdings Selb die erste Adresse in Deutschland. Folgende Marken wurden in Neustadt/Waldnaab entdeckt: Villeroy & Boch, Goebel (Hummel-Figuren) und Swarovski. Ganzjähriger Weihnachtsmarkt mit Geschenkartikeln zu jeder Gelegenheit.

Adresse
Altbayerische Krystall Glashütte, Judengraben 1, 92660 Neustadt/Waldnaab, Telefon: 0 96 02/9 44 09-0, Fax: 9 44 09-29, E-Mail: altbayerische@krystallglashuette.de, Internet: www.krystallglashuette.de.

Öffnungszeiten
Montag bis Freitag 9.30 bis 18.00 Uhr, Samstag 9.30 bis 14.00 Uhr.

Anreise
A93, Regensburg-Hof, Ausfahrt Neustadt/Altenstadt. Durch Altenstadt Richtung Neustadt. Dort Wegweiser zu Firma Nachtmann folgen.

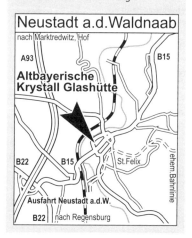

Nachtmann

Die Hauptattraktion in Neustadt an der Waldnaab ist der Fabrikverkauf der F.X.Nachtmann Bleikristallwerke. Erlesenes erschwinglich machen – so lautet die Maxime der Firma, die hochwertige Trinkglasgarnituren anbietet.

Erlesenes erschwinglich

Warenangebot
Große Auswahl in 2. Wahl. Trinkglasgarnituren, Vasen, Kerzenleuchter, Geschenkartikel von Nachtmann und Marc Aurel. Tisch- und Deckenleuchter.

Ersparnis
Ca. 40% unter Ladenverkaufspreis. „Schnäppchen" und Restposten bis über 50%. Sonderverkäufe, kein SSV/WSV.

Ambiente
Verkauf neben dem Fabriktor (rote Türe), Fachkundiges Personal. Großer Parkplatz.

Besonderheiten
In Neustadt an der Waldnaab gibt es neben dem echten Fabrikverkauf von Nachtmann auch interessante Ladengeschäfte, in denen Glas und Porzellan angeboten wird. Als Richtschnur für Vergleiche eignen sich die Preise hier.

Adresse
F. X. Nachtmann Bleikristallwerke GmbH, Zacharias-Frank-Straße 7, 92660 Neustadt/Waldnaab, Telefon: 09602/301176, Internet: www.nachtmann.de.

Öffnungszeiten
Montag bis Freitag 9.00 bis 18.00 Uhr, Samstag 9.00 bis 14.00 Uhr.

Weitere Verkaufsstellen
● 94227 **Zwiesel**, Kristallerie Nachtmann, Theresienthal 51, Telefon: 09922/609617, Fax: 609616.
● 94566 **Riedlhütte**, Glashüttenstraße 1, Telefon: 08553/252430.
● 94518 **Spiegelau**, Hauptstraße 2-4, Telefon: 08553/24191, Fax: 91047.

Anreise
A93, Ausfahrt Neustadt/Altenstadt, durch Altenstadt Richtung Neustadt, dort Wegweiser zur Firma.

MODA BERRI

Es gibt viele Gründe, gut gelaunt zu sein. Die breite Palette von frecher italienischer, sportlicher und klassisch-eleganter Mode aus Paris bringt gute Laune für sportlich Aktive genauso wie für die Klassik-Kunden.

Mode von Rom bis Paris

Warenangebot
Jeans, Hosen, Sweatshirts, Pullis, Blusen, Hemden, Mäntel und Jacken, Anzüge für Damen und Herren, Blazer, Strickkleider und Röcke.

Ersparnis
10 bis 25%.

Ambiente
Gepflegtes, großzügiges Ladenlokal. Großes Angebot an 2. Wahl. Umtausch der Ware ausgeschlossen.

Adresse
Moda Berri GmbH, Berliner Straße 3, 93073 Neutraubling, Telefon: 09401/7890.

Öffnungszeiten
Montag bis Freitag 10.00 bis 18.00 Uhr, Samstag 10.00 bis 14.00 Uhr.

Anreise
Neutraubling liegt bei Regensburg. Von der A3 Regensburg kommend nach Ausfahrt Neutraubling Richtung Ortsmitte, die 3. Querstraße links. Verkauf nach ca. 150 m auf der linken Seite, Eingang bei den Besucherparkplätzen.

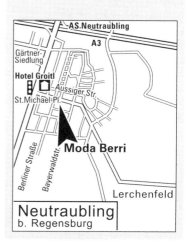

Voll im Trend liegen Schnitte und Dessins der sportlich-legeren Hosenmode von The Best by Baumstark. Lässig, leicht auch spielerisch, insgesamt sehr frisch und natürlich wirken die Damen- und Herrenhosen dieses Herstellers.

Wer hat die Hosen an?

Warenangebot
1. und 2. Wahl: Damen- und Herrenhosen von der Anzughose bis zur Jeans in modischen Waschungen und Finish.

Ersparnis
Ca. 50%. Im WSV/SSV bis zu 50% zusätzliche Ersparnis.

Ambiente
Präsentation wie in schlichtem Fachgeschäft; sechs Umkleidekabinen; Herrenmode in der rechten Raumhälfte, die Damen suchen links; 2.-Wahl-Ständer mit Extraangeboten.

Adresse
The Best by Baumstark, Bayerwaldstraße 57, 93073 Neutraubling, Telefon: 0 94 01/9 47-0.

Öffnungszeiten
Montag bis Freitag 9.00 bis 18.00 Uhr. Samstag 9.30 bis 12.30 Uhr.

Anreise
A3 (Regensburg-Passau), Ausfahrt Neutraubling. An der 1. Ampel links, dieser Straße weiter folgen. Baumstark ist auf der linken Seite in rot-weißem Haus.

STRENESSE

Die Kollektionen von Gabriele Strehle stehen für die leisen Töne: versteckter Luxus, überlegene Schnittführung, einzigartige Stoffe, hoher Qualitätsstandard.

Designermode mit Gefühl

Warenangebot
Sehr große Auswahl an Damenbekleidung, gutes Sortiment an Schuhen und Accessoires.

Ersparnis
30 bis 50%. Bei Saisonschlussverkäufen und in der Fundgrube (Einzelteile) nochmals 50%.

Ambiente
Heller, großzügiger Verkaufsraum, Ware übersichtlich präsentiert, mit vielen Umkleidekabinen.

Besonderheiten
Die Altstadt von Nördlingen gehört zu den schönsten mittelalterlichen Städten in Deutschland.

Adresse
Strenesse AG, Gewerbestraße 10-14, 86720 Nördlingen/Ries, Telefon: 09081/8070, Fax: 6448, E-Mail: info@strenesse.com.

Öffnungszeiten
Dienstag und Mittwoch 10.00 bis 18.00 Uhr, Donnerstag und Freitag 10.00 bis 20.00 Uhr, Samstag 9.00 bis 16.00 Uhr.

Weitere Verkaufsstelle
● 72555 **Metzingen**, Lindenplatz 3, Telefon: 07123/72000, Fax: 720010. Öffnungszeiten: Montag bis Freitag 10.00 bis 20.00 Uhr, Samstag 9.00 bis 16.00 Uhr.

Anreise
A7, Würzburg-Ulm, Ausfahrt 114, Aalen-Westhausen. Über Bopfingen nach Nördlingen. In Nördlingen Richtung Wemding ins Industriegebiet. Dort Wegweiser Strenesse folgen. Verkauf ist gut ausgeschildert.

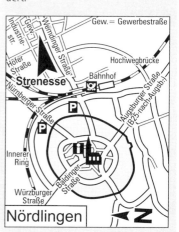

Die Weltmarke Nike eröffnet neue Vertriebswege mit dem ersten Factory Store in Nürnberg.

Nike. Just do it.

Warenangebot
Produkte aus den Vorsaisons, vorwiegend 1. Wahl, Muster- und B-Ware, Restposten, Überhänge. Für Damen, Herren und Kinder: Textilien, Schuhe, Equipment, Accessoires für Fußball, Tennis, Running, Fitness, Outdoor, Golf, Basketball, Bälle, Taschen, Rucksäcke, Uhren, Brillen.

Ersparnis
30 bis 60%. Im SSV/WSV 30 bis 60% zusätzliche Ersparnis.

Ambiente
Ca. 700 m² Verkaufsfläche, gute Parkplatzsituation vor und hinter dem Geschäft, geschultes Personal.

Besonderheiten
Gute Autobahnanbindung. Umtausch bis 30 Tage nach Kauf möglich.

Adresse
Nike Factory Store, Sigmundstraße 153, 90431 Nürnberg, Telefon: 09 11/9 61 26 30. Fax: 96 12 63 10.

Öffnungszeiten
Montag bis Freitag 10.00 bis 19.00 Uhr, Samstag 10.00 bis 16.00 Uhr.

Anreise
Von der A73-Bamberg/Erlangen kommend Ausfahrt Nürnberg/Fürth. Auf der Nürnberger bzw. Fürther Straße bis zur Kreuzung Sigmundstraße, rechts ab, geradeaus bis zum Factory Store. Von der A9 Heilbronn-Nürnberg kommend Ausfahrt Autobahnkreuz Nürnberg-Feucht, Abfahrt Kleinreuth, an der Ampel rechts. Geradeaus, ca. 1 km rechts Nike-Factory Store.

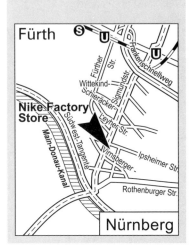

QUELLE. FUNDGRUBE

Weit unter den Katalogpreisen verkauft Quelle hier Überhänge und 2.-Wahl-Ware aus dem Katalogsortiment. Und so sieht auch das breit gefächerte Angebot aus: Ware von A wie Autoradios bis Z wie Zelte.

Superpreise in der Fundgrube

Warenangebot
Ständig wechselndes Angebot an Bekleidung für Damen, Herren und Kinder, Haushaltswaren, Spielwaren, Sportgeräte und Elektrogeräte, wie z.B. Mikrowellen, Herde, Waschmaschinen, Trockner, Kühlschränke, Gefriertruhen und Kühl-/Gefrierkombinationen, Hifi-Geräte. Kleinmöbel und Polstergarnituren.

Ersparnis
Elektrogeräte ca. 30%, Bekleidung ca. 50%. Auch SSV/WSV. Bei Aktionen sind Einsparungen bis zu 70% (Textil) und 50% (Sonstiges) möglich.

Ambiente
Dieser Verkauf nennt sich „Quelle Fundgrube" und ist nicht mit dem Quelle-Einkaufszentrum zu verwechseln (das Quelle-EKZ ist am anderen Ende des gleichen Gebäudekomplexes).

Adresse
Quelle Fundgrube, Fürther Straße 205, 90429 Nürnberg, Telefon/Fax: 09 11/1 42 83 98.

Öffnungszeiten
Montag bis Freitag 9.00 bis 19.00 Uhr, Samstag 9.00 bis 16.00 Uhr.

Weitere Quelle-Fundgruben
Es gibt über 100 Quelle Fundgruben in Deutschland. Die Standorte können am Infotelefon 09 11/1 42 45-30 oder –32 erfragt werden. Diese Adressen stehen auch unter www.quelle.de im Internet.

Anreise
Von Fürth nach Nürnberg (auf Fürther Straße). Direkt hinter der Quelle-Tankstelle befindet sich im ehemaligen Versandgebäude rechts die Quelle Fundgrube. Vor dem Gebäude großer Kundenparkplatz und Tiefgarage. U-Bahn: Eberhardshof.

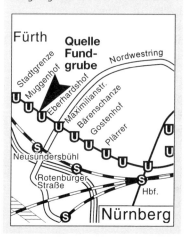

Nürnberg — Schulranzen, Freizeittaschen, Rucksäcke

Die hochwertig verarbeiteten Schulranzen sind mehrmals von der Stiftung Warentest mit „sehr gut" ausgezeichnet worden. Hoher Tragekomfort, Leichtigkeit und ein hoher Sicherheitsstandard zeichnen Scout-Schulranzen aus.

Fünf-Sterne-Schulranzen

Warenangebot
Scout-Schulranzen, 4You-Freizeitrucksäcke, 4You-Sonnenbrillen, Federmäppchen, Schultüten, Freizeittaschen, Wechselbilderrahmen, Schmuckkästchen der Marke „Windrose". Auslaufmodelle und 2.-Wahl-Ware ohne Funktionsbeeinträchtigung.

Ersparnis
Etwa 35%. Kein SSV/WSV, aber Sonderaktionen zum Beispiel zu Ostern und Schulbeginn.

Ambiente
Der Lagerverkauf befindet sich im Keller. Die Ware ist einfach und großzügig präsentiert, preisausgezeichnet. Gute Parkmöglichkeit entlang der Raudtener Straße.

Besonderheiten
Die Ware ist vom Umtausch ausgeschlossen, Garantie ist gewährleistet.

Adresse
Hans Kottek GmbH & Co. KG, Raudtener Str. 17, 90475 Nürnberg, Telefon: 09 11/98 43/2 15 (nur während der Öffnungszeiten).

Öffnungszeiten
Dienstag 10.00 bis 17.00 Uhr, Donnerstag 10.00 bis 16.00 Uhr.

Anreise
A9 Nürnberg-München, Ausfahrt Nürnberg/Fischbach, weiter Richtung Altenfurt in die Hauptverkehrsstraße/Löwenberger Straße, weiter geradeaus bis zu einer Ampelkreuzung, hier rechts abbiegen auf die Oelser Straße in Richtung Gewerbegebiet, rechts abbiegen in die Raudtener Straße. Firma nach ca. 200 m links.

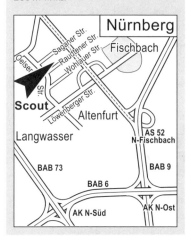

Nürnberg — Möbelstoffe, Dekostoffe

Die Firma Zellner beliefert die „Großen" der Polstermöbelindustrie. Große Auswahl an Möbelstoffflachgeweben und Velours in Modern und Stil.

Neuer Schick für alte Polster

Warenangebot
Velours (uni und gemustert), Jacquard-Velours, Flachgewebe (uni und gemustert), Jacquard-Flachgewebe, Druckstoffe, Dekostoffe und Tischdecken.

Ersparnis
50 bis 70%, Biedermeier-Streifen für Stilmöbel und Veloursstoffe sind besonders günstig. Kein SSV/WSV.

Ambiente
Einfacher Laden; Stoffballen einfach aufgestellt; freundliche Beratung.

Adresse
Zellner Möbelstoffe, Findelwiesenstraße 3, 90478 Nürnberg, Telefon: 0911/452407.

Öffnungszeiten
Montag bis Freitag 12.00 bis 18.00 Uhr, Samstag geschlossen.

Weitere Verkaufsstellen
- 86152 **Augsburg**, Auf dem Kreuz 49, Telefon: 0821/3196774
- 96247 **Michelau/Ofr.**, Gutenbergstraße 11, Telefon: 09571/9797-0
- 93057 **Regensburg**, Isarstraße 17, Telefon: 0941/4672212
- 83026 **Rosenheim**, Klepperstraße 1, Telefon: 08031/470419
- 71063 **Sindelfingen**, Paul-Zweigart-Straße 12, Telefon: 07031/875643

Anreise
Vom Hauptbahnhof Nürnberg in östlicher Richtung auf Bahnhofstraße weiterfahren (Richtung St. Peter), nach Bahnhof die 2. Straße rechts unter den Bahngleisen durch. Die 3. Querstraße rechts ist die Findelwiesenstraße.

Nürnberg-Großreuth — Lebkuchen

Nicht nur Nürnberger Tand geht durchs ganze Land. Ebenso berühmt wie das Spielzeug sind die Nürnberger Lebkuchen.

Hoflieferant des Nürnberger Christkindls

Warenangebot
Elisenlebkuchen, feinste Oblaten-Lebkuchen, Lebkuchenpräsente, Diät- und Vollkornlebkuchen, weiches Kokosfeingebäck, Vollkorngebäck, saftiges Feingebäck mit Piemont-Kirsch-Füllung und Marzipan, runde braune Lebkuchen mit Schokoladenboden, glasiert oder schokoladenüberzogen.

Ersparnis
Ca. 20 bis 30%. Beste Einkaufszeit: September-Dezember.

Adresse
Ferdinand Wolff GmbH & Co., Lebkuchenfabrik, Kilianstraße 96, 90425 Nürnberg-Großreuth, Telefon: 09 11/93 79 30, Fax: 36 47 15.

Öffnungszeiten
Januar bis August: Montag bis Freitag 10.00 bis 18.00 Uhr, September bis 23. Dezember: Montag bis Freitag 8.00 bis 18.00 Uhr, Samstag 8.00 bis 15.00 Uhr.

Anreise
Die Lebkuchenfabrik Wolff liegt im Norden von Nürnberg beim Volkspark Marienberg.

Nürnberg-Langwasser — Lebkuchen

Nürnberger Lebkuchen sind die bekanntesten „Botschafter" der fränkischen Metropole. In der ganzen Welt kennt man die Dosen mit mittelalterlichen Motiven und köstlichem Inhalt.

Wie bei Hänsel und Gretel

Warenangebot
Nürnberger Elisenlebkuchen, Feine Nürnberger Lebkuchen, Nürnberger weiße Lebkuchen, Gewürzplätzchen, Lebkuchen-Hexenhaus „Hänsel und Gretel", Früchtebrot. Nürnberger Vollkornlebkuchen, Vollkornfrüchtebrot, Nürnberger Diabetiker Elisenlebkuchen, Lebkuchen in Geschenkdosen und -Truhen. Feinste Wendler-Nougat-Spezialitäten: Nougat-Barren-Schicht, Edelmarzipan Nougat Baumstamm, feinste Nougat-Pralinen.

Ersparnis
Zum Verkauf gelangen nahezu ausschließlich Sonderabpackungen (zu speziellen Preisen), die der Handel nicht führt. Besonders günstig: Lebkuchenbruch! Beste Einkaufszeit: September bis Dezember.

Ambiente
Stimmungsvoll dekorierter Verkaufsraum im Eingangsbereich der Fabrik, kompetente Bedienung.

Adresse
Schuhmann Lebkuchen GmbH & Co. KG, Kreuzburger Straße 12, 90471 Nürnberg-Langwasser, Telefon: 09 11/99 80 20, Fax: 9 98 02 23.

Öffnungszeiten
Kreuzburger Straße 12: Montag bis Donnerstag 8.00 bis 16.00 Uhr, Freitag 8.00 bis 14.30 Uhr. Hexenhaus auf dem Parkplatz Gleiwitzer Straße/Ecke Breslauer Straße ab September: Montag bis Freitag 9.00 bis 18.00 Uhr, Samstag 10.00 bis 16.00 Uhr.

Anreise
Lebkuchen-Hexenhaus auf dem Parkplatz Gleiwitzer Straße/Ecke Breslauer Straße. Kreuzburger Straße: Einfahrt gegenüber Hallenbad Langwasser.

Premium-Qualität in Confiserieaufmachung zeichnet Wendler-Nougat-Spezialitäten aus. Verwendung erlesener Rohstoffe nach jahrzehntealter Konditortradition. Die aus der ausschließlichen Herstellung von Nougatartikeln erwachsene Kompetenz bürgt für den Geschmack.

Zarter Schmelz

Warenangebot
Umfassendes Sortiment von Nougatspezialitäten: Riegel, Barren, Happen, Pralinen sowie Weihnachts- und Osterartikel (z.B. Baumbehang, „Eier" in unterschiedlichsten Geschmacksrichtungen).

Ersparnis
Bis 30%. Es werden Sonderpackungen verkauft, die es im Einzelhandel nicht gibt. Für diese Sonderpackungen gelten Spezialpreise. Beste Einkaufszeit: September bis Dezember.

Ambiente
Kleiner Laden mit fachkundiger Beratung und Bedienung. Alle Waren sind ausgestellt.

Besonderheiten
An heißen Sommertagen empfiehlt sich das Mitbringen einer Kühltasche, damit die hitzeempfindlichen Nougatspezialitäten nicht bereits auf dem Heimweg die Form verlieren.

Adresse
Josef Wendler GmbH & Co. KG, Kreuzburger Straße 12, 90471 Nürnberg-Langwasser, Telefon: 09 11/9 98 02 10, Fax: 9 98 02 23.

Öffnungszeiten
Montag bis Donnerstag 8.00 bis 16.00 Uhr, Freitag 8.0 bis 14.30 Uhr. Betriebsferien über Pfingsten.

Anreise
Von der A6 Heilbronn-Amberg Kreuz Nürnber-Süd, 58, in Richtung Stadtzentrum fahren. 1. Ausfahrt ist Nürnberg-Zollhaus, über Münchener Straße zur Zollhausstraße. Links in Breslauer Straße, nach ca. 2,5 km links in Kreuzberger Straße, an deren Ende Nougat-Wendler.

| Oberhaching | Ski-, Snowboard-, Sportbekleidung |

Die Outdoor-Bekleidung von Fanatic steht für modische und voll im Trend liegende Sportbekleidung. Farben, Formen und Materialien sprechen vor allem das aktive Publikum an.

Trendmode

Warenangebot
Ski-, Snowboard-, Outdoor-Jacken und -hosen für Damen und Herren. Kindersportbekleidung. Mützen, Fleecepullis, Strickpullis, Badebekleidung.

Ersparnis
Ca. 40% auf 1. Wahl.

Ambiente
Verkauf im Lagerraum, nach Eingang links. Wühlen Sie sich durch: Ware in großen Kartons, Preisliste hängt aus.

Adresse
Ultra Trend Vertrieb GmbH/Fanatic, Grünwalder Weg 28e, 82041 Oberhaching (Gewerbegebiet), Telefon: 089/61 39 31-43.

Öffnungszeiten
Jeden Freitag 8.30 bis 17.30 Uhr.

Anreise
A995 (München-Brunnthaldreieck, südlich von München) Ausfahrt Oberhaching. Geradeaus Richtung Furth. Am 1. Kreisverkehr links, am 2. Kreisverkehr links. Nach Raiffeisenhaus links ins Gewerbegebiet. Firma gegenüber der Pizzeria.

MarJo

Ledermode kann sein wie eine zweite Haut. Hochwertiges Leder und erstklassige Verarbeitung machen Ledermode zu einem Feeling besonderer Art: Es fühlt sich weich an und geschmeidig, wie Samt und Seide. Hier findet man erstklassiges Leder, sorgfältig verarbeitet und mit modischem Schick.

Topmode in Leder

Warenangebot
Landhaus-, Trachten-, Lederbekleidung, junge Mode. Komplettes Trachtenangebot (eigene Kollektionen) wie Blusen, Hemden, Strick. Alles aus eigener Herstellung, Maßanfertigung ist möglich. 2.-Wahl-Teile reduziert auf Lager.

Ersparnis
30 bis 70 %.

Ambiente
Gepflegtes Ladenlokal durch Schild „Verkauf direkt vom Hersteller" gekennzeichnet; blaue Schreibschrift auf dem weißen Haus.

Besonderheiten
Maßanfertigung, große Lederauswahl. Sportive Lederjacken bis Größe 62 bei Herren, bis Größe 52 bei Damen.

Adresse
MarJo, Passauer Straße 4, 94130 Obernzell, Telefon: 0 85 91/9 00 10, Fax: 9 00 15.

Öffnungszeiten
Montag bis Mittwoch 8.30 bis 18.00 Uhr, Donnerstag und Freitag 8.30 bis 18.00 Uhr. Samstag 9.00 bis 12.00 Uhr. Jeden 1. Samstag im Monat 9.00 bis 16.00 Uhr.

Anreise
Obernzell liegt zwischen Passau und Linz. Auf der B388 von Passau kommend, auf der linken Seite gegenüber der Shell-Tankstelle.

Die Produktion von Lederbekleidung wird seit über 40 Jahren betrieben und ist aus der angrenzenden Lederfabrik hervorgegangen: deshalb auch Verkauf von Leder aller Art.

Ein Lederprofi

Warenangebot
Lederbekleidung für Damen und Herren, Sommer und Winter in den verschiedensten Lederarten. Eigen- und Auslandsfertigung.

Ersparnis
20 bis 30% bei Einzelstücken, bei 2. Wahl ca. 50%. Im WSV/SSV nochmals ca. 30% reduziert.

Ambiente
Verkaufsraum 150 m², Fachberatung.

Adresse
Münch GmbH, Lederbekleidung, Ledererplatz 4-6, 94130 Obernzell, Telefon: 08591/536.

Öffnungszeiten
Montag bis Freitag 8.30 bis 12.00 und 13.00 bis 18.00 Uhr, Samstag 9.00 bis 16.00 Uhr.

Anreise
Obernzell liegt zwischen Passau und Linz: Von Passau kommend durch Obernzell bis zum Schlossmuseum, dann links, danach erster größerer Gebäudekomplex rechts.

Admont besticht geradezu durch perfekte Verarbeitung und Eleganz. Der Spezialist für sportliche und elegante Trachtenmode ist sogar im Nobelskiort Vail/Colorado vertreten.

Der Loden für die feine Dame

Warenangebot
Loden- und Lederbekleidung, Outdoor-Jacken, Röcke, Hosen, Blusen, Jacken, Pullover, Tücher, Schals, (Kurz-)Mäntel, Westen, Knöpfe, Stoffe, Strickjacken, Hüte. Hauptsächlich 1.-Wahl-Ware aus Restposten, Überhängen, Musterteilen; keine Billigware.

Ersparnis
Die Ersparnis liegt bei etwa 30% bis 40%, bei „Specials" bis 60% Ersparnis. Kein SSV/WSV.

Ambiente
Ein roter Teppich führt Sie in den ca. 400 m² großen Verkaufsraum in einem ehemaligen Elektrizitätswerk. Die Ware ist übersichtlich präsentiert und preisausgezeichnet. Die wenige 2.-Wahl-Ware ist gekennzeichnet. Drei Umkleidekabinen und Schließfächer. Ca. zehn Parkplätze vor dem Eingang.

Besonderheiten
Die Ware ist vom Umtausch ausgeschlossen.

Adresse
Admont Moden GmbH, Jahnstraße 7, 97199 Ochsenfurt, Telefon/Fax: 0 93 31/ 73 43.

Öffnungszeiten
Mittwoch bis Freitag 11.00 bis 18.00 Uhr, Samstag 10.00 bis 14.00 Uhr.

Anreise
A3 Frankfurt/München, Ausfahrt Randersacker/Ochsenfurt, weiter auf der B13 in Richtung Ochsenfurt, Richtung Ansbach/Uffenheim, über die Mainbrücke in Richtung Altstadt/Mainklinik. Am Ende der Brücke befindet sich linker Hand ein rotes Backsteingebäude (altes E-Werk), hier befindet sich der Fabrikverkauf.

Ottensoos — Lederbekleidung

Die Firma entwirft eigene Modelle und lässt produzieren. Schlichte Lederklassiker sind ebenso zu finden wie Trendledermode. Komplettes Programm auch im textilen Landhausbereich.

„Bärenstark"

Warenangebot
Damen und Herren: Lederjacken, -parkas, -blazer, -blousons, -mäntel. Lederbekleidung im Trachtenstil und „Krachlederne", Lederhosen, -röcke und -shorts. Textile Landhausmode z.B. Kleider, Röcke, Hosen, Westen, Hemden, Strick- und Walkjacken, dazu die passenden Accessoires wie Haferl-Schuhe, Gürtel, Strümpfe, Tücher, Trachtenschmuck, Hirschfänger und Trachten-Uhren.

Ersparnis
Aktuelle Kollektion ca. 30%. Zum SSV/WSV weitere Preisreduzierung. Zweimal jährlich (im Mai und Oktober) große Zeltaktion mit Sonderpreisen. Genaue Termine erfragen.

Ambiente
Der schlauchförmige Verkaufsraum ist beidseitig mit Ständerreihen eingesäumt. 2. Wahl auf Extraständern; fachkundige Beratung; 7 Umkleidekabinen.

Besonderheiten
Übergrößenabteilung, Fertigung von Trachtenhosen nach Maß ohne Aufpreis.

Adresse
Leder-Bär, Bräunleinsberg 51, 91242 Ottensoos, Telefon: 09123/3268, Fax: 3281. Internet: www.leder-baer.de.

Öffnungszeiten
Montag bis Freitag 9.00 bis 18.00 Uhr, Samstag von 9.00 bis 13.00 Uhr.

Anreise
A9 (Nürnberg-Berlin), Ausfahrt Lauf-Hersbruck. Auf B14 nach Ottensoos (Richtung Hersbruck), am Ortsbeginn links ins Gewerbegebiet Bräunleinsberg, Firma im letzten Haus (von B14 bereits sichtbar).

Parsdorf bei München — Feinkost, Lebensmittel

Käfer ist ein Begriff weit über München hinaus für feinstes Essen, Trinken und Genießen. Ein Großteil der Warenpalette von Käfer ist auch im Lagerverkauf in Parsdorf erhältlich. Es gibt alles, worauf sich der Schlemmer freut, in Käfer-Qualität und das zu deutlich günstigeren Preisen. Vor allem interessant: Großgebinde.

Schlemmer-Adresse

Warenangebot
Feinkostartikel der Spitzenqualität wie im Feinkostladen. Einige Highlights: einmal wöchentlich frischer Fisch und frischer Käse aus Frankreich, frisches Brot aus der Käfer Bäckerei, Kaffees und Pralines des Monats, Weine von den besten Produzenten, Aktionswochen. Auch Präsent- und Geschenkkörbe.

Ersparnis
20 %.

Ambiente
Lagercharakter mit interessanten innenarchitektonischen Elementen.

Besonderheiten
Hier haben neben Feinkost Käfer auch andere bekannte Marken inzwischen ihren Lagerverkauf: Ludwig Beck – Fashion Lager, Hallhuber Extra, Tretter Schuhcenter und Palmers.

Adresse
Käfer's Delikatessen Lager, Heimstettener Straße 1, 85599 Parsdorf, Telefon: 0 89/41 68-4 20, Fax: 4 16 84 39.

Öffnungszeiten
Montag bis Freitag 8.00 bis 20.00 Uhr, Samstag 8.00 bis 16.00 Uhr.

Anreise
A94 München-Passau, Ausfahrt Parsdorf. Nach Möbelhaus Segmüller 1. Querstraße rechts. Folgen Sie der Beschilderung des Lagerverkaufs Parsdorf mit den Marken: Beck, Hallhuber, Tretter, Palmers.

eterna

Ein spezielles Verfahren macht Eterna-Hemden atmungsaktiv, hautsympathisch und bügelfrei. Die Verarbeitung des feinen Schweizer Stoffes: Sorgfältig in jedem Detail - man sieht es, spürt es, fühlt es.

Es geht auch ohne Bügeleisen

Warenangebot
Noble wie auch legere Herrenhemden, bügelfrei und bügelleicht. Damenblusen. Sehr ansprechende Auswahl an Herrenhemden.

Ersparnis
20 bis 30 %.

Ambiente
Kleiner Laden mit zwei Kabinen im neuen Eterna-Werk. Eingang und Besucherparkplatz sind gut ausgeschildert.

Adresse
Eterna Mode GmbH, Medienstraße 12, 94036 Passau, Telefon: 08 51/9 81 60, Fax: 9 81 64 70.

Öffnungszeiten
Montag bis Freitag 9.00 bis 17.00 Uhr, Samstag 9.00 bis 12.00 Uhr.

Anreise
A3, Ausfahrt Passau-Mitte, dann in Gewerbegebiet Sperrwies. Eterna ist ausgeschildert.

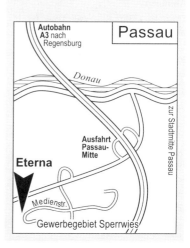

charmor

Die Firma Charmor gehört zu den Markenherstellern von Damenwäsche in Deutschland. Gute Qualitäten und feminin-reizvolle Schnitte und Dessins zeichnen diese Wäsche aus.

Mit femininem Charme

Warenangebot
Nur 1B-Ware, Auslaufmodelle und Musterware. Große Auswahl. Tagwäsche: Slips, Unterhemden, Bodys, Homewear (z.B. Hausanzüge), Morgenmäntel. Nachtwäsche: Nachthemden, Schlafanzüge.

Ersparnis
Ca. 30 bis 40% bei 1B-Ware. Zusätzliche Ersparnis im WSV/SSV.

Ambiente
Eingang zum „Werksverkauf" an rechter Querseite des Hauses (beschildert). Ware großzügig auf Ständern präsentiert und preisausgezeichnet; Lageratmosphäre. 2. Wahl ist mit orange-farbenem Kleber bezeichnet. Schild: Bitte überprüfen Sie selbst die gekauften Teile – ein späterer Umtausch ist ausgeschlossen.

Adresse
Charmor, Plinganser Straße 4, 94060 Pocking, Telefon: 0 85 31/9 16 40, Fax: 1 21 91.

Öffnungszeiten
Montag bis Freitag 9.00 bis 17.00 Uhr.

Anreise
Von Pocking-Stadtmitte Richtung Passau, die Plinganser Straße ist Querstraße. Firma Charmor ausgeschildert ab Passauer Straße.

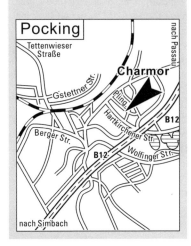

Der Krawatten- und Tücherspezialist aus Niederbayern weiß nicht nur um viele verschiedene Faserqualitäten: Die breit gefächerte Auswahl direkt vom Hersteller der unterschiedlichsten Stilrichtungen beeindruckt.

Gut betucht

Warenangebot
Krawatten: in Microfaser und „Reine Seide". Tücher: in Microfaser, „Reine Seide", Wolle, Seide/Wolle. Schals: in Cashmink, Wolle und Kaschmir; alle Längen, Breiten, Farben und Muster.

Ersparnis
40 bis 50 %. Ständig Sonderangebote. Kein SSV/WSV.

Ambiente
Großer Verkaufsraum. Übersichtliche Präsentation. Krawatten farblich sortiert, nach Qualitäten getrennt auf Ständern und Regalen. Fachkundige Beratung. Bei der Produktion kann man zuschauen. Kundenparkplätze.

Besonderheiten
Firma macht auch Sonderanfertigungen für Firmen und Vereine (Eigendessins). EC, Visa, Amex akzeptiert.

Adresse
Krawattenfabrikation Winklhofer, Füssinger Straße 5, 94060 Pocking, Telefon: 0 85 31/45 21, Fax: 1 25 07, Internet: www.krawattenfabrikation.de.

Öffnungszeiten
Montag bis Freitag 8.00 bis 11.30 und 13.00 bis 17.00 Uhr, Samstag geschlossen. Betriebsferien in den ersten drei Augustwochen.

Anreise
B12 (Altötting-Passau), Ausfahrt Pocking/Bad Füssing in Richtung Bad Füssing, Fabrik am Stadtrand gegenüber von Norma und Lidl.

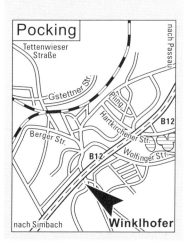

Postbauer-Heng — Kamine, Kachelöfen

Kago ist einer der größten Hersteller für Kamine und Kachelöfen in Europa. Es werden alle Arten von Kaminen angeboten, vom Marmor-Stilkamin bis zum individuellen Kamin nach Maß und Wunsch. Hier sind über 3000 Kachel-, Stein-, Marmor- und Granitvarianten möglich. Kachelöfen und Kaminöfen in über 1000 Variationen.

Erster Ofenfabrikverkauf in Bayern

Warenangebot
Die Ausstellung ist in fünf Bereiche gegliedert: Maß- und Wunsch-Öfen mit Werksberatung; günstige Fabrikmodelle; Öfen, die aus Kulanz, meist aus finanziellen Gründen, beim Kunden zurückgenommen worden sind; allgemeine Fabrikangebote; Heizungs- und Solarabteilung.

Ersparnis
Bei Fabrikangeboten zwischen 32% und 50%. Bei Angeboten zurückgeholter Kamine wegen finanzieller Schwierigkeiten bis zu 70%.

Ambiente
Die Verkaufsfläche liegt in der Mitte von fünf Kago-Fabriken und ist gut ausgeschildert.

Adresse
Kago, Kago-Platz 1-6, 92353 Postbauer-Heng, Telefon: 0 91 88/9 20-0, Fax: 92 01 30, Internet: www.kago.de.

Öffnungszeiten
Montag bis Freitag 09.00 bis 18.30 Uhr, Samstag 09.00 bis 16.00 Uhr.

Anreise
Postbauer-Heng liegt 30 km südlich von Nürnberg, direkt an der B8 zwischen Regensburg und Nürnberg, siehe Wegskizze.

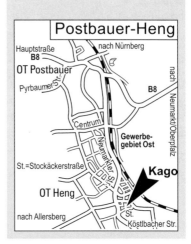

Presseck — Lederwaren, Lederbekleidung

BOD=NSCHATZ
BAGS & MORE

Das Familienunternehmen zählt zu den Spitzenreitern der deutschen Lederwarenindustrie. Bodenschatz wurde der deutsche Lederwarenpreis verliehen. Das Unternehmen wurde 20 Mal zum offiziellen Ausrüster der deutschen Olympiamannschaften berufen. Bodenschatz hat jetzt auch weltweit die Betty Barclay-Accessoires-Lizenz. Deshalb im Shop in Presseck auch Betty Barclay-Handtaschen, Kleinlederwaren und Reiseaccessoires.

Die Fundgrube für Kenner

Warenangebot
Breit gefächertes, topmodisches Sortiment: Damentaschen, Reisegepäck, Kleinlederwaren, Herrentaschen, Mappen, Aktentaschen, Schulartikel, topmodische Lederbekleidung für Damen und Herren mit Änderungsservice, Schirme, Gürtel, Schmucketuis, Accessoires. Auch 2.-Wahl-Ware und originalverpackte Saisonüberhänge.

Ersparnis
Bis zu 60%. Im SSV/WSV 20% zusätzliche Ersparnis.

Ambiente
Verkaufsräume großzügig gestaltet; Ware übersichtlich präsentiert und preisausgezeichnet; Umkleidekabinen; Angebotsständer, Parken direkt am Shop.

Adresse
Bodenschatz Ledershop, Boschaplatz 3, 95355 Presseck, Telefon: 0 92 22/60 55, Fax: 60 20.

Öffnungszeiten
Montag bis Freitag 9.00 bis 18.00 Uhr, Samstag 9.00 bis 14.00 Uhr.

Anreise
Presseck liegt im Naturpark Frankenwald im Landkreis Kulmbach/Oberfranken. Von Kulmbach über Untersteinach, Stadtsteinach nach Presseck oder A9, Berlin-Nürnberg, Ausfahrt Bad Berneck/Himmelkron.

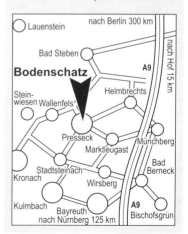

DSI

DSI ist ein Lagerverkauf für Sport- und Freizeitbekleidung im Münchner Westen. Es handelt sich um Restposten, Kollektionsteile und Überproduktionen von Markenherstellern.

Die großen Marken

Warenangebot
Ski- und Snowboardbekleidung: Overalls, Anoraks, Hosen, Handschuhe. Tennisbekleidung, Golfbekleidung, Fitnessanzüge, Fleece-, Sweat-, Polo- und T-Shirts, Westen, Jacken. Kinder- und Kindersportbekleidung.

Ersparnis
Ca. 30 bis 80%. Im SSV/WSV 30% zusätzliche Ersparnis. Alle zwei bis drei Monate zusätzliche Sonderverkaufsaktionen, die vier Tage dauern. Hier öffnet DSI auch ein weiteres Lager. Damit noch größere Auswahl an Ware.

Ambiente
Der Laden ist in eine Lagerhalle eingegliedert. Ware auf langen Ständerreihen übersichtlich und preisausgezeichnet präsentiert. Am besten in Kundenkartei aufnehmen lassen, dann erfolgt automatisch Benachrichtigung, wann Sonderverkaufsaktion durchgeführt wird, oder Termin telefonisch erfragen.

Adresse
DSI GmbH, Aubinger Weg 55, 82178 Puchheim-Bahnhof/Gewerbegebiet Nord, Telefon: 089/807737, Internet: dsi-puchheim.de.

Öffnungszeiten
Mittwoch bis Freitag 12.00 bis 19.00 Uhr, Samstag 10.00 bis 14.00 Uhr.

Anreise
A8 (München-Stuttgart) Ausfahrt Fürstenfeldbruck. Auf B2 Richtung München. Nach Puchheim-Bahnhof (nicht P.-Ort). Dort rechts ins Gewerbegebiet Nord. Bis zur Einmündung, dort links. Firma linke Seite (blau-weiß beschildert „Lagerverkauf").

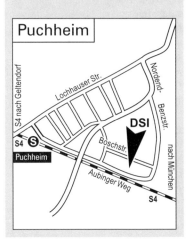

ALEXANDER®

Alexander steht für zeitlose Eleganz, gute Passform, exklusives Material, handwerkliche Verarbeitung und Liebe zum Detail. Alexander ist ein namhafter Hersteller von Damenoberbekleidung im gehobenen Genre, nicht nur für junge Frauen. Alexander verwendet ausschließlich hochwertige Stoffe und Accessoires. Basis ist die speziell für Alexander geschützte Hightech-Faser Alexander-MicroSilc.

Exklusive Damenbekleidung

Warenangebot
Röcke, Blusen, Hosen, Jacken, Coordinates, Shirts und Strick in den Größen 36 – 50, Kollektionsteile, Überhänge aus dem Atelier und 2.-Wahl-Teile.

Ersparnis
Ca. 20 bis 50%, Kollektionsteile und 2.-Wahl-Teile deutlich günstiger.

Ambiente
Gut ausgeschilderter Verkaufsraum im Verwaltungsgebäude, angenehme Einkaufsatmosphäre, fachkundige und freundliche Beratung.

Adresse
Alexander Creation de Luxe GmbH, Udetstraße 8, 93049 Regensburg, Telefon: 09 41/3 07 00-0, Fax: 09 41/3 07 00-11, Internet: www.alexander.de.

Öffnungszeiten
Donnerstag und Freitag 13.00 bis 18.00 Uhr, Samstag 10.00 bis 16.00 Uhr.

Anreise
A93 (München-Weiden), Ausfahrt Prüfening, links abbiegen in die Prüfeninger Straße (stadtauswärts), bis zur Kreuzung Lilienthalstraße fahren, rechts in die Lilienthalstraße abbiegen und nach ca. 500 m rechts in die Udetstraße. Der Verkauf befindet sich im Gebäude der Firma Alexander nach ca. 200 m auf der linken Seite und ist ausgeschildert.

 **pierre cardin**

Produkte aus dem Hause Schildt sind Kompositionen zeitgemäßer Mode beim Einsatz erlesenster Oberstoffe und Zutaten gepaart mit ausgezeichneter Verarbeitung.

Eine erste Adresse

Warenangebot
Nur 1.-Wahl-Modelle: Anzüge, Sakkos, Mäntel, Hemden und Krawatten, Gürtel, Hosen, Freizeithemden, Polos, T-Shirts und Strick, Socken.

Ersparnis
30 bis 50 %.

Ambiente
Helle, neue Verkaufsräume. Preise sind ausgezeichnet. Der Verkauf ist im Hauptgebäude (wo auch die Verwaltung sitzt) auf der linken Seite. Gutes Parkplatzangebot.

Besonderheiten
Regensburg hat eine historisch sehenswerte Innenstadt mit netten Gässchen und tollen Lokalen.

Adresse
Schildt Modellkleidung GmbH, Dr.-Leo-Ritter-Straße 2, 93049 Regensburg, Telefon: 09 41/2 08 10, Fax: 2 86 46.

Öffnungszeiten
Montag bis Freitag 10.00 bis 18.30 Uhr und Samstag 10.00 bis 16.00 Uhr.

Anreise
Die Dr.-Leo-Ritter-Straße liegt im Westen der Stadt. Man fährt von der Innenstadt aus auf der Prüfeninger Straße 1 km stadtauswärts. An der Kaufmännischen Berufsschule nach rechts in die Lilienthalstraße. Noch 50 m, dann auf der linken Seite der neue Schildt-Firmensitz (im Gebäude auch Eon und Funkhaus).

W. Goebel Porzellanfabrik

Die Geschichte der W.-Goebel-Porzellanfabrik reicht zurück bis ins Jahr 1871. Bekannt ist Goebel heute vor allem durch seine künstlerisch ansprechenden Porzellanfiguren. Die Einmaligkeit beruht auf dem Ideenreichtum und der schöpferischen Handarbeit der Porzellankünstler.

Weltbekannte Kinderfiguren

Warenangebot
Hummel-Figuren und Porzellanfiguren der bekannten Goebel-Serien, z.B. Bunte Vogelwelt, Tierfiguren, Wohnschmuck, Geschenkartikel. Goebel-Saison-Kollektion Weihnachten und Ostern, Goebel Classic. Auch Gläser in Bleikristall von Nachtmann, Bierkrüge.

Ersparnis
Grundsätzlich keine Ersparnis im Werksverkauf bei der Ware, die im Einzelhandel aktuell ist und bei Hummelfiguren. Ansonsten sehr günstige Angebote bei 2.-Wahl-Ware, Retouren oder Auslaufkollektionen, ca. 25 bis 40%. Kein SSV/WSV.

Ambiente
Der Werksverkauf wirkt fast wie ein Fachgeschäft. Gut eingerichtet, übersichtlich sortiert, interessant gestaltet, einladend. Keine Bedienung, doch an der Kasse fachkundige Beratung. Riesige Auswahl vor allem bei den Porzellanfiguren. Wer Schnäppchen machen will, muss sich Zeit lassen.

Adresse
W. Goebel-Werkverkauf-Porzellanfabrik, Coburger Straße 7, 96472 Rödental,

Telefon: 09563/92-680, Fax: 92573, Internet: www.goebel.de.

Öffnungszeiten
Montag bis Freitag 9.00 bis 18.00 Uhr, Samstag 9.00 bis 12.00 Uhr.

Anreise
Von Coburg Richtung Neustadt auf der Staatsstraße 2202. Ca. 7 km nach Coburg (hinter dem Ort Dörfles) liegt an der Hauptstraße am Ortsanfang von Rödental rechts das Fabrikgelände, links der Werksverkauf.

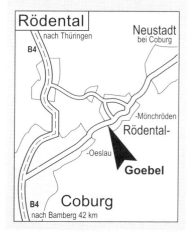

Gabor®

Der Weg von der Idee bis zum hochwertigen Gabor-Schuh ist weit: Erst nach 140 Arbeitsgängen mit 250 verarbeiteten Teilen aus 45 verschiedenen Materialien setzt Gabor seinen Namen darauf.

Der Schuh zur Mode

Warenangebot
Restposten: Elegante Schuhe in 2. Wahl oder Einzelstücke: Pumps, Stiefeletten, Sandalen. Sehr große Auswahl an Damenpumps in verschiedenen Designs und Absatzhöhen. Neu im Sortiment: Herrenschuhe. Auch camel active-Schuhe.

Ersparnis
40 bis 50%, im SSV/WSV zusätzliche Preisersparnis von ca. 20%.

Ambiente
Gepflegtes, kleines Geschäft. Geduld mitbringen. Meist sehr viele Kundinnen und nur eine Verkäuferin. Umtausch der 2.-Wahl-Ware ist ausgeschlossen. Eingang an der Querseite des Gebäudes.

Besonderheiten
Es ist oft jeweils nur ein Paar eines Modells zu haben. Beschränkte Auswahl also.

Adresse
Gabor, Marienberger Straße 31, 83024 Rosenheim, Telefon: 0 80 31/80 10.

Öffnungszeiten
Montag bis Freitag 8.30 bis 19.00 Uhr, Samstag 8.00 bis 16.00 Uhr.

Anreise
A8 München-Salzburg, Ausfahrt Rosenheim. Auf der Haupt-Einfallstraße bleiben und nach der Eisenbahnunterführung rechts einordnen. Richtung Landshut (B15) rechts abbiegen (Briançonstraße). Nächste Kreuzung links, dann geradeaus ca. 2,5 km. Am Ende der Prinzregentenstraße rechts in die Marienberger Straße. Aus Richtung Landshut: von der B15 kommend nach Ortseingang Rosenheim rechts Richtung Technische Hochschule, Straße trifft genau auf Firma Gabor.

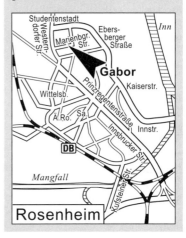

Rosenheim — Sport- und Freizeitbekleidung

WAVE BOARD
AMERICAN SPORTSWEAR
Factory Outlet Stores

Die Marke Klepper steht seit Jahrzehnten für Freizeitvergnügen im Wasser (Klepper-Faltboote) und in den Bergen. Klepper heute ist einer der Marktführer im Bereich der Trekking-, Bergsport- und Skibekleidung. Funktionalität und gute Verarbeitung sind Qualitätsmerkmale.

Outdoor-Spezialist

Warenangebot
Freizeit-, Wander-, Trekking, Bergsport-, Wintersport- und Regenbekleidung mit und ohne Gore-Tex, Anoraks, Freizeithosen, Wanderhosen, Bundhosen, multifunktionale Westen; Pullunder, Pullover, Hemden, Sweatshirts, T-Shirts, Polohemden, Ski- und Regenbekleidung.

Ersparnis
30 bis 50%. Im WSV/SSV ca. 25% zusätzliche Ersparnis.

Ambiente
Fachkundige Verkäuferinnen, Umkleidekabinen, Ware gut sortiert. Auf 150 m² wird Klepper-Mode angeboten, daneben auf ca. 300 m² Fläche Wave Board American Sportswear.

Adresse
Sport Production Diekkamp GmbH, Klepperstraße 18, 83026 Rosenheim, Telefon: 0 80 31/1 40 24, Fax: 1 40 49.

Öffnungszeiten
Montag bis Freitag 9.30 bis 18.30 Uhr, Samstag 9.30 bis 14.00 Uhr.

Anreise
Von der A8 München-Salzburg kommend B15 auf der Kufsteiner Straße geradeaus bis zur linken Abzweigung Klepperstraße (McDonalds), noch ca. 200 m, auf der linken Seite.

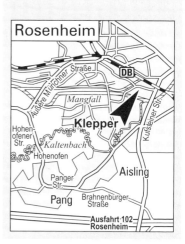

Hochwertige Kaltschaum-Federkern- und Latexmatratzen: Das Material Latex ist ruhiger als die klassische Federkernmatratze, allerdings empfindlicher gegenüber Feuchtigkeit und Wasser.

Solide Qualität

Warenangebot
Kaltschaum-Federkern-, Latex-, Bandscheibenmatratzen. Alle handelsüblichen Größen, auch Kindermatratzen. Lattenroste. Bis zu 600 Matratzen am Lager.

Ersparnis
Ca. 20 bis 50%. Weitere Preisreduzierung im SSV/WSV.

Ambiente
Eingang ist in der Egerländer Straße (Querstraße zur Industriestraße). Verkauf direkt ab Fabriklager. Alle Matratzen und Lattenroste sind ausgestellt und mit Preisen versehen. Das rote Schild „Direktverkauf" weist den Weg. Eingang rechte Hausquerseite.

Besonderheiten
Bei einem Aufpreis von 15,- € pro Teil wird die Ware bundesweit zugestellt.

Adresse
Gefi Matratzen GmbH, Industriestraße 4, 91541 Rothenburg ob der Tauber, Telefon und Fax: 0 98 61/9 27 36, Internet: www.gefi-matratzen.de.

Öffnungszeiten
Montag bis Freitag 13.00 bis 18.00 Uhr, Samstag 9.00 bis 13.00 Uhr.

Weitere Verkaufsstellen
- 97980 **Bad Mergentheim**, Würzburger Straße 12, Telefon: 0 79 31/4 49 68
- 97440 **Werneck**, Meininger Straße 8, Telefon: 0 97 22/63 09
- 97717 **Euerdorf**, Schweinfurter Straße 34, Telefon: 0 97 04/60 15 53
- 63897 **Miltenberg**, Eichbühler Straße 23, Telefon: 0 93 71/44 48

Anreise
A7 (Ulm-Würzburg), Ausfahrt Rothenburg o.T. Nach der 2. Touristeninformation rechts. Firma im Eckhaus (linkes) an der nächsten Querstraße.

s.Oliver

s.Oliver zählt zu den Marktführern im Young-Fashion-Bereich in Deutschland. Mit fünf Tochtergesellschaften und jeweils bis zu zwölf Kollektionen im Jahr erobert die Firma seit Jahren den jugendorientierten Sportswear- und Young-Fashion-Markt.

Fashion soll Spaß machen

Warenangebot
Sportswear, Jeanswear, Mens- and Womenswear und Casuals. Freizeitschuhe und alles, was Mode ist. Kleines Angebot an Kinderbekleidung. Ware aus Produktionsüberhängen und 2. Wahl.

Ersparnis
30 bis 50%. Zusätzliche Preisersparnis im SSV/WSV 20%.

Ambiente
Das tolle Angebot lockt scharenweise junge Leute an. Großer Andrang vor allem am Wochenende. Es sind 17 Umkleidekabinen vorhanden. Die Preise sind ausgezeichnet.

Adresse
s.Oliver, Bernd Freier GmbH, Edekastraße 1 (Gewerbegebiet), 97228 Rottendorf, Telefon: 09 31/2 50 53 16, Fax: 2 50 53 20.

Öffnungszeiten
Dienstag bis Freitag 10.00 bis 19.00 Uhr, Samstag 9.00 bis 15.00 Uhr.

Weitere Verkaufsstellen
- 63843 **Niedernberg**, Telefon: 0 60 28/99 77 94, Fax: 99 77 96
- 97359 **Schwarzach**, Gewerbering 4, Telefon: 0 93 24/98 04 03

Anreise
A3 (Frankfurt-Nürnberg) Ausfahrt Würzburg-Rottendorf. Auf der B8 Richtung Würzburg bis Ortsschild Rottendorf. Dort ins Gewerbegebiet. Auf der rechten Seite neues Gebäude mit Firmenschild.

Das Unternehmen genießt in der Porzellan- und Keramik-Branche einen hohen Bekanntheitsgrad und zeichnet sich durch eine eigenständige Produktpalette aus.

Direkt vom Brennofen ...

Warenangebot
Alle Arten von Geschirr aus Keramik und Porzellan wie z.B. Kaffeebecher, Teeservice, Poltergeschirr, Porzellanfiguren, Reliefbierkrüge. Möglichkeit zu Sonderanfertigungen.

Ersparnis
Bis zu 50%. Kein WSV/SSV.

Ambiente
1. Wahl wird im modernen, 400 m² großen Verkaufsraum mit freundlichem und hilfsbereitem Personal verkauft; 2. Wahl im Bereich ohne Beratung.

Adresse
Kössinger Vertrieb KG, Frühaufstraße 21, 84069 Schierling, Telefon: 09451/499-0.

Öffnungszeiten
Montag bis Freitag 8.00 bis 12.00 und 13.00 bis 18.00 Uhr, Samstag 8.00 bis 12.00 Uhr.

Anreise
Von München kommend auf die A93 Regensburg, Ausfahrt Hausen/Schierling; A3 von Nürnberg kommend am Autobahnkreuz Regensburg Richtung München bis Ausfahrt Hausen/Schierling, dort Beschilderung; geradeaus ca. 10 km bis Schierling, im Ort beschildert, zum Gewerbegebiet Ortsausgang (Richtung Landshut).

Der Kofferraum ist voll und die Rückbank auch. Wohin mit all dem Gepäck? Hier schaffen Dachkoffer Abhilfe.

Ein Koffer für's Dach

Warenangebot
1. und 2. Wahl. Dachkoffer- und Dachboxen, Skikoffer.

Ersparnis
30 bis 50 %.

Ambiente
Direkt ab Warenlager. Um zu den Parkplätzen am Lager zu kommen, muss das Fabrikgebäude umfahren werden. Die Dachkoffer können gleich selbst montiert werden.

Besonderheiten
Der größere Fabrikverkauf von SCA befindet sich im Werk in Königsbronn, Telefon: 0 73 28/81-1 74. Dort Beratung und ein eigener Verkaufsraum vorhanden. Betriebsferien zwei Wochen im August.

Adresse
C. F. Maier Polymertechnik GmbH & Co., Industriestraße 10, 91583 Schillingsfürst, Telefon: 0 98 68/75-0, Fax: 75 99.

Öffnungszeiten
Montag bis Donnerstag 8.00 bis 12.00 und 13.00 bis 16.00 Uhr, Freitag 8.00 bis 12.00 Uhr.

Anreise
A6 Nürnberg-Heilbronn, Ausfahrt Dorfgütingen, Feuchtwangen, Schillingsfürst. Auf der B25 noch 8 km bis Schillingsfürst. Ausfahrt Wörnitz, Schillingsfürst. Durch Oberwörnitz, noch 2 km bis Schillingsfürst. Am Ortsanfang links einbiegen in die Industriestraße.

SKV-ARZBERG PORZELLAN

Schirnding
MADE IN GERMANY

Knapp 300 Beschäftigte fertigen Kaffee-, Tee-, Tafelservice in verschiedenen Formen mit vielen unterschiedlichen Dekoren. Formschönes Porzellan, von traditionell bis design-orientiert.

Die feine Linie für Porzellan

Warenangebot
Haushalts- und Hotelporzellan, Glas, Figuren, Geschenkartikel, Textilien.

Ersparnis
Je nach Form und Dekor, ob reguläre Ware oder Auslaufposten: 20 bis 50%.

Ambiente
Großzügig gestalteter Verkaufsraum mit großem Angebot an regulärer Ware, Auslaufposten, Porzellan mit kleinen Fehlern und einem Schnäppchenmarkt. Fachkundige Beratung.

Adresse
SKV-Arzberg-Porzellan GmbH, Werksverkauf Schirnding, Fabrikweg 41, 95706 Schirnding/Bayern, Telefon: 0 92 33/4 03-1 27.

Öffnungszeiten
Montag bis Freitag 9.00 bis 18.00 Uhr, Samstag 9.00 bis 12.00 Uhr.

Weitere Verkaufsstellen
● 95659 **Arzberg**, Jakobsburg 1, Telefon: 0 92 33/4 08-5 35. Öffnungszeiten: Montag bis Freitag 10.00 bis 18.00 Uhr, Samstag 9.00 bis 13.00 Uhr.
● 92648 **Vohenstrauß**, Johann-Seltmann-Straße 8, Telefon: 0 96 51/9 14 99.

Öffnungszeiten: Montag bis Donnerstag 9.00 bis 15.45 Uhr, Freitag 9.00 bis 12.00 Uhr.
● 94249 **Bodenmais**, Risslochweg 3, Telefon: 0 99 24/90 24 37. Öffnungszeiten: Montag bis Freitag 10.00 bis 17.00 Uhr, Samstag und Sonntag (nur Mai bis Oktober) 10.00 bis 15.00 Uhr.

Anreise
E51, Nürnberg-Hof, Ausfahrt Bad-Berneck bzw. A93 Regensburg-Hof/B15 ab Kreuzung Marktredwitz nach Schirnding. Der Fabrikverkauf ist ausgeschildert.

Schlüsselfeld-Elsendorf Sportschuhe, -bekleidung, Freizeitbekleidung

Puma ist einer der führenden Sportartikelhersteller weltweit. Seit über 50 Jahren steht die springende Raubkatze für Qualität und Höchstleistungen von Spitzensportlern aus aller Welt.

Verkauf im Logistikzentrum

Warenangebot
Sonderposten, Auslaufartikel, Einzelteile und 2.-Wahl-Artikel. Große Auswahl an Sport-, Jogging-, Lifestyle-, Tennis-, Fußball-, Outdoor-, Allweather-Schuhen sowie Kinderschuhen. Großes Angebot an Freizeit- und Sportbekleidung, Tennis-, Jogging-, Trend- und Kinderbekleidung. Ebenfalls Teamsportartikel (Fußbälle, Trikots, Sporttaschen usw.) und Fanartikel.

Ersparnis
Ca. 35 bis 50%. Bei Einzelteilen und Mustergrößen sind sogar Nachlässe von 70% möglich. Kein WSV/SSV, aber spezielle Aktionen.

Ambiente
Angenehme Einkaufsatmosphäre, übersichtliche Präsentation. Sehr gute Parkplatzsituation.

Adresse
Puma Fabrikverkauf Elsendorf (im Logistikzentrum Schlüsselfeld), Rudolf-Dassler-Straße 1, 96132 Schlüsselfeld-Elsendorf, Telefon/Fax: 0 95 52/93 30-77.

Öffnungszeiten
Montag bis Freitag 9.00 bis 18.00 Uhr, Samstag 9.00 bis 14.00 Uhr.

Weitere Verkaufsstellen
- 90411 **Nürnberg**, Klingenhofstraße 70, Telefon: 09 11/5 27 29 10, Fax: 5 27 29 12.
- 91074 **Herzogenaurach**, Zeppelinstraße (siehe dort).

Anreise
A3 Nürnberg-Würzburg, Ausfahrt Schlüsselfeld, hinter Aral-Tankstelle rechts, Richtung Wachenroth, nach ca. 1 km auf der linken Seite unübersehbar.

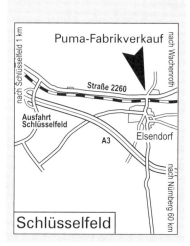

Schneeberg bei Aschaffenburg — Maßkonfektion

Feine Anzüge und Kostüme nach Maß - aber ab Fabrik und zu günstigeren Preisen als Kleidung von der Stange. So lautet das schlichte Konzept, mit dem Dolzer-Chef Thomas Rattray Selkirk auf dem deutschen Textilmarkt eine Erfolgsgeschichte schreiben will.

Auf den Leib geschnitten

Warenangebot
Herren: Mäntel, Anzüge, Westen, Sakkos, Hosen, Fräcke und Cuts, Maßhemden. Damen: Kostüme, Jacken, Röcke, Hosen und Mäntel, Hosenanzüge. Accessoires. Große Stoffauswahl.

Ersparnis
Feine Maßanzüge und -kostüme von 149,- bis 349,- € in der „Green Line". In der „Red Line" werden aus Markenstoffen hochwertigste Anzüge und Kostüme von 350,- bis 549,- € angeboten.

Ambiente
Ca. 800 m² große Verkaufsräume auf zwei Ebenen. Sie werden von ausgebildeten Schneidern beraten.

Besonderheiten
Die Lieferzeit für Maßbekleidung beträgt ca. sechs Wochen.

Adresse
Dolzer Maßkonfektionäre GmbH, Rippberger Straße 7, 63936 Schneeberg, Telefon: 0 93 73/94 00, Fax: 94 02 99, Internet: www.DOLZER.de.

Öffnungszeiten
Montag, Mittwoch, Freitag 8.30 bis 17.00 Uhr, Dienstag und Donnerstag 8.30 bis 18.30 Uhr, Samstag 8.00 bis 14.00 Uhr und langer Samstag 8.00 bis 16.00 Uhr.

Weitere Verkaufsstellen
● 60314 **Frankfurt**, Hanauer Landstraße 190a.
● 70469 **Stuttgart**, Heilbronner Straße 326.

Anreise
Von Aschaffenburg B469 Richtung Miltenberg. Bei Amorbach auf die B47 nach Schneeberg.

Schopfloch — Strickwaren, Freizeitbekleidung

Das 1921 gegründete Unternehmen Ludwig Hartnagel führt eine eigenständige Design- und Produktpalette im mittleren und gehobenen Genre. „Gute Qualität zum vernünftigen Preis."

Ihr Partner für modische Strickwaren

Warenangebot
Strickwaren aus eigener Produktion (Pullover, Pullunder, Westen, Jacken, Röcke). Große Auswahl an Damen- und Herrenbekleidung bekannter Marken. Freizeit-, Sport- und Bademoden, Tag- und Nachtwäsche, Accessoires.

Ersparnis
50 % bei regulärer Strickware, Sonderangebote laufend vorhanden. Im WSV/SSV nochmals 20 bis 80 % reduziert.

Ambiente
Übersichtliche Präsentation der Ware auf ca. 1000 m². Angenehme Einkaufsatmosphäre. Freundliche und hilfsbereite Bedienung, Änderungsservice. Neuer großer Parkplatz direkt vor dem Eingang.

Adresse
Ludwig Hartnagel GmbH, Strickwarenfabrik, Schillerstraße 26, 91626 Schopfloch, Telefon: 0 98 57/2 29 und 14 45, Fax: 2 56.

Öffnungszeiten
Montag bis Freitag 8.00 bis 18.00 Uhr, Samstag 9.00 bis 13.00 Uhr.

Anreise
A6, Ausfahrt Aurach, weiter in Richtung Feuchtwangen und Dinkelsbühl (B25), nach ca. 6 km Ausfahrt nach Schopfloch. In Schopfloch ist die Firma ausgeschildert. Eingang moda-trendi über Lenabergweg.
A7 Ausfahrt Feuchtwangen, weiter nach Feuchtwangen, dann B25 Richtung Dinkelsbühl, Ausfahrt Schopfloch.

Der Lagerdiscount

Der Verkauf ist ein Discount-Markt, in dem Auslaufmodelle und 2.-Wahl-Geräte verkauft werden. Das Sortiment besteht zu einem Drittel aus 2.-Wahl-Geräten und Sonderposten, zu zwei Dritteln aus regulärer Neuware, die nicht günstiger ist.

Für Foto, Audio, Video ...

Warenangebot
Kameras, Fotoapparate (digital und analog) und Zubehör, Videorecorder, Fernseher, Hifi, Computer-Hardware, Telefone, Walkmen, Filme, Handys.

Ersparnis
Ein überdurchschnittlich großes Angebot an Auslaufgeräten von namhaften Firmen zu Billigstpreisen.

Ambiente
Der Lagerdiscount ist wie ein schlichtes Fachgeschäft aufgemacht; Fachberatung. Kundenparkplätze.

Adresse
Der Lagerdiscount, Am Falbenholzweg 1, 91126 Schwabach, Telefon: 0 91 22/79 32 18, Fax: 79 31 89.

Öffnungszeiten
Montag bis Freitag 9.00 bis 19.00 Uhr, Samstag 9.00 bis 14.00 Uhr, erster Samstag im Monat 9.00 bis 16.00 Uhr; vier Samstage vor Weihnachten 9.00 bis 18.00 Uhr.

Anreise
A6 (Heilbronn-Nürnberg), Ausfahrt Schwabach-Süd. Ins Gewerbegebiet Falbenholz (nicht Richtung Zentrum), die 1. Straße links (am Mc Donalds), Lagerdiscount linke Seite.

Schwandorf — Wurst- und Fleischwaren

Der „Wolf" in Bayern und Thüringen gehört zu den größten Fleisch- und Wurstherstellern. Allein 20 Tonnen Wiener Würstchen werden täglich produziert.

Der Wolf zum Schlemmen

Warenangebot
Frische Fleisch- und Wurstwaren. Aufschnitte, Schlemmer-Sülzen, Tellersülzen, vereinzelt auch Käse. Überproduktionen und sogenannte „Bruchware" sind das Hauptangebot.

Ersparnis
Die Ersparnis liegt zwischen 20 und 50%. „Bruchware" bis 50% ermäßigt.

Ambiente
Die Ware wird wie in einem Fachgeschäft angeboten (Kühlregale, Wursttheke). Parkplätze vorhanden. Die Ware wird um 8.00 und 17.00 Uhr frisch aufgefüllt.

Besonderheiten
Mindestabnahmemenge 1 kg.

Adresse
Wolf GmbH, Am Ahornhof 2, 92421 Schwandorf, Telefon: 0 94 31/3 84-0, Fax: 3 84-145.

Öffnungszeiten
Montag bis Freitag 8.00 bis 18.00 Uhr, Samstag 8.00 bis 12.00 Uhr.

Weitere Verkaufsstellen
- 90411 **Nürnberg**, Andernacher Straße 29, Telefon: 09 11/52 018 -0
- 04626 **Schmölln**, Am Lindenhof 40, Telefon: 03 44 91/31-0

Öffnungszeiten: siehe oben

Anreise
A6 aus Richtung Nürnberg-Amberg, Ausfahrt Amberg-Ost auf die B85 in Richtung Schwandorf. Ausfahrt Wackersdorf, links Richtung Schwandorf. An der Ampel 2 mal rechts.

Minx Mode ist ein angesehenes, mittelständisches Unternehmen. Sowohl klassische Damenbekleidung als auch flotte, junge Kombinationsmode, abgerundet durch hochwertigen Strick sowie Jersey, Stretch und Jeans. Seit mehreren Jahren auch auf dem großen Größenbereich tätig mit der Marke „Sallie Sahne 40-54 Kollektion".

Klassisch und jung

Warenangebot
Komplette Damenbekleidung, Blazer, Mäntel, Jacken, Röcke, Shorts, Blusen, hochwertiger Strick, Jersey, Stretchartikel aller Art, T-Shirts, Jeansartikel. Komplettes Programm auch im großen Größenbereich. Im Verkauf Produkte aus der Vorjahreskollektion, Musterteile. Hauptsächlich 1.-Wahl-Ware.

Ersparnis
Ca. 40 bis 60%. Sonder- und Restverkäufe. Im WSV/SSV nochmals bis zu 50% reduziert.

Ambiente
Verkaufsraum mit Einzelumkleidekabinen und einer Sammelkabine. Ware nach Kollektion geordnet.

Adresse
Minx Mode Acc. GmbH, Gewerbering Nord 4, 97359 Schwarzach, Telefon: 09324/903441, Fax 903443.

Öffnungszeiten
Montag bis Freitag 10.00 bis 19.00 Uhr, Samstag 10.00 bis 16.00 Uhr.

Anreise
Direkt an der A3 (Würzburg- Nürnberg), Ausfahrt Kitzingen/Schwarzach. In Schwarzach in das Gewerbegebiet fahren.

RENÉ LEZARD

René Lezards men's and women's collection: stilvoll, aber nicht overdressed; qualitativ hochwertig, aber trotzdem zeitgemäß; klassisch, aber immer außergewöhnlich.

Stilvoll und klassisch

Warenangebot
Damen- und Herrenbekleidung, 2.-Wahl-Ware; 1.-Wahl-Ware jeweils Vorjahres- und Muster-Kollektion. Herrenbekleidung: Anzüge, Hosen, Sakkos, Lederbekleidung, Mäntel, Hemden, Sportswear, Jeans, Schuhe, Strickwaren, Gürtel und Krawatten etc. Damenbekleidung: Kostüme, Anzüge, Röcke, Kleider, Hosen, Blazer, Mäntel, Abendmode, Lederbekleidung, Strickwaren, Schuhe.

Ersparnis
30 bis 50%. Im WSV/SSV nochmals 30 bis 70% reduziert.

Adresse
R.L. Factory Store, Industriestraße 5-9, 97359 Schwarzach, Telefon: 09324/302-622, Fax: 302-638. Internet: www.rene-lezard-fabrikverkauf.de.

Öffnungszeiten
Montag bis Mittwoch 10.00 bis 18.00 Uhr, Donnerstag und Freitag 10.00 bis 20.00 Uhr, Samstag 9.00 bis 16.00 Uhr.

Anreise
Schwarzach liegt östlich von Würzburg. Die A3 Frankfurt-Nürnberg an der Ausfahrt Kitzingen/Schwarzach verlassen. Nach der Ausfahrt rechts in Richtung Volkach (berühmter Weinort). Nach dem Ort Hörblach (Ortsumfahrung) auf die B22 in Richtung Bamberg abbiegen. Man umfährt Schwarzach. Am Ortsende an einer Kreuzung (Gewerbegebiet) nach links und dann sofort wieder nach rechts abbiegen. Am Firmengelände vorbeifahren. Fabrikverkauf nach 200 m rechts.

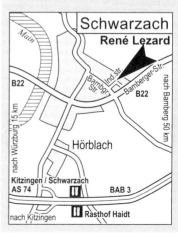

s.Oliver

Der Rottendorfer Herstellers s.Oliver hat eine neue Zielgruppe entdeckt: waren es bisher eher die Teens und Twens, so werden nun auch verstärkt Business-Bekleidung für die Frau und den Mann angeboten.

„Neue Zielgruppe"

Warenangebot
Sportswear und Freizeitbekeidung, Business-Bekleidung für Sie und Ihn. Sakkos, Krawatten, Damen- und Herrenunterwäsche, Röcke, Hosen, Hemden, Blusen, T-Shirts, Sweatshirts, Tücher, Accessoires, Schuhe. Kleines Angebot an Kinderbekleidung. Hauptsächlich 1.-Wahl-Ware aus Rückläufen und Produktionsüberhängen. Aktuelle und Vorjahresmode.

Ersparnis
30 % bis 50 %. Bei Sonderverkäufen noch etwas mehr. Im SSV/WSV bis zu 70 % Ersparnis.

Ambiente
Ca. 500 m² Verkaufsfläche. Die Ware ist in Regalen und auf Kleiderständern präsentiert und preisausgezeichnet. Umkleidekabinen vorhanden. Freundliches Personal. Gute Parkmöglichkeiten.

Adresse
s.Oliver, Gewerbering 3, 97359 Schwarzach, Telefon: 0 93 24/98 04 05, Fax: 98 04 18.

Öffnungszeiten
Montag bis Freitag 10.00 bis 18.30 Uhr, Samstag 9.00 bis 16.00 Uhr.

Weitere Verkaufsstellen
- 63843 **Niedernberg**, Großostheimer Straße, Telefon: 0 60 28/99 77 94.
- 97228 **Rottendorf**, Edekastraße 1 (Gewerbegiet), Telefon: 09 31/2 50 53 16, Fax: 2 50 53 20.

Anreise
Von der A3 kommend Ausfahrt Kitzingen/Schwarzach, rechts abbiegen in Richtung Schwarzach auf die B22 Richtung Bamberg. s.Oliver liegt schräg gegenüber von René Lezard in Schwarzach im Gewerbegebiet.

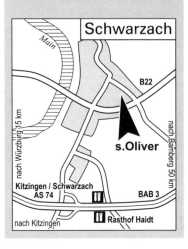

SPORTMAN

Moderne Herrenmode, die in der Bekleidungsbranche einen guten Namen hat. Ein umfassendes Angebot an sportlicher und klassischer Mode. Bekleidung in allen (auch in Über-) Größen.

Sportlich und klassisch für den Herrn

Warenangebot
1.- und 2.-Wahl-Ware. Sakkos, Lederjacken, Hemden, Hosen, Jeans, Pullover, T-Shirts, Anzüge.

Ersparnis
1. Wahl bis zu 40% günstiger. 2.-Wahl-Ware, je nach Fehler, bis zu 60%. Zusätzliche Ersparnis im WSV/SSV 30 bis 70%.

Ambiente
Angenehme Einkaufsatmosphäre auf ca. 450 m². Gute Beratung. Ware übersichtlich nach Themen und Größen geordnet. Ca. 20 Umkleidekabinen. Gute Parkmöglichkeiten.

Adresse
Sportman Mode, Inhaber: René Lezard Mode GmbH, Industriestraße 2, Gewerbegebiet, 97359 Schwarzach, Telefon: 0 93 24/3 02-0.

Öffnungszeiten
Montag bis Freitag 10.00 bis 18.00 Uhr, Samstag 9.00 bis 14.00 Uhr.

Anreise
A3, Nürnberg-Frankfurt, Ausfahrt Kitzingen/Schwarzach/Volkach. Dann selbe Wegbeschreibung wie zu René Lezard.

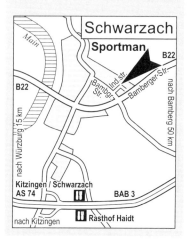

Schwarzenfeld/Oberpfalz — Fliesen/Keramik

DEUTSCHE STEINZEUG AGROB BUCHTAL

Agrob Buchtal Wohnkeramik bietet ein Komplettprogramm für den Wohnbereich. Vom Fußboden bis zum Badezimmer.

Die Marke für Wohnkeramik

Warenangebot
Die breite Palette dekorativer Fliesen umfasst verschiedene Stilrichtungen: von „exklusiv" über „klassisch" bis hin zu „new fashion". Eine Fülle von unterschiedlichen Oberflächen, Farben, Strukturen, Formaten, Dekoren und Bordüren ermöglicht individuelle Gestaltungen im Wohn- und Badbereich.

Ersparnis
Bis 30%, nur bei 2. Wahl und Auslaufprodukten. Keine Ersparnis bei 1. Wahl.

Ambiente
Die Keramik kann in der Keramothek besichtigt werden (Fundgrube). Fachliche Beratung.

Adresse
Deutsche Steinzeug Keramik GmbH, 92519 Schwarzenfeld, Telefon: 0 94 35/ 39 10, Fax: 3 91 34 52, Internet: www.deutsche-steinzeug.de.

Öffnungszeiten
Keramothek Montag bis Donnerstag 9.00 bis 16.00 Uhr, Freitag 9.00 bis 14.00 Uhr, Samstag geschlossen.

Anreise
A6, Nürnberg-Amberg, Ausfahrt Amberg-Ost (Autobahnende). Rechts Richtung Amberg, dann rechts Staatsstraße Richtung Schwarzenfeld, immer geradeaus, nach 12 km links Richtung Buchtal, dann 1 km geradeaus. Hinweisschild Buchtal folgen.
Oder: A93, Regensburg-Weiden/Hof: Ausfahrt Schwarzenfeld, ca. 500 m Richtung Schwarzenfeld, immer geradeaus. Ca. 3 km nach Schwarzenfeld rechts Richtung Buchtal abbiegen. Dann noch 1 km geradeaus.

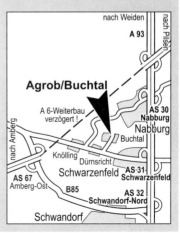

Seefeld-Hechendorf — Tücher, Schals, Krawatten, Gürtel, Taschen

Als einer der Marktführer im Bereich textile Accessoires bietet Codello mit seinen Eigenmarken Codello und Medici Qualität auf höchstem Niveau. Verstärkt wird das Warensortiment durch Lizenzen sowie Kunstwerke berühmter Maler auf Seide.

Der Seidenexperte

Warenangebot
Tücher, Schals, Krawatten, Gürtel, Taschen. Hauptsächlich 1.-Wahl-Ware aus Überhängen, Restposten und Musterteilen, auch aus aktuellen Kollektionen.

Ersparnis
Ca. 50 %, bei WSV und SSV noch etwas mehr.

Ambiente
Großzügiges Ladengeschäft auf zwei Ebenen. Freundliche Verkäuferin berät auch. Gute Parkplatzsituation auf dem Firmengelände.

Adresse
Codello GmbH, Brunnenweg 3, 82229 Seefeld-Hechendorf, Telefon: 0 81 52/9 90 30, Fax: 99 03 10, Internet: www.codello.de.

Öffnungszeiten
Mittwoch bis Freitag 13.30 bis 18.30 Uhr, Samstag 10.00 bis 14.00 Uhr.

Anreise
A96 aus Landsberg in Richtung München, Ausfahrt Inning/Herrsching am Ammersee, nach der Ausfahrt links abbiegen in Richtung Inning/Herrsching, am Ortsende von Inning weiter in Richtung Starnberg/Seefeld, auf der Inninger Straße nach Hechendorf einfahren, ca. 200 m nach der Ortseinfahrt der Beschilderung „Codello" folgen.

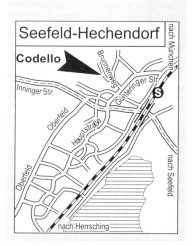

Aus dem alten Fabrikgebäude von Heinrich Porzellan ist jetzt ein Factory Outlet Center mit dem Namen Factory In geworden. Neben Villeroy & Boch gibt es hier im 1. Obergeschoss die Marken Möve, Frottana und Koziol.

Kuschelig, mollig, farbenfroh

Warenangebot
Möwe und Frottana: Frottierwaren wie Handtücher, Gäste-, Bade- und Liegetücher, Künstler-Designtücher. Bademäntel. Saugstarke Walkqualitäten mit hochfloriger Reliefstruktur vor allem bei Möve gesichtet. 1A- und 1B-Ware wird getrennt präsentiert. Möve ist die Marke im gehobenen Bereich, Frottana eher preisgünstiger.

Ersparnis
1A-Ware 20 bis 30%, 1B-Ware 40%. Kein SSV/WSV.

Ambiente
Gute Präsentation der Ware in Regalen, sehr große Auswahl an Frottierwaren.

Warenangebot Koziol
Geschenkartikel und nützliche Produkte: Designartikel aus Kunststoff für Büro, Küche, Bad und Wohnraum wie Papierkörbe, CD-Boxen, Seifenspender.

Ersparnis
Nur bei 1B-Ware 40 bis 50%.

Ambiente
Mehr als die Hälfte der Koziol-Waren hier ist 1B-Ware. Das ist Ware mit produktionsbedingten Farbfehlern, die der Laie aber nicht erkennt. Ansprechendes Bistro im Factory In.

Besonderheiten
Die Ware aller drei Marken (Möve, Frottana, Koziol) wird ohne Preisaufschlag auch im Internet unter www.zeitgeist-selb.de angeboten.

Adresse
Zeitgeist, Vertriebs- und Handelsagentur, Vielitzer Straße 26, 95100 Selb, Telefon: 09287/500835, Fax: 500833.

Öffnungszeiten
Montag bis Freitag 9.00 bis 18.00 Uhr, Samstag 9.30 bis 14.00 Uhr.

Anreise
Das Factory In liegt im Stadtwesten von Selb, ca. 250 m südwestlich vom Bahnhof Selb-Stadt. Anreise siehe Karte unter Villeroy & Boch.

Barbara Flügel  Porzellan

Die Künstlerin Barbara Flügel hat sich mit Leib und Seele der Gestaltung von Porzellan verschrieben. Jedes einzelne Stück ist von ihr entworfen und modelliert. In der Weltstadt des Porzellans fertigt sie in der eigenen Porzellanmanufaktur –direkt neben den großen Marken – ihre Stücke ausschließlich in Handarbeit. Das Porzellan ist spülmaschinengeeignet.

Lebenslust in Porzellan

Warenangebot
Kaffee- und Speiseservice, Prunkservice. Espressotassen, Geschenke aus Porzellan von der Vorratsdose bis zum Salz- und Pfefferstreuer, Tafelzier vom Messerbänkchen bis zur Tortenplatte mit Fuß.

Ersparnis
Da es sich um Manufaktur-Arbeiten handelt, sind die Preise hier wesentlich höher als bei der herkömmlichen Industrieware. Ersparnis 20%, nur in der Schnäppchenecke bis 50%.

Ambiente
Stilvoller Laden, angenehmes Ambiente, fachkundige Beratung. Dem Laden ist eine kleine Bodega angegliedert, wo man auf Wunsch auch spanische Weine probieren und kaufen kann. Bistro im Factory In.

Adresse
Der Flügel Laden, Vielitzer Straße 26, Factory In, 95100 Selb, Telefon: 0 92 87/ 80 09 32, Fax: 23 24.

Öffnungszeiten
Montag bis Freitag 9.30 bis 18.00 Uhr, Samstag 10.00 bis 14.00 Uhr. Erster Samstag im Monat 10.00 bis 16.00 Uhr.

Anreise
Der Flügel Laden ist im Factory In. Hier u.a. ein großer Fabrikverkauf der Porzellanmarke Villeroy & Boch. Lage: im Stadtwesten von Selb, ca. 250 m südwestlich vom Bahnhof Selb-Stadt.

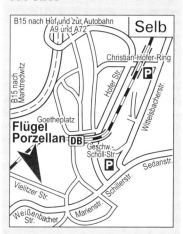

Die exklusiven Rosenthal Produktlinien sind weltweit bekannt für anspruchsvolles Design und hervorragende Produktqualität. Künstler und Designer von internationalem Rang arbeiten für die Rosenthal Studio-Line. Die Löwenmarke Hutschenreuther steht für exzellente Porzellanqualität, für handwerkliches Können und hohes künstlerisches Niveau.

Faszination Porzellan

Warenangebot
Es wird 2. Wahl angeboten sowie eine große Auswahl an Auslaufserien. Das Warensortiment umfasst Porzellan-Service, Porzellan-Geschenke, Bestecke, Gläser, Saisonartikel, Kunstfiguren sowie Tischwäsche. In den Rosenthal Shops werden überwiegend die Marken Rosenthal Studio-Line, Rosenthal, Versace und Thomas angeboten. In den Hutschenreuther Shops wird überwiegend die Marke Hutschenreuther sowie in geringem Umfang auch Arzberg angeboten. Besonders interessant sind die neue Figurenpräsentation sowie der Weihnachtsmarkt.

Ersparnis
30 bis 50% unter Ladenverkaufspreis. Großer Schnäppchenmarkt in der „Fundgrube" mit Sonder- bzw. Restposten sowie Ergänzungsteilen ausgelaufener Porzellanserien.

Ambiente
Sehr stilvoll gestaltete Präsentation der Ware. Selbstbedienung, auf Wunsch fachkundige Beratung. Parkplätze ausreichend vorhanden.

Besonderheiten
Die Verkaufsstellen in Selb sind nur durch eine Straße getrennt. Dem Hutschenreuther Verkauf ist ein Atelier-Café angegliedert. In unmittelbarer Nähe befinden sich das Industriemuseum sowie das Deutsche Porzellanmuseum. Besonders während der „Wochen des Weißen Goldes" Ende Juli/Anfang August sind in Selb viele attraktive Veranstaltungen und Aktionen geboten. Das Rosenthal Casino (Kasinostraße 3, Telefon: 0 92 87/80 50, Fax: 8 05 48) bietet kulinarische Köstlichkeiten sowie angenehme Übernachtungsmöglichkeiten.

Adressen
● Rosenthal Shop, Wittelsbacher Straße 43-47, 95100 Selb, Telefon: 0 92 87/72-4 90, Fax: 72-4 92. Viele Sonderveranstaltungen, z.B. Vorführungen von Porzellanmalern.

● Hutschenreuther Shop, Hutschenreutherplatz 2, 95100 Selb, Telefon: 0 92 87/8 04-1 79, Fax: 8 04-117. Riesige Auswahl an Figuren und Weihnachtsartikeln.

● Die Fundgrube, Hutschenreuther Platz 2, 95100 Selb, Telefon: 8 04-1 07.

Selb — Porzellan

Öffnungszeiten
Montag bis Freitag 10.00 bis 18.00 Uhr, Samstag 9.00 bis 15.00 Uhr.

Weitere Verkaufsstellen
- 94227 **Zwiesel**, Hutschenreuther Shop, Theresienthal 27, Telefon: 09922/80150. Öffnungszeiten: Montag bis Freitag 9.30 bis 18.00 Uhr, Samstag 9.30 bis 16.00 Uhr, während der Saison an Sonn- und Feiertagen geöffnet. Schwerpunkt: Hutschenreuther, Arzberg.
- 94249 **Bodenmais**, Rosenthal Shop, Kötztinger Straße 36, Telefon: 09924/905056. Öffnungszeiten: Montag bis Freitag 10.00 bis 18.00 Uhr, Samstag 10.00 bis 14.00 Uhr, Sonntag während der Saison Juli/August geöffnet. Schwerpunkt: Rosenthal.

Anreise
A9 Nürnberg–Berlin, Ausfahrt Gefrees oder Hof in Richtung Selb. Direkt an der A93 Regensburg–Hof. Ab dem Ortsschild sehr gut ausgeschildert.

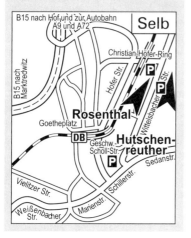

- 95469 **Speichersdorf**, Rosenthal Thomas am Kulm, Dresdner Straße 11, Telefon: 09275/60276. Öffnungszeiten: Montag bis Mittwoch und Freitag 9.30 bis 18.00 Uhr, Donnerstag 9.30 bis 16.00 Uhr, Samstag 9.00 bis 13.00 Uhr. Schwerpunkt: Thomas, Rosenthal.
- 95643 **Tirschenreuth**, Hutschenreuther Shop, Mitterteicher Straße 19, Telefon: 09631/4594. Öffnungszeiten: Montag bis Freitag 9.00 bis 13.00 und 14.00 bis 18.00 Uhr, Samstag 9.00 bis 13.00 Uhr. Schwerpunkt: Hutschenreuther.
- 95679 **Waldershof**, Rosenthal Waldershof, Havilandstraße 62, Telefon: 09231/701-0. Öffnungszeiten: Dienstag bis Donnerstag 12.00 bis 16.00 Uhr. Schwerpunkt: Hotelgeschirr.
- 95691 **Hohenberg/Eger**, Hutschenreuther Shop, Schirndinger Straße 10, Telefon: 09233/713059. Öffnungszeiten: Montag bis Freitag 10.00 bis 18.00 Uhr, Samstag 9.00 bis 13.00 Uhr. Schwerpunkt: Hutschenreuther.
- 96317 **Kronach**, Rosenthal an der Rodach, Industriestraße 48, Telefon: 09261/62911. Öffnungszeiten: Montag bis Freitag 10.00 bis 17.00 Uhr, Samstag 10.00 bis 13.00 Uhr. Schwerpunkt: Rosenthal, Thomas.

Selb   Porzellan, Kristall, Glas, Bestecke, Accessoires

Villeroy & Boch
1748

Das 1748 gegründete Unternehmen Villeroy & Boch hat sich zu einem der bedeutendsten Keramikhersteller der Welt entwickelt. Die Marke Villeroy & Boch bürgt für Qualität und gutes Design, eine Marke mit Ausstrahlung, Charakter und Prestige.

Tischkultur komplett

Warenangebot
Umfangreiches Sortiment an Kaffee-, Tee-, Speiseservicen. Trinkglas-Serien, Besteck, Vasen und Geschenkartikel, Bierkrüge für Sammler. Alle Teile der Serien auch einzeln.

Ersparnis
Das gesamte aktuelle Sortiment in 2. Wahl. Die Ersparnis liegt hier bei 25 bis 50 %. Auslaufdekore und Restposten zum Teil noch günstiger. Im SSV/WSV zusätzlich 20 bis 50 % Ersparnis.

Ambiente
Ansprechende Atmosphäre und Präsentation der Ware, fachkundige Beratung auf Wunsch. Sehr große Auswahl.

Besonderheiten
Das Gebäude der ehemaligen Porzellanfabrik Heinrich Porzellan ist jetzt das Factory In. Werksverkauf weiterer Firmen: Möwe (Frottierwaren), Koziol (Geschenkartikel), Barbara Flügel (Porzellan).

Adresse
Villeroy & Boch – Factory Outlet, Vielitzer Straße 26, 95100 Selb, Telefon: 0 92 87/99 80 70, Fax: 9 99 80 77, Internet: www. factory-in.de.

Öffnungszeiten
Montag bis Freitag 9.00 bis 18.00 Uhr, Samstag 9.30 bis 14.00 Uhr, jeweils 1. Samstag im Monat 9.30 bis 16.00 Uhr.

Anreise
Villeroy & Boch und das Factory In liegen im Westen von Selb, ca. 250 m südwestlich vom Bahnhof Selb-Stadt. Nach Selb gelangt man über die A9 Nürnberg-Berlin, Ausfahrt Gefrees oder Hof oder über die A93 Regensburg/Marktredwitz/Hof.

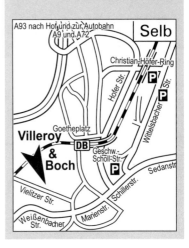

Flotte Mode für dynamische Frauen, die auch am Abend noch so schick sind wie am Morgen. Sehr aktuelle Kollektion; pflegeleichte, gute Qualitäten.

Femininer Schick

Warenangebot
Blusen, Hosen, Blazer, Röcke, Jacken, Kostüme, Hosenanzüge; Mode bestens zum Kombinieren geeignet.

Ersparnis
30 bis 50%. Im WSV/SSV ca. 30% zusätzliche Ersparnis.

Ambiente
Winziger Verkaufsraum mit zwei Umkleidekabinen; Ware teilweise preisausgezeichnet. Man erfährt Pauschalpreise von Verkäuferin, die sich sehr nett bemüht.

Besonderheiten
Ebenfalls am Bahnhof ist eine Fleischfabrik, wo man Fleisch und Wurst zu Großhandelspreisen und sehr frisch erhält.

Adresse
Ventidue Fabrikverkauf, Adolf-Kolping-Straße 11, 84359 Simbach am Inn, Telefon: 0 85 71/97 26 75, Fax: 97 26 77.

Öffnungszeiten
Montag, bis Freitag 11.00 bis 18.00 Uhr, Samstag 10.00 bis 12.30 Uhr.

Anreise
Simbach ist Grenzort am Inn zwischen Deutschland und Österreich. Von Passau auf der B12 Richtung Simbach/Inn. In Simbach zum Bahnhof fahren, rechts neben Bahnhof beginnt die Kolping-Straße; Ventidue bereits beschildert.

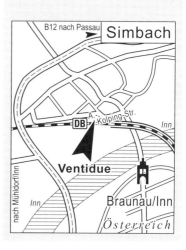

Die Authentic-Sportmode gibt ein in sich stimmiges Bild ab: moderne, aber nicht poppige Dessins und Farben. Die Qualität ist hochwertig.

Das Echte

Warenangebot
Für Damen und Herren: Outdoor-Jacken, Longjacken, Anoraks, Westen, Skihosen, Fitness- und Freizeitanzüge. Ein kleines Sortiment an Fleeceshirts und T-Shirts. Accessoires.

Ersparnis
Ca. 30% (Einzelstücke mehr). Kein SSV, kein WSV.

Ambiente
Der Fabrikverkauf findet im Untergeschoss statt. Die Angebote hängen auf Ständern im Flur. Ware ordentlich und preisausgezeichnet präsentiert. Großzügige Umkleidekabinen.

Adresse
Authentic Sportmoden/Hans Klein, Imberger Straße 17, 87527 Sonthofen, Telefon: 0 83 21/67 24 40, Fax: 6 72 44 44.

Öffnungszeiten
1. März bis 30. August: Montag und Dienstag 16.30 bis 18.00 Uhr, Mittwoch, Donnerstag, Freitag 11.00 bis 12.00 Uhr, Samstag geschlossen. 1. September bis 28. Februar: Montag bis Freitag 16.30 bis 18.00 Uhr, Samstag 9.00 bis 12.00 Uhr.

Anreise
A7 (Kempten-Füssen), Ausfahrt Oy. Auf B310 nach Sonthofen (ab Autobahn ausgeschildert). Firma am Ortsbeginn linke Seite.

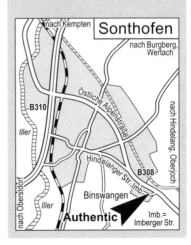

comazo

Comazo ist eine der führenden Marken im Damen-Tagwäsche-Bereich. Die Firma produziert klassische Tagwäsche und ergänzt diese durch freche, lässige Kollektionen für jung gebliebene. Jahrzehntelange Erfahrung und eigene Qualitätssicherung gewährleisten den hohen Qualitätsstandard.

Wäsche-Träume seit 1884

Warenangebot
Exklusive Damenwäsche, modische Herrenwäsche, klassische Damen- und Herrenwäsche. Pfiffige Kinderwäsche, Funktionswäsche, Nachtwäsche für Damen, Herren und Kinder, Miederwäsche.

Ersparnis
50 % Ersparnis bei 1A-Ware. Bei 2. Wahl noch mehr. Im SSV/WSV Sonderangebote zusätzlich 20 % reduziert.

Ambiente
Auf ca. 300 m² Fläche übersichtliche Warenpräsentation, Kinderspielecke, Kundenparkplätze.

Adresse
Comazo-Herstellerverkauf, Bahnhofstraße 22, 87527 Sonthofen, Telefon: 0 83 21/61 96 50.

Öffnungszeiten
Montag bis Freitag 9.00 bis 18.00 Uhr, Samstag 9.00 bis 13.00 Uhr.

Weitere Verkaufsstellen
● 87700 **Memmingen**, Schlachthofstraße 49, Telefon: 0 83 31/8 64 34
● 82418 **Murnau**, Strassäcker 19 (gegenüber Norma), Telefon: 0 88 41/62 85 40

Anreise
Auf B19 (Kempten-Oberstdorf) nach Sonthofen. Dort Richtung Bahnhof. Zwischen Bahnhof und Zentrum (Fußgängerzone) ist Comazo.

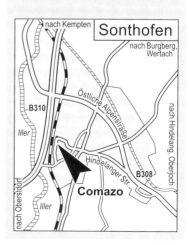

Sonthofen — Strumpfwaren, Strickwaren, Wäsche, Hemden

Man gewöhnt sich schnell an den Luxus von Ergee Strümpfen und Strumpfhosen. An neugierige Blicke übrigens auch. Die Strumpfmode freut sich auf eine Renaissance des Minirocks. Das bringt der Branche wieder schwarze Zahlen. Für den Winter zeigt die Strumpfmode gemütlichen Kuschelstrick und grobe Maschen. Im Sommer im Mittelpunkt: zarter Glanz, der sich mit mehr Farbe und neuen Netz-Techniken ganz schön sexy gibt.

Zarter Glanz und Kuschelstrick

Warenangebot
Feinstrumpfhosen, Strickstrumpfhosen für die Dame. Socken und Kniestrümpfe für Erwachsene und Kinder. Mützen Schals und Handschuhe für die ganze Familie. Tagwäsche für Damen und Herren, Herrenhemden. Ständig Aktionsartikel.

Ersparnis
30 bis 70% bei B-Qualitäten und 2.-Wahl-Ware. Zusätzliche Ersparnis im WSV/SSV.

Ambiente
Großer Raum, schlicht eingerichtet, übersichtliche Warenpräsentation. Parkplätze direkt vor der Tür.

Adresse
Ergee GmbH, Hindelanger Straße 33 (Sontra Technologie- und Dienstleistungszentrum gegenüber Eisstadion), 87517 Sonthofen, Telefon: 0 83 21/ 80 11 16.

Öffnungszeiten
Montag bis Donnerstag 9.30 bis 17.00 Uhr, Freitag 9.30 bis 15.00 Uhr, Samstag 10.00 bis 12.00 Uhr.

Anreise
Über die B19 Kempten-Oberstdorf nach Sonthofen. Dort in Richtung Hindelang. Firma im Sontra Technologie- und Dienstleistungszentrum, gegenüber dem Eisstadion.

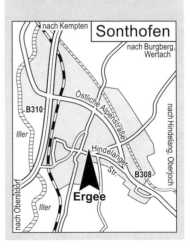

Die Kristallfabrik Spiegelau, seit nahezu 500 Jahren eine der bedeutendsten Mundblashütten Europas, ist bekannt für hochwertiges Kristallglas der Marke Spiegelau.

Kristallglas in Vollendung

Warenangebot
Kristallglas, mundgeblasen, Bleikristall, Porzellan, Glaswaren, Schmuck.

Ersparnis
Auslaufposten und 2. Wahl (Gläser mit kleinen Schönheitsfehlern). Preisnachlässe bis 40%. Spiegelau-Gläser sind keine Billigware, sondern Produkte in sehr guter Qualität. Umtausch ist ausgeschlossen.

Ambiente
Fünf Verkaufsräume: Pavillon mit Kelchglasserien und Geschenkartikeln in Kristallglas. Bleikristallcenter mit Bleikristall von Nachtmann und Marc Aurel. Glaskeller mit mundgeblasener 2B-Hüttensortierung. Porzellanhaus: Markenporzellan. Schmuckkästchen: Uhren von Swatch, Calvin Klein; Schmuck von Dior uvm.

Adresse
Kristallglasfabrik Spiegelau GmbH, Hauptstraße 2-4, 94518 Spiegelau, Telefon: 0 85 53/24 00, Fax: 24-2 00.

Öffnungszeiten
Montag bis Freitag 9.30 bis 18.00 Uhr, Samstag 9.30 bis 16.00 Uhr. Sonn- und Feiertage 11.00 bis 16.00 Uhr (nur Mai bis September).

Anreise
A3 München-Deggendorf-Passau, Ausfahrt Hengersberg, von Grafenau noch 7 km bis Spiegelau, in Spiegelau am Ortseingang rechts.

Naturstein

Schwerste Schnäppchen findet man hier aus Naturstein. Es handelt sich um Überhänge und Verschnitte aus der Natursteinindustrie. Mengen, die für Großaufträge zu wenig sind, aber Häuslebauer und Renovierer „steinhart" begeistern. Motto des Verkaufs: edle Materialien zu Sonderpreisen.

Schwerste Schnäppchen ...

Warenangebot
Platten aus Sandstein, Muschelkalk, Marmor, Granit, Gneis. Naturstein-Fliesen aus unterschiedlichen Steinbrüchen und Herkunftsländern. Qualitativ hochwertige Ware.

Ersparnis
Je nach Materialart ca. 50 bis 90%. Quadratmeterpreise: Sandstein, Muschelkalk, Marmor 13,- bis 33,- €. Granit, Gneis 26,- bis 46,- €, Naturstein- Fliesen 26,- bis 46,- €, Abschnitte, Krusten z.B. für Bildhauer, Landschaftsgestalter 150,- bis 450,- € pro Kubikmeter.

Ambiente
Die Platten liegen mitnahmebereit aus. Fachkundige Beratung.

Besonderheiten
Ware wird (gegen Aufpreis) nach Maß zugeschnitten und geliefert.

Adresse
Naturstein Sonderposten P. Essel, Mühlberg 7a, 96129 Strullendorf, Telefon: 0 95 43/93 76, Fax: 85 06 51, Internet: www.naturstein-sonderposten.com.

Öffnungszeiten
Freitag 14.00 bis 18.00 Uhr, Samstag 9.00 bis 13.00 Uhr und nach telefonischer Vereinbarung. Betriebsferien im August. Winterpause nach Witterung.

Anreise
A73, Bamberg-Nürnberg. Von Nürnberg Ausfahrt Hirschaid. Von Bamberg Ausfahrt Strullendorf. Nach jeweils 2 km die B4 Richtung Hauptsmoorhalle verlassen. Der 2000 m² große Lagerplatz befindet sich in gut einsehbarer Ortsrandlage.

Seit mehr als 70 Jahren produziert Steba Elektrogeräte in zuverlässiger Qualität und technischer Perfektion. Bekannt durch Langlebigkeit, hohe Sicherheit und Zuverlässigkeit sowie durch innovatives Styling und schick im Design. Ständige Kontrollen und Tests sichern den anerkannten Qualitätsstandard.

Der Grillspezialist

Warenangebot
Nur 2. Wahl. Back- und Grillautomaten in unterschiedlichen Größen und Leistungsklassen, Kontaktgrill-Waffelautomaten, Fritteusen, Raclettegeräte, Speicherplatten, Barbecue-Grills, Eierkocher.

Ersparnis
Bis 30%, auch günstige Auslaufmodelle.

Ambiente
Schauregale, fachkundige Bedienung.

Adresse
Steba Elektrogeräte GmbH & Co. KG, Pointstraße 2, 96129 Strullendorf, Telefon: 09543/4490, Fax: 44919, Internet: www.steba.com.

Öffnungszeiten
Montag bis Donnerstag 8.00 bis 12.00 und 13.00 bis 15.00 Uhr, Freitag 8.00 bis 12.00 Uhr.

Anreise
Strullendorf liegt ca. 10 km südlich von Bamberg (Richtung Nürnberg). Von München oder Würzburg kommend: A3, Ausfahrt Pommersfelden bis Hirschaid auf der B505, weiter auf B4 Richtung Bamberg. Nächster Ort Strullendorf. Von Nürnberg kommend: A73 Nürnberg-Bamberg, Ausfahrt Hirschaid, weiter Richtung Bamberg auf B4. Nächster Ort Strullendorf. Firma liegt im Gewerbegebiet gegenüber dem Bahnhof.

Taufkirchen/Vils — Polstermöbel

Einer der renommiertesten Polstermöbelhersteller in Europa: hochwertige Polstermöbel – eine wahre Fundgrube.

Der Polstermöbel-Riese

Warenangebot
Polstermöbel, die als Fotostücke oder Messegarnituren und als Ausstellungsstücke gedient haben: Einzelsofas- und -sessel sowie komplette Garnituren.

Ersparnis
Bei Garnituren rund 50 %, Einzelstücke sind oft so günstig, dass nicht einmal der Materialwert ersetzt wird. Kein SSV, kein WSV.

Ambiente
Sehr gute Beratung, großes Angebot, helle, übersichtliche Ausstellung, Parkplätze vor dem Haus.

Besonderheiten
Bei Wohnort in der näheren Umgebung können Möbel zugestellt werden.

Adresse
Himolla-Polstermöbelwerk, ZV-Lager, Schlossfeldstraße, 84416 Taufkirchen/Vils, Telefon: 0 80 84/2 52 36, Fax: 2 55 00.

Öffnungszeiten
Montag bis Freitag 13.00 bis 17.00 Uhr, Samstag 9.00 bis 12.00 Uhr. Betriebsferien im August.

Anreise
Taufkirchen liegt südlich von Landshut. In Taufkirchen orientiert man sich Richtung Landshut, am Kreisverkehr zweimal rechts in die Schlossfeldstraße, der Verkauf kommt nach ca. 200 m links, hinter Deichmann Schuhe. Vorsicht! Das Werk und die Verwaltung sind in der Landshuter Straße. Dort kein Verkauf.

Voith

Voith kleidet Sie für die Gymnastikstunde, für Freizeit und Kur passend und flott ein. Mollig-weiche, gute Qualitäten.

Fit sein ist alles

Warenangebot
Gymnastikleggings (kurz und lang), Radler- und Caprihosen, Gymnastikbodys, passende Sportkombinationen. Normal- und Übergrößen: Nicki-Freizeitanzüge, Jogginganzüge, Kuranzüge. Kinderbekleidung: Gymnastikbekleidung, Badebekleidung, T-Shirts und Sweatshirts, Nickipullis.

Ersparnis
30 bis 40 %. Kein WSV/SSV.

Ambiente
Eng bestückter Verkaufsraum; Ware gut sortiert, die Preise sind ausgezeichnet; auf Wunsch Beratung.

Adresse
Voith Sportswear GmbH & Co., Marktredwitzer Straße 18, 95707 Thiersheim, Telefon: 0 92 33/7 73 60, Fax: 77 36 36.

Öffnungszeiten
Montag bis Freitag 9.00 bis 12.00 und 14.00 bis 17.00 Uhr.

Anreise
Autobahn A93 Weiden-Hof. Ausfahrt Thiersheim (Staatsstraße Gefrees – Schirnding) Die Firma ist im Ort mit braunen Hinweisschildern ausgeschildert.

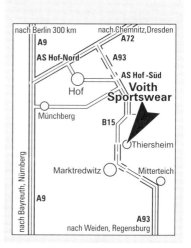

Tirschenreuth/Oberpfalz — Herrenhemden, Freizeitbekleidung

Die Hemden dieses jungen und kreativen Unternehmens erkennt man schon an der Verpackung. Die Hemden bilden ein Trapez. Das soll die sportliche Linie der Ernest-Hemden unterstreichen.

Sportliche Linie

Warenangebot
1. und 2. Wahl, Herrenhemden des gehobenen Genres. Eine breite Palette von überwiegend sportiv-modischen Hemden, aber auch Klassik-Materialien: hauptsächlich Baumwolle, auch Microfaser, Kunstleder und bügelfreie Materialien, Jacken, Jeanshosen, Krawatten, T-Shirts, Firma bedruckt/bestickt auch Hemden für Vereine und Firmen.

Ersparnis
1. Wahl ca. 40 bis 50%. Sonderposten und 2. Wahl bis zu 75%.

Ambiente
Großzügiger Verkaufsraum. Verkaufsberatung durch den Chef persönlich. Sonderanfertigungen für Vereine, Bekleidung für Firmenpersonal (Corporate Identity Fashion).

Adresse
Gerro Fashion OHG, Mitterweg 21, 95643 Tirschenreuth, Telefon: 09631/79390, Fax: 79391.

Öffnungszeiten
Montag bis Mittwoch 9.00 bis 11.45 und 13.00 bis 17.00 Uhr. Donnerstag 9.00 bis 11.45 und 14.00 bis 18.00 Uhr, Freitag 9.00 bis 11.45 und 13.30 bis 15.00 Uhr. Samstag 10.00 bis 13.00 Uhr.

Anreise
Auf der A93 Ausfahrt Windischeschenbach. Ortseinfahrt Tirschenreuth gegenüber Möbelhaus Gleißner.

Müller

Auf 7000 m² Lagerfläche über 100.000 Töpfe aus Ton, Keramik, Terracotta. 2.-Wahl-Ware in allen Größen.

Terracotta für Garten, Balkon, Terrasse

Warenangebot
Tontöpfe von 6 cm Durchmesser bis 36 cm Durchmesser, Glockentöpfe von 30 bis 70 cm Durchmesser, gedrehte und handgefertigte Ware für Garten, Balkon, Terrasse, Wintergarten. Übertöpfe in allen Größen und Farben, auch Töpfe mit farbigen, bepulverten Glasuren.

Ersparnis
Ca. 30 bis 50% bei 2. Wahl, Einzelteile noch günstiger. Auch Sonderposten. Im WSV/SSV ca. 20% zusätzliche Ersparnis.

Ambiente
Verkauf direkt ab Lager.

Adresse
Claus Müller Pflanzgefäße GmbH, Kornbühlstraße 49a, 95643 Tirschenreuth, Telefon: 0 96 31/13 35, Fax: 54 33.

Öffnungszeiten
Donnerstag 16.00 bis 18.00 Uhr, Freitag 13.00 bis 17.00 Uhr.

Anreise
In Tirschenreuth von Stadtmitte B15 Richtung Mitterteich, noch im Ort links abbiegen in die Franz-Heldmann-Straße. Dann nach Skizze weiter.

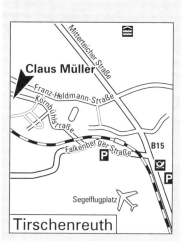

Hatico H·I·S Key West

Hatico ist als Hemdenhersteller bekannt für hochwertige und topmodische Qualitätshemden. Den Fabrikverkauf hielt man bisher auf Sparflamme. Das hat sich jetzt geändert. T.O.C. nennt sich der neue Hemden-Werksverkauf von Hatico. Man hat hier ständig bis zu 10.000 Hemden auf Lager. Die Marken: Hatico, pure, Key West, H.I.S, Hatico Super Cotton.

Oberpfälzer Hemdenparadies

Warenangebot
Riesige Auswahl an Hemden, ein Drittel davon aktuelle 1.-Wahl-Ware, zwei Drittel 2.-Wahl-Ware. Große Auswahl bei Übergrößen. Auch Sonderposten. Kleine Auswahl an Damenblusen. Key West-Hosen für Damen und Herren. Socken, Seidenkrawatten, Tag- und Nachtwäsche der Marken Götzburg und Margret, T-Shirts, Poloshirts.

Ersparnis
1.-Wahl-Ware ca. 30 bis 50%, 2.-Wahl-Ware, Sonderposten und Saison-Auslaufware bis zu 75%. Im SSV/WSV zusätzliche Ersparnis.

Ambiente
Großer, heller Verkaufsraum, Top-Übersicht, Kaffee-Ecke und Kinderspieltisch. Zwei Umkleidekabinen. Freundliches Verkaufspersonal.

Adresse
T.O.C., Bahnhofstraße 23, 95643 Tirschenreuth, Telefon: 09631/607-188.

Öffnungszeiten
Dienstag bis Freitag 9.00 bis 18.00 Uhr, Samstag 9.00 bis 13.00 Uhr. Montag geschlossen.

Anreise
Von Weiden kommend auf der B15 nach Tirschenreuth Richtung Mitterteich-Hof. Ab Ortsschild Tirschenreuth nach ca. 1,5 km bei der Post rechts in die Bahnhofstraße abbiegen. Fabrikverkauf direkt neben der Post.

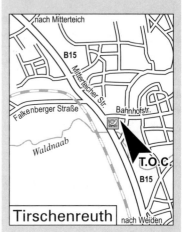

Markenzeichen der Firma sind drei weiß-blaue Rauten. Die gesamte Produktion ist „Made in Bavaria". Breite Produktpalette in sehr guten Qualitäten für Damen, Kinder und Herren.

Schicke Landhausmode

Warenangebot
Große Auswahl an Jacken aus Walk und Strick. Landhauskleider, -röcke; Westen, Hosen, Blusen, Hemden. Kindertrachtenmode. Trachtenhüte, Artikel mit Applikationen oder Stickereien, Accessoires wie Taschen und Gürtel. Fast alle Artikel in reinen Qualitäten, wie Schurwolle, Baumwolle, Seide, Leder etc.

Ersparnis
Ca. 30 bis 50 % auf 1. Wahl. Kein SSV/WSV.

Ambiente
Nach Einfahrt geradeaus, rechts in die Herren- und Kinderabteilung, links in die Damenabteilung. Ware preisausgezeichnet auf Ständerreihen, die 2. Wahl ist gekennzeichnet (nicht immer vorrätig).

Adresse
Moschen Bayern, Rudolf-Diesel-Straße 6, 86842 Türkheim, Telefon: 0 82 45/ 15 71.

Öffnungszeiten
Montag bis Freitag 14.00 bis 18.00 Uhr, Samstag 9.00 bis 13.00 Uhr.

Anreise
A96 (Memmingen-München), Ausfahrt Bad Wörishofen. Durch Türkheim Richtung Augsburg/Ettringen; letzte Straße vor Ortsende rechts, nächste links.

SALAMANDER

Salamander ist die bekannteste Schuhmarke in Europa und kann auf eine 100-jährige Tradition zurückblicken. Das Markenzeichen (ein grün stilisierter Salamander in grünem Ring auf weißem Grund und der gelbschwarze Lurchi, der für die Kinderkollektion steht) ist für Millionen Verbraucher Inbegriff internationaler Schuhmode, erstklassiger Verarbeitung und perfekter Passform.

Die Nr. 1 in Sachen Schuh

Warenangebot
Herren-, Damen- und Kinderschuhe. Saisonbedingter Wechsel. 1. und 2. Wahl. Folgende Marken des Unternehmens wurden angetroffen: Salamander, Lurchi, Betty Barclay, Yellomiles, Apollo. Vollsortiment. Vom Krabbel- bis zum Seniorenalter findet jeder etwas.

Ersparnis
1.-Wahl-Ware 25 %, 2. Wahl-Ware 40 % ermäßigt.

Ambiente
Der SB-Schuhladen ist auf dem Salamander-Gelände. Ware wie im schlichten Fachgeschäft präsentiert und preisausgezeichnet.

Besonderheiten
Frühjahr-/Sommerschuhe ab März, Herbst-/Winterschuhe ab September.

Adresse
Salamander GmbH, Industriegebiet, Jakob-Sigle-Straße 58, 86842 Türkheim, Telefon: 0 82 45/5 20, Fax: 5 21 81, Internet: www.sip.de.

Öffnungszeiten
Montag und Freitag 10.00 bis 17.30 Uhr, Samstag 9.00 bis 13.00 Uhr.

Anreise
B18 (Memmingen-Landsberg a. L.), Ausfahrt Wörishofen/Türkheim. Kurz vor Türkheim (nach Eisenbahnbrücke) ist Salamander bereits ausgeschildert.

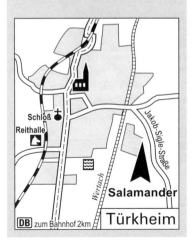

Übersee — Sport-, Freizeitbekleidung

Als „Active Wear" bezeichnet die Firma ihre sportliche Trendmode. Die Qualität ist erstklassig – die topmodische Kollektion für Profi-Sportler. Nobelmarke für Junge und Junggebliebene.

Die junge Nobelmarke

Warenangebot
2. Wahl und Restposten: Jogging- und Freizeitanzüge, Fleecejacken, Regenbekleidung, Badebekleidung, Shorts und Bermudas, Bodys, Shirts, Jeans, Sweatshirts, Sporttaschen, allergiefreie Öko-Pullover. Hochpreissegment.

Ersparnis
Ca. 30%. Kein SSV/WSV.

Ambiente
Bereits 15 Minuten vor Öffnen des 2.-Wahl-Verkaufs stehen Kunden an, nach dem Startschuss „die Schlacht" im neuen Verkaufsraum. Kein Umtausch der Ware möglich.

Adresse
Chiemsee Seconds, Greimelstraße 28 a, 83236 Übersee, Telefon: 0 86 42/50 39. Das Telefon ist nur während der Öffnungszeiten besetzt.

Öffnungszeiten
Montag, Mittwoch und Freitag 16.30 bis 18.00 Uhr, Samstag 9.30 bis 11.00 Uhr.

Anreise
A8 München-Salzburg, Ausfahrt Feldwies-Übersee, rechts nach Übersee. 1. Straße rechts bis Maibaum, vor Gasthaus Feldwies rechts. Firma am Ende der Straße, linke Seite.

... Blusen für Anspruchsvolle

Die Firma ist Blusenspezialist seit über 30 Jahren mit eigener Kollektion. Bekannt für gute Qualität und Passform.

Blusen für Anspruchsvolle

Warenangebot
Blusen von jugendlich-flott, gepflegt bis damenhaft, feminin, klassisch; Blusenjacken, Tops, Shirts, Softkombis, Mustercoupons. 1. und 2. Wahl. Modische und Standard-Qualitäten in uni und Druck, Knöpfe, Musterstoffe, Strümpfe, Pullover, Damenhosen, T-Shirts, Herrenhemden.

Ersparnis
1.-Wahl-Ware ca. 30%, 2. Wahl ca. 50% reduziert. Nochmalige Preisreduzierung bei Sonderaktionen. Weitere Preisersparnis im SSV/WSV.

Ambiente
Freundliches und hilfsbereites Verkaufspersonal, neuer, heller Verkaufsraum, große Umkleidekabinen. Kinderspielecke, ausreichend Parkplätze.

Adresse
Firma Reichart Blusen GmbH, Bad Windsheimer Straße 3, 97215 Uffenheim, Telefon: 0 98 42/9 81 30, Fax: 98 13 30.

Öffnungszeiten
Montag bis Freitag 9.00 bis 18.00 Uhr. Samstag 9.00 bis 13.00 Uhr.

Anreise
A7, Heilbronn-Nürnberg, Ausfahrt Uffenheim/Gollhofen, B13 Richtung Ansbach, am Ortsausgang bei Lidl rechts abbiegen, Eingang gegenüber Lidl.

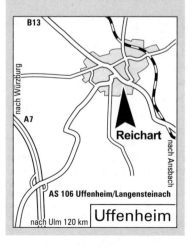

Ulm — Stoffe, Gardinen, Dekostoffe

Glaeser ist der Mode immer um eine Nasenlänge voraus, da die Stoffe ein halbes Jahr vor der fertigen Kollektion erhältlich sind.

Paradies für Hobby-Schneiderinnen

Warenangebot
Bekleidungsstoffe, Kurzwaren Kunstleder, Teddystoffe, Bastelfilz, Schaumstoff für Matratzen und Kissen, Nessel, Vliesstoffe, Füllmaterial etc., sowie Wachstuch, Gardinen-, Möbel-, Markisen- und Dekostoffe, große Auswahl an Vorhangstangen und Zubehör, Tisch- und Bettwäsche, Frottierwaren, Kissen, Accessoires und vieles mehr.

Ersparnis
Stoffe werden größtenteils nach Kilo verkauft – Ersparnis 5 bis 30%, teilweise mehr. Zusätzliche Ersparnis im WSV/SSV: 20%.

Ambiente
Fabrikverkauf auf drei Etagen, fachliche Beratung, Nähservice für Gardinen, online-shop.

Adresse
Heinr. Glaeser Nachf. GmbH, Fabrikverkauf, Blaubeurer Straße 263, 89081 Ulm, Telefon: 07 31/39 81-37, Fax 39 81-55, online-shop: www.glaeser-textil.com.

Öffnungszeiten
Montag bis Freitag 9.00 bis 18.30 Uhr, Samstag 9.00 bis 13.00 Uhr.

Anreise
A8 bis Ausfahrt Ulm-West; erst Richtung Ulm dann Richtung Blaubeuren fahren; ca. 2 km nach Ortsende Ulm Fabrik linker Hand. Der Fabrikladen ist groß beschildert, kostenlose Parkplätze rechts und links nach der Einfahrt.

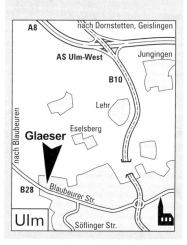

Ulm — Strickwaren, Krawatten, Tag- und Nachtwäsche

MAYSER
BASIC COLLECTION

Die bekannte Mayser-Basic-Collection bietet Merinopullover in allen Kragenformen, maschinenwaschbar und trocknergeeignet. Die modische Pelo-Kollektion rundet das große Angebot an Strickwaren ab

Zeitlose Klassik in Strick

Warenangebot
Topaktuelle Saisonware, auslaufende Kollektionen und 2.-Wahl-Artikel bei Pullis in allen Kragenformen. Strickjacken, Pullunder, T-Shirts, Poloshirts, Krawatten und Schals. Für den Herren: Sakkos, Hosen und Westen als Baukastensystem. Freizeitjacken, Jeans und Hemden. Für Damen und Herren: Tag- und Nachwäsche, Socken, Gürtel.

Ersparnis
20 bis 50%. Zusätzliche Ersparnis im WSV/SSV: 20 bis 30%.

Ambiente
Eingang in der Nagelstraße (Rückseite des Gebäudes, dorthin geht man von der Hauptpforte aus). Freundliche, fachkundige Bedienung. Angenehme Atmosphäre. Große Auswahl an Strickwaren, gut sortierte Wäscheabteilung.

Adresse
Mayser-Shop, Nagelstraße 24, 89073 Ulm, Telefon/Fax: 07 31/9 21 54 50.

Öffnungszeiten
Montag bis Freitag 9.00 bis 13.00 und 14.00 bis 18.00 Uhr, Samstag 9.00 bis 13.00 Uhr.

Weitere Verkaufsstelle
● 73431 **Aalen**, Pelo-Shop, Ulmer Straße 80. Telefon: 0 73 61/57 04-37, Fax: 57 04-10

Anreise
A8 bis Ausfahrt Ulm-Ost; Richtung Ulm-Stadtmitte; am Ostplatz links (Staufenring), 2. Straße links und nächste noch mal links (Nagelstraße).

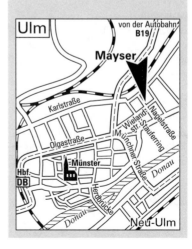

faustmann
GERMANY

Es gibt eben Hüte – und solche von Faustmann. Dem Spezialausstatter für Hüte bescheinigen die Kunden höchste Qualität der Materialien, erstklassige Verarbeitung, identitätsbewusste Kreationen und Designs sowie ausgesuchte Accessoires.

Mann mit Hut – gut

Warenangebot
Klassische Modelle für Damen und Herren, große Auswahl an Jagdhüten, Wanderhüten und – seit Generationen bewährt – Trachtenhüten. Ebenso Straßenhüte, Humphry-Bogart-Hüte in vielen Farben, modische und elegante Damenhüte, Strohhüte, Kappen und Mützen.

Ersparnis
1.-Wahl-Hüte 20 bis 30%, 2. Wahl mehr als 50%. Im WSV/SSV nochmals bis zu 20% reduziert.

Ambiente
Großer Verkaufsraum neben der Werkstatt. Gesamtes Sortiment ist ausgestellt, Fachberatung, großer Spiegel. Verkaufseingang beschildert.

Adresse
Gunther Faustmann, Hut- und Mützenfabrik, Mindeltalstraße 23, 87782 Unteregg, Telefon: 0 82 69/4 11, Fax: 4 73, Internet: www.faustmann.org.

Öffnungszeiten
Montag bis Donnerstag 8.00 bis 12.00 und 13.00 bis 16.30 Uhr, Freitag 8.00 bis 12.00 Uhr oder nach telefonischer Vereinbarung.

Anreise
B16 (Mindelheim-Kaufbeuren) bis nach Dirlewang, in Dirlewang am Ortsende rechts. Unteregg (noch 6 km), nach Ortseingang ist die Firma nach ca. 20 m auf der rechten Seite.

Unterschleißheim bei München — Outdoor-Bekleidung

Ist es das klassische Design oder das praktisch unverwüstliche Material, das Fjällräven-Kleidung zum Inbegriff für Outdoor-Bekleidung macht? Der Fuchs steht für funktionelle, extrem leichte und tragefreundliche Modelle.

Der Natur auf der Spur

Warenangebot
Outdoor-Jacken und -Hosen, Daunenjacken, Microfaserjacken, G-1000-Line, Fleecebekleidung, Jagdbekleidung, Pullis, Hemden, Shirts, Funktionsunterwäsche, Schlafsäcke, Zelte, Rucksäcke.

Ersparnis
Gut 50%. Aber nur eine Verkaufswoche im Juli und November/Dezember.

Ambiente
Lagerhalle; es wird nur Bargeld akzeptiert.

Besonderheiten
G-1000 ist ein Mischgewebe (65% Polyester, 35% Baumwolle). Dank spezieller Verarbeitungstechnik ist es dornensicher, moskitostichdicht und wasserabweisend (durch Naturwachs). Das Richtige für den extremen Einsatz.

Adresse
Fjällräven Sportbekleidung, Musterverkauf: Siemensstraße 3 (Gewerbegebiet), 85716 Unterschleißheim bei München. Firma: Lilienthalallee 40, 80939 München, Telefon: 0 89/32 46 35-0, Fax: 32 46 35-10.

Öffnungszeiten
Je eine Verkaufswoche im Juli und November/Dezember von 12.00 bis 18.00 Uhr. Termine bitte telefonisch oder schriftlich erfragen.

Anreise
A92 in München Nord zwischen Ausfahrt Kreuz München West und Kreuz Neufahrn Ausfahrt 3 Lohhof ansteuern. Auf B13 ins Industriegebiet Unterschleißheim über Landshuter Straße, Morsestraße in die Siemensstraße.

Unterschleißheim bei München — Damen-, Herren-, Kinderbekleidung

MORE & MORE

Eigener Lifestyle zeichnet die Marke aus. Qualitativ bietet die Marke einiges für „Groß" und „Klein". Die Haupt-Zielgruppe ist dabei aber die Frau zwischen 20 und 45 Jahren.

Für jeden etwas

Warenangebot
1.-Wahl-Ware, teilweise aktuell und aus Überhängen und Restposten. Damen-, Herren-, Kinderbekleidung, Hosen, Blazer, Röcke, Mäntel, Pullover, Kleider, Tops, Gürtel, Schuhe, Accessoires, Bags.

Ersparnis
Zwischen 30% und 50%. Kein WSV/SSV, aber Aktionen mit nochmals 10 bis 20% Vergünstigung.

Ambiente
Die Ware ist übersichtlich präsentiert, Einzelhandelsatmosphäre, freundliche Verkäuferinnen, sechs Umkleidekabinen, ständig „Schnäppchen". Großparkplatz vor dem Baumarkt nutzbar.

Besonderheiten
Umtausch innerhalb von 14 Tagen.

Adresse
More & More Outlet, Carl-von-Linde-Straße 32, Gewerbegebiet Unterschleißheim/Lohhof, 85716 Unterschleißheim, Telefon: 0 89/31 77 05 08.

Öffnungszeiten
Montag bis Freitag 9.00 bis 18.00 Uhr, Samstag 9.00 bis 15.00 Uhr.

Weitere Verkaufsstelle
● 82319 **Starnberg-Schorn**, Telefon: 0 81 51/3 65-0 (Zentrale). Mittwoch, Donnerstag 13.00 bis 19.00 Uhr, Freitag 10.00 bis 19.00 Uhr, Samstag 10.00 bis 14.00 Uhr.

Anreise
A9 (München-Nürnberg) bis Dreieck Neufahrn, A92 Richtung Stuttgart, Ausfahrt Lohhof. 1. Ampel links, nächste Ampel rechts auf die Landshuter Straße, nach ca. 600 m links in die Carl-von-Linde-Straße. More & More links, über einem Baumarkt.

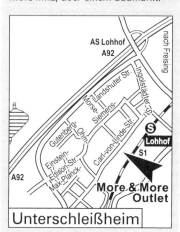

Greuther Teeladen ist der Fabrikverkauf der Fa. Martin Bauer, einer der größten Kräuterteeproduzenten weltweit. Die Fa. Martin Bauer beschäftigt sich seit mehr als 70 Jahren mit der Aufbereitung von Kräutern und Heilpflanzen.

Die ganze Welt des Tees

Warenangebot
Kräuter-, Früchte- und Gesundheitstees, Schwarztees der verschiedenen Anbaugebiete, Riesenauswahl an Grüntees, Gewürze und Gewürzmischungen, Dragees und Kapseln, Gesundheits- und Naturheilmittel, Kosmetik und Körperpflege, Teezubehör, Geschenkkörbe mit Tee und Gewürzen, Diätische Lebensmittel, Kräuterbonbons.

Ersparnis
30 bis 50 % bei losen Tees, Kräutern und Gewürzen.

Besonderheiten
Versandpreisliste kann angefordert werden; Mindestbestellwert 17,- €. Der Teehersteller ist als Hauptsponsor der SpVgg Greuther Fürth bekannt, die ohne den Greuther Teeladen längst nicht mehr in der 2. Bundesliga spielen würden.

Im Greuther Teeladen in Fürth und in Gremsdorf ist deshalb auch ein Fanshop integriert. Dort auch Karten für die Heimspiele im Ronhof in Fürth.

Ambiente
Verkaufsraum mit sachkundigen Verkäuferinnen und freundlicher Beratung. Übersichtliche Warenpräsentation. Probeausschank.

Adresse
Greuther Teeladen GmbH & Co. KG, Dutendorfer Straße 5-7, 91487 Vestenbergsgreuth, Telefon: 0 91 63/88-5 55, Fax: 88-5 98.

Öffnungszeiten
Montag bis Freitag 8.00 bis 18.00 Uhr, Samstag 9.00 bis 13.00 Uhr.

Weitere Verkaufsstellen
● 90765 **Fürth**, Sportpark Ronhof, Laubenweg 60, Telefon: 09 11/9 79 40 55. Öffnungszeiten: Montag bis Freitag 9.00 bis 18.00 Uhr, Samstag 9.00 bis 14.00 Uhr.

● 91315 **Gremsdorf**, Gewerbepark 1, Telefon: 0 91 93/5 07-4 45. Öffnungszeiten: Montag bis Freitag 9.00 bis 18.00 Uhr, Samstag 9.00 bis 14.00 Uhr.

Anreise

Auf der A3 Würzburg-Nürnberg aus Richtung Würzburg Ausfahrt Schlüsselfeld. Über die Orte Gleißenberg, Oberwinterbach und Dutendorf nach Vestenbergsgreuth.

Auf der A3 Nürnberg-Würzburg von Nürnberg kommend Ausfahrt Höchstadt-Ost über die Orte Gremsdorf, Höchstadt und Uehlfeld.

Anreise

Auf dem Frankenschnellweg A73, Ausfahrt Poppenreuth, Richtung Fürth Innenstadt. Nach Novotel rechts in den Laubenweg einbiegen, dann ist man vor dem Stadion der „Greuther".

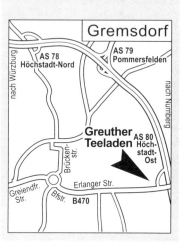

Anreise

A3 Würzburg-Nürnberg, Ausfahrt Höchstadt-Ost, das Gewerbegebiet Gremsdorf liegt direkt an der Autobahnausfahrt. Der Ort liegt in Mittelfranken zwischen Neustadt/Aisch und Höchstadt/Aisch.

Vilshofen — Trachten- und Landhausbekleidung

HUBER
STRICK-SPORTMODEN GMBH

Trachten- und Landhausmode für Individualisten. Hier geht es nicht um schnelle Modetrends, sondern um gediegene Qualität, die sich überhaupt nicht altbacken, sondern bodenständig, schick und selbstbewusst zeigt.

Schicke Trachten und rustikale Mode

Warenangebot
Hochwertiges Angebot an Trachtenbekleidung für Damen und Herren. Jacken, Röcke, Hemden, Blusen, Kleider.

Ersparnis
Auf die reguläre Ware kann mit einer Ersparnis von 30 bis 50 % und bei Einzelstücken bis 70 % gerechnet werden. Im WSV/SSV ca. 10 bis 20 % zusätzliche Ersparnis.

Ambiente
Ca. 300 m² Verkaufsfläche, vier Umkleidekabinen. Die Ware ist in Regalen und auf Ständern. Lagerhallenatmosphäre. Großparkplatz.

Adresse
Huber Strick-Sportmoden GmbH, Kloster-Mondsee-Straße 4, 94474 Vilshofen, Telefon: 0 85 41/9 60 60.

Öffnungszeiten
Montag bis Freitag 10.00 bis 18.00 Uhr, Samstag 10.00 bis 12.00 Uhr.

Anreise
Aus Regensburg auf der A9, Ausfahrt Vilshofen/Garham, Vilshofen 8 km. Nach Vilshofen hineinfahren, über die Donau-Brücke, Stadtmitte und dann Richtung Bad Füssing/Bad Griesbach/Ortenburg. Kurz vor dem Ortsende von Vilshofen ist rechter Hand das Fabrikgebäude.

Weber & Ott

Traditionsreiches Unternehmen, das sich vorrangig auf Markenqualität spezialisiert hat.

Preiswert und aktuell

Warenangebot
Damen: Hosen, Jeans, Blusen, T-Shirts, Strickwaren. Herren: Hosen, Jeans, T-Shirts, Sweatshirts, Strickwaren, Krawatten.

Ersparnis
30 bis 50%. Im SSV/WSV zusätzliche Ersparnis.

Ambiente
Verkaufsfläche ca. 160 m², überwiegend Selbstbedienung. Kostenlose Parkplätze.

Besonderheiten
Vilshofen ist ein nettes Städtchen und lädt zu einem Bummel ein.

Adresse
Weber & Ott AG, Aidenbacher Straße 74, 94474 Vilshofen-Linda, Telefon und Fax: 0 85 41/30 07.

Öffnungszeiten
Montag bis Freitag 10.00 bis 18.00 Uhr.

Anreise
Auf der Bundesstraße von Passau kommend nach Ortseingang links (vor Norma-Supermarkt); immer der Vorfahrtsstraße folgen; nach Vilshofen kommt der Ortsteil Linda; nach Ortsschild Linda ist rechts Fabrikgebäude (10 m); gut erkennbar.

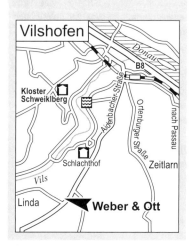

Wachenroth — Damen-, Herren-, Kinderbekleidung

Murk ist Hosenhersteller. Der Name Murk steht aber auch für das Bekleidungshaus Murk, das auf rund 5500 m² Fläche eine der besten Schnäppchenadressen in Bayern ist.

Murk – die günstige Adresse

Warenangebot
Sportabteilung (wurde vergrößert), Neu: Fila, Champion, Killtec, Leithäuser, Ricardo, Whoopy, Masterhand etc. Brautmoden (auch in großen Größen) von Weise, Kleemeier, Ladybird, Couture Vera, Lohrengel; Umstandsmoden (Pero, Noppies, Inside), Heimtextilien. Große Größen: B.S. Casuals, Sisignora, Lisa Marlen, Montesa, Marque Noire. Gardinennäherei, Vereinskleidung,

Ersparnis
20 bis 50 %. Im WSV/SSV nochmals mindestens 10 %, oftmals 50 bis 70 % reduziert.

Ambiente
Neues, modernes Bekleidungshaus auf zwei Ebenen mit 5500 m² Verkaufsfläche, über 100 Umkleidekabinen, 500 Parkplätze. Kompetente Beratung.

Besonderheiten
Kostenloser Änderungsservice, außer bei Brautmoden, Wartezeit: 30 bis 120 Minuten. Auch Übergrößen, Zwischengrößen und Bauchgrößen.

Adresse
Bekleidungshaus Murk, An der Leite 2, 96193 Wachenroth, Telefon: 0 95 48/92 30-0, Fax: 92 30-40, Internet: www.murk.de.

Öffnungszeiten
Montag bis Freitag 9.00 bis 18.30 Uhr, Samstag 9.00 bis 16.00 Uhr.

Anreise
A3 Nürnberg-Würzburg, Ausfahrt Höchstadt-Nord aus Richtung Nürnberg bzw. Ausfahrt Schlüsselfeld von Würzburg kommend; gut beschildert, ca. 6-8 km ab Autobahn; direkt an der Staatsstraße Wachenroth-Mühlhausen.

Warmensteinach — Gläser

Dem faszinierenden Werkstoff Glas können nur wirkliche Meister Seele und Charakter geben. Die Glasmacherpfeife, die vor 2000 Jahren in Ägypten erfunden wurde, ist noch immer das wichtigste Werkzeug für den Glasmacher. Er hat seine eigene Philosophie: Wenn man das Geheimnis Glas ergründen will, dann gelingt dies nur mit den eigenen Händen und dem eigenen Atem.

Vom Design bis zur Form

Warenangebot
Kristall aus Warmensteinach, Gläser aller Art, auch Bleikristall, mundgeblasen, gepresst, geschliffen; in verschiedenen Farben. 1.- und 2.-Wahl-Ware. Kerzenständer, Schalen, Vasen, Aschenbecher, Tierfiguren, Teller, Platten; Bilderrahmen und Parfümzerstäuber.

Ersparnis
1.-Wahl-Ware bis 50 % Ersparnis.
2.-Wahl-Ware bis 70 % Ersparnis.

Ambiente
Übersichtliche Präsentation der Ware in einem großen Verkaufsraum. Fachkundige Beratung.

Adresse
Werksverkauf Frankonia Kristallglaswerk GmbH, Bayreuther Straße 192, 95485 Warmensteinach, Telefon: 0 92 77/99 20 (Zentrale), Fax: 5 54.

Öffnungszeiten
Montag bis Freitag 9.00 bis 12.00 und 13.00 bis 17.00 Uhr, Samstag 9.00 bis 12.00 Uhr. Verkauf für Busse auch nach Vereinbarung. Juni bis September: einmal monatlich Lagerverkauf von Restposten. Termine bitte telefonisch erfragen.

Anreise
Warmensteinach liegt zwischen Wunsiedel und Bayreuth. A9 Nürnberg-Berlin, Ausfahrt 41 Bayreuth-Nord/Warmensteinach. Der Verkauf liegt kurz nach dem Ortseingang direkt an der Bayreuther Straße.

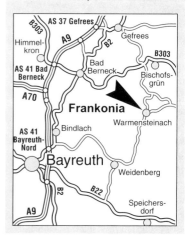

elite moden

Von den ersten Produktionen vor über 30 Jahren in einem ehemaligen Gasthof hat sich das Unternehmen zu einem Hauptzulieferer großer Versandhäuser gemausert.

Elite für alle

Warenangebot
1. Wahl, Muster und 1B-Ware. Blazer, Jacken, Mäntel, Jeans, Blusen, Röcke, Stoffe, Knöpfe, Pullover, Kostüme, T-Shirts. Begrenzte Auswahl an Landhausmode. Eigene Ware meist 1B, Zukauf-Ware 1. Wahl.

Ersparnis
50% bei 1. Wahl, 1B bis 70%. Im SSV/WSV ca. 30% zusätzliche Ersparnis.

Ambiente
Die Fehler bei 1B-Ware sind gekennzeichnet. Ausreichend Parkplätze.

Besonderheiten
Auch bei Sonderpreis-Ware ist Umtausch möglich.

Adresse
elite moden, Verkauf ab Lager, Raiffeisenstraße 8, 94110 Wegscheid, Telefon: 08592/303 oder 315, Internet: www.elite-moden.de.

Öffnungszeiten
Freitag 9.00 bis 12.00 und 14.00 bis 18.00 Uhr, Samstag 9.00 bis 12.00 Uhr.

Anreise
Über die B388 aus Passau/Obernzell Richtung Wegscheid. Nach dem Ortseingang scharfe Rechtskurve Richtung Hartmannsreuth, nach ca. 200 m rechts.

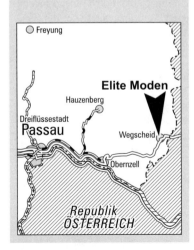

Weiden/Oberpfalz   Damen-, Herrenbekleidung, Schuhe, Taschen

Italienische Mode ist begehrt. Der Lagerverkauf von Colors zeigt vor allem bei Pullover und Strickwesten Merino-Qualitäten. Bei Colors gibt es keine extravaganten Farbtöne, das Unternehmen setzt auf klassische Farben, geht einen Mittelweg nach dem Motto: edle Materialien zu günstigen Preisen. Es werden nur hochwertige, gefärbte Garne verarbeitet.

Mode „made in Italy"

Warenangebot
Damen- und Herrenbekleidung: Pullover, Strickwesten, Blazer, Blousons, Sportjacken, Hosen, Hemden, Krawatten, Schuhe und Taschen.

Öffnungszeiten
Mittwoch, Donnerstag und Freitag 14.00 bis 18.00 Uhr, Samstag 10.00 bis 16.00 Uhr.

Ersparnis
Ca. 50%, gemessen an vergleichbarer Ware bei Pullovern in Merino-Wolle mit bekanntem Firmen-Label. Im SSV/WSV bis zu 30% zusätzliche Ersparnis.

Ambiente
Lagerhalle, die durch ansprechendes Design großzügig wirkt. Vier Umkleidekabinen. Unaufdringliche, sehr freundliche Bedienung.

Adresse
Colors Textil- und Lederwaren-Produktions- und Handels GmbH, Dr.-von-Fromm-Straße 1, 92637 Weiden/Oberpfalz, Telefon: 0961/27021, Fax: 27788.

Anreise
A93 Regensburg-Hof, Ausfahrt Weiden-West, auf B470 Richtung Pressath (Westen). Nach nur ca. 1 km ab Ausfahrt Weiden-West kommt Industriegebiet Weiden-West (Brandweiher). Nach links abbiegen, erste Querstraße wieder links.

„Aus Freude am Schönen" lautet der Werbeslogan von Seltmann. Der Schwerpunkt liegt auf der Herstellung von Gebrauchsporzellan, das höchsten Ansprüchen gerecht wird. Seltmann produziert ausschließlich in Deutschland.

Aus Freude am Schönen

Warenangebot
Speise-, Kaffee-, Teeservice und Ersatzteile, Gastronomieporzellan, Geschenkartikel, Vasen, Leuchten, Thüringer Porzellanfiguren, Sonderposten und 2.-Wahl-Ware in reicher Auswahl, übersichtlich geordnet.

Ersparnis
Nachlässe zwischen 20 und 30%. Bei Sonderposten bis zu 50% und mehr. Kein WSV/SSV.

Ambiente
Hell und freundlich, Waren ordentlich und übersichtlich präsentiert, Fehlware und Sonderposten ausreichend vorhanden. Parkplätze vor der Tür.

Adresse
Porzellanfabrik Christian Seltmann GmbH, 92637 Weiden, Christian-Seltmann-Straße 59-67, Telefon: 0961/204115. Internet: www.seltmann-weiden.com.

Öffnungszeiten
Montag bis Freitag 9.00 bis 17.00 Uhr, Samstag 9.00 bis 13.00 Uhr.

Weitere Verkaufsstellen
- 92681 **Erbendorf**, Bahnhofstraße 25, Telefon: 09682/182600.
- 96355 **Tettau**, Fabrikstraße 1, Telefon: 09269-98020.
- 98744 **Unterweißbach**, Unterweißbacher Werkstätten für Porzellankunst, Oberweißbacher Straße 7-10, Telefon: 03670/22341.

Anreise
A93, Hof-Regensburg, Ausfahrt Weiden-West (stadteinwärts). Werksverkauf rechte Seite im Fabrikgelände – gut sichtbar beschildert.

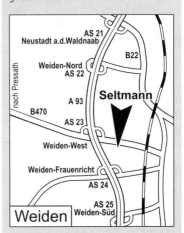

Weiden-Ullersricht — Bekleidung, Schuhe, Bettwäsche

Die anfallenden Restposten und 2. Wahl aus den Warenhäusern von Witt Weiden und der Produktion werden hier supergünstig verkauft. Riesenandrang.

Der Sonderverkauf

Warenangebot
Damen- und Herrenbekleidung, Damen- und Herren Tag- und Nachtwäsche, Bett- und Tischwäsche, Betten, Schuhe, Badausstattung.

Ersparnis
Bei aktueller Markenware 50%, Restposten 70 bis 90%. Im SSV/WSV 40 bis 60% zusätzliche Ersparnis. Unter den Restposten befinden sich teilweise nur leicht angeschmutzte Teile zu sehr guten Preisen.

Ambiente
Verkauf im Erdgeschoss auf ca. 1000 m² Verkaufsfläche. Nach Umbau in moderner Ausstattung und angenehmem Ambiente. Parkplätze kostenlos und ausreichend vorhanden. Betriebseigene Kantine auch für Kunden geöffnet.

Adresse
Witt Weiden, Preisland, Bavariastraße 10, 92637 Weiden-Ullersricht, Telefon: 09 61/4 00-53 00, Fax: 4 00-53 14.

Öffnungszeiten
Jeden ersten Donnerstag im Monat bis zum übernächsten Samstag (ca. 1,5 Wochen). Montag bis Freitag 10.00 bis 18.00 Uhr, Samstag 10.00 bis 16.00 Uhr.

Zusätzliche Verkaufstage im Schlussverkauf und zur Weihnachtszeit.

Anreise
A93, Ausfahrt Weiden-Süd, (Hirschau, Rothenstadt), Richtung Rothenstadt. Nach Ortsschild Ullersricht rechts und gleich wieder links abbiegen, an Gaststätte vorbei.

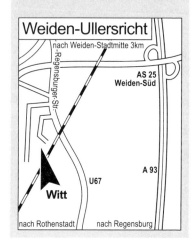

Das Sortiment an alfi-Isolierkannen im alfi-Commercial-Center deckt sämtliche Designs von klassisch-zeitlos bis hochmodern ab. Der doppelwandige, vacuumgepumpte Isolierglas- oder Edelstahleinsatz garantiert optimale Isolierleistung. Starkes Angebot auch an WMF-Haushaltswaren.

Alles andere als kalter Kaffee

Warenangebot
Isolierkannen, Flaschenkühler, Eisgefäße, Gläser, Porzellan, Bestecke, Küchenhelfer, Töpfe, Pfannen, Tischaccessoires, Tischwäsche, Espressomaschinen, Geschenkartikel.

Ersparnis
2A-Ware ca. 25%, Sonderserien und Restposten günstiger.

Ambiente
Ansprechender Werksverkauf im alfi-Commercial-Center mit ca. 300 m² Verkaufsfläche, mit Bistro.

Adresse
alfi Zitzmann GmbH, Commercial Center, Ferdinand-Friedrich-Straße 9, 97877 Wertheim, Telefon: 09342/877470, Fax: 877462, Internet: www.alfi.de.

Öffnungszeiten
Montag bis Freitag 9.00 bis 18.00 Uhr, Samstag 10.00 bis 14.00 Uhr.

Anreise
A3 aus Richtung Frankfurt: Ausfahrt Marktheidenfeld, NO 65 nach rechts, Richtung Wertheim, in Kreuzwertheim (T-Kreuzung) rechts Richtung Hasloch, über die Spessartbrücke Richtung Wertheim, Ampel: links Richtung Miltenberg, vor Ecke Autohaus Mercedes-Benz/ARAL: rechts Mühlenweg, später Ernst-Abbe-Straße. Am alfi-Werk: rechts Hüttenweg/Beschilderung Commercial Center, rechts Ferdinand-Friedrich-Straße, nach ca. 100 m links: alfi.

Die Firma Eschenbach Porzellan, gelegen im malerischen Waldnaabtal, gehört seit nunmehr drei Generationen zu den Hauptproduzenten deutscher Porzellanfabrikation. Ob klassisch oder modern – durch die Verbindung von Top-Qualität und ausgezeichnetem Design entsteht Porzellan, das täglich aufs Neue Freude weckt.

Porzellan zum Leben

Warenangebot
Kaffee- und Speiseservice komplett, Einzelteile, Geschenkartikel wie Schalen, Vasen, Leuchter, Platzteller, Tassen und Weihnachtsartikel. Nur 2. Wahl.

Ersparnis
Bis zu 40%. Kein WSV/SSV.

Ambiente
Großzügiger, heller Verkaufsraum mit übersichtlichem Warenangebot, freundliche und kompetente Beratung.

Adresse
Triptis Porzellan GmbH & Co. KG, Werk Windischeschenbach, Winterling-Porzellan-Straße 24, 92670 Windischeschenbach, Telefon: 09681/470 oder 47273, Fax: 47301, Internet: www.eschenbach-porzellan.de.

Öffnungszeiten
Montag bis Freitag 9.00 bis 17.00 Uhr und Samstag 9.00 bis 12.30 Uhr.

Anreise
A93 Regensburg-Hof, Ausfahrt 20, Windischeschenbach. Nach 500 m links Richtung Neuhaus. Hauptstraße entlang bis Ortsschild Windischeschenbach. Unmittelbar nach der Unterführung links.

| Zirndorf | Spielwaren |

Der Playmobil-FunPark – Spielraum für Abenteuer und Fantasie. Im Innenbereich stehen Playmobil-Spielwelten zum „handfesten" Ausprobieren bereit. Der Shop bietet das komplette Playmobil-Sortiment.

Die Männchen kennt jeder

Warenangebot
Komplettes Playmobil Sortiment: Playmobil First Smile für Kinder bis zu einem Jahr und Playmobil 1. 2. 3 für Kinder ab 1 1/2 Jahren. Playmobil in blauen Packungen für Buben ab 4 Jahren und rosa Packungen für Mädchen ab 4 Jahren.

Ersparnis
Nur 1. Wahl. Die Preise liegen am unteren Einzelhandels-Niveau. Gelegentlich Restposten.

Ambiente
In separatem Raum wird die Ware, ergänzt um Schaustücke zum jeweiligen Spielthema, übersichtlich in Regalen präsentiert.

Besonderheiten
Angebot von Ersatz- und Erweiterungsteilen. Umfassende Produktausstellung, Freizeitpark mit 90.000 m², Spielzonen mit aktuellen Playmobil Spielzeugen. Es handelt sich nicht um einen Fabrikverkauf im üblichen Sinn.

Adresse
Playmobil-FunPark, Brandstätterstraße 2-10, 90513 Zirndorf, Telefon: 09 11/9 66 60, Info-Hotline: 09 11/96 66-7 00, Internet: www.playmobil.com.

Öffnungszeiten
Montag bis Sonntag 9.00 bis 18.00 Uhr.

Anreise
A6/E50 Heilbronn-Nürnberg, Ausfahrt 58, Kreuz Nürnberg Süd, auf die A73/B8 Richtung Fürth (Südwesttangente), Ausfahrt Grossreuth. Hier kommt man auf die Rothenburger Straße Richtung Zirndorf. Von der Rothenburger Straße abbiegen in die Schwabacher Straße, Richtung Gewerbepark Zirndorf (Carl-Benz-Straße), Brandstätterstraße.

SCHOTT ZWIESEL

Das Unternehmen rühmt sich, das beste Kristallglas der Welt auf dem Markt zu haben. Besonders in Spülmaschinen leidet herkömmliches Kristallglas. Deshalb hat Schott-Zwiesel zusammen mit der Universität Erlangen-Nürnberg „das Glas noch einmal neu erfunden".

Weltbestes Kristallglas

Warenangebot
Hochwertige Trinkgläser von Schott Zwiesel und Esprit. Jenaer Glas und Tchibo Restposten. Es wird das gesamt Tchibo-Sortiment verkauft. Die Ware kommt ca. sechs Wochen nach dem Angebot in den Tchibo-Läden hierher und ist mindestens 30% günstiger.

Ersparnis
20 bis 50% auf 1.-Wahl-Ware über das gesamte Sortiment. 2. Wahl und Auslaufartikel noch günstiger. Kein WSV/SSV.

Ambiente
1.600 m² Verkaufsfläche. Werksverkauf mit Schauglaswanne „Glasmacherstube" mit deftigen Brotzeiten und bayerischen Schmankerln, Café. Tägliche Werksführungen.

Besonderheiten
Schott Zwiesel bietet unterschiedliche, auf den jeweiligen Weincharakter abgestimmte Kelchformen an.

Adresse
Schott Zwiesel Werksverkauf, Dr.-Schott-Straße 35, 94227 Zwiesel, Telefon: 0 99 22/9 82 49.

Öffnungszeiten
Montag bis Freitag 9.30 bis 18.00 Uhr, Samstag 9.30 bis 14.00 Uhr.

Anreise
A3 (Regensburg-Passau), Ausfahrt Deggendorf-Mitte, auf B11 nach Zwiesel, Ausfahrt Zwiesel-Süd, Sie kommen auf die Regener Straße. Bei der 2. Ampel biegen Sie links in die Dr.-Schott-Straße ab. Das Gebäude auf der linken Seite ist nicht zu übersehen.

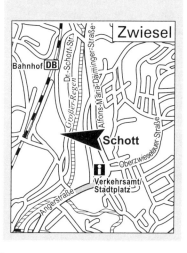

Warenregister

Accessoires 112, 113, 121, 179, 186, 231, 240, 245
Aktentaschen 171
Arbeitsbekleidung 36
Audio 233
Autos 126, 174

Babybekleidung 97, 191
Babycremes 68
Babynahrung 68
Bademäntel 86
Bademoden 49, 53, 56, 58, 60, 144, 182, 183
Badmöbel 73
Beleuchtungstechnik 79
Bestecke 243, 245
Bettwaren 156
Bilder 176
Bilderrahmen 176
Bio-Getreide 34
Bleikristall 196, 197
Blusen 54, 100, 180, 214, 257, 261
Bonbons 34
Brautkleider 271
Brotaufstriche 111
Büromöbel 143

Dachkoffer 228
Damenbekleidung 45, 55, 75, 82, 83, 89, 93, 97, 104, 112, 114, 122, 125, 128, 136, 137, 141, 167, 172, 178, 179, 1854, 186, 188, 190, 191, 192, 198, 200, 211, 220, 231, 232, 235, 236, 237, 246, 270, 271, 273, 274, 276
Damenhandschuhe 70
Damenhosen 199
Damenstrickwaren 77, 263
Decken 113, 121
Dekostoffe 64, 67, 158, 165, 204, 262
Dessous 182
Diätprodukte 34, 267

Elektrogeräte 65, 252
Elektronik 233

Fahrräder 183
Feinkostprodukte 213
Fleischwaren 107, 234
Fliesen 239
Foto 233

Freizeitbekleidung 40, 42, 52, 53, 58, 93, 95, 98, 101, 116, 117, 118, 128, 145, 157, 162, 167, 175, 181, 184, 192, 219, 224, 226, 230, 232, 235, 237, 254, 255, 260
Freizeittaschen 203
Frottierwaren 47, 123, 173, 241
Fruchtgummi 88, 193

Gardinen 64, 67, 158, 262
Gebäck 69, 153, 205
Gebrauchtwagen 126, 174
Geschenkartikel 81, 142, 197, 229, 241, 242, 272, 275, 278
Geschirr 39
Gewürze 34, 267
Gläser 44, 61, 84, 85, 197, 243, 272, 280
Glaswaren 44, 61, 84, 196, 197, 222, 243, 245, 250, 272, 280
Golfbekleidung 136
Gummibärchen 88
Gürtel 240

Handschuhe 70, 91
Handtaschen 96, 171
Haushaltswaren 63, 277
Hautcremes 68
Hautpflegemittel 185
Heilpflanzen 267
Heimtextilien 76, 158, 173
Hemden 76, 100, 180, 214, 255, 257
Herrenbekleidung 38, 45, 55, 75, 83, 93, 94, 97, 99, 101, 102, 103, 105, 106, 112, 114, 122, 125, 127, 128, 136, 152, 167, 169, 184, 186, 188, 191, 192, 198, 221, 231, 232, 236, 237, 238, 266, 270, 271, 274, 276
Herrenhandschuhe 70
Herrenhosen 98, 199
Herrenstrickwaren 263
Holzspielwaren 164
Hosen 36, 192, 199
Hüte 48, 155, 264

Isolierkannen 277

Jagdbekleidung 145
Jahreswagen 126, 174
Jeans 36, 40, 118, 192, 199
Jeansbekleidung 36

Kachelöfen 217
Kaffee 34
Kamine 217
Käse 154
Keramik 39, 140, 142, 227, 239
Kerzen 69
Kinderausstattungen 138
Kinderbekleidung 40, 51, 97, 108, 128, 168, 170, 188, 191, 266, 271
Kindermöbel 71, 109
Kinderwagen 164
Kleinlederwaren 81, 171, 189
Konfitüren 111
Korbmöbel, Korbwaren 146
Körperpflegeprodukte 149
Kosmetikartikel 68, 149, 267
Kräuter 34
Krawatten 100, 216, 240
Kristall 44, 61, 85, 196, 197, 222, 245
Kristallglas 84, 250
Küchenmöbel 73

Lammfellbekleidung 50
Landhausbekleidung 62, 159, 187, 209, 212, 269
Lattenroste 225
Lebensmittel 41, 213
Lebkuchen 205, 206
Lederbekleidung 50, 57, 81, 148, 187, 209, 210, 211, 212, 218
Lederhandschuhe 129,
Lederwaren 57, 81, 96, 150, 189, 218,
Leuchten 79, 84
Lodenbekleidung 188
Lodenhüte 264

Maßhemden 180
Massivholzmöbel 71
Maßkonfektion 231
Matratzen 156, 225
Möbel 120
Möbelbezugsstoffe 165, 204
Modeschmuck 131, 132, 133
Modeschmuckteile 131
Molkereiprodukte 43, 87, 163
Mützen 91, 264

Nachtwäsche 59, 86, 157, 182, 215, 248
Natursteinplatten 251
Nussknacker 78

Outdoor-Ausrüstung 46, 181
Outdoor-Bekleidung 46, 52, 58, 112, 145, 175, 181, 183, 208, 224, 247, 265

PC 177, 233
PC-Zubehör 177
Pflanzgefäße 256
Plüschtiere 37, 119, 168
Polstermöbel 253
Porzellan 222, 227, 229, 242, 243, 245, 275, 278
Porzellanfiguren 222
Puppen 195
Puppenwagen 164

Radsportbekleidung 183
Regenbekleidung 145, 224
Reinigungsmittel 185
Reisegepäck 92, 171
Röcke 147
Rucksäcke 46, 92, 203

Schals 91, 113, 121, 216, 240
Schlafsäcke 46, 156
Schmuck 130, 132, 250
Schokoladenspezialitäten 88, 207
Schuhe 52, 74, 96, 223, 259, 274, 276
Schulranzen 110, 203
Sicherheitsschuhe 74
Ski 166, 183
Souvenirs 78
Spiegel 176
Spielwaren 37, 51, 90, 138, 168, 183, 279
Sportartikel 115, 116
Sportausrüstung 116, 117, 166, 181, 183, 201
Sportbekleidung 42, 46, 56, 58, 95, 115, 116, 117, 136, 145, 157, 162, 166, 175, 181, 183, 201, 208, 219, 224, 230, 247, 254, 260. 271
Sportschuhe 95, 115, 116, 201, 230
Stoffe 76, 108, 112, 121, 134, 160, 262
Strickwaren 38, 72, 80, 112, 124, 155, 161, 232, 235, 263, 274
Strumpfwaren 38, 66, 125, 151
Süßwaren 69, 88, 153, 193, 205, 206, 207

Tagwäsche 59, 157, 182, 248
Taschen 57, 92, 240, 274
Tee 34, 267
Teppiche 139
Terracotta 256
Tischwäsche 47, 158, 160, 173
Tontöpfe 256
Trachtenbekleidung 62, 135, 159, 169, 187, 188, 209, 211, 258, 269

Trachtenschuhe 35
Trekkingschuhe 35, 135
Tücher 113, 216, 240

Versandhausware 202
Video 233

Waffeln 69
Walkwaren 124
Wanderschuhe 35, 74, 135
Wäsche 38, 47, 59, 151, 182, 215, 232, 237, 248, 263
Waschmittel 185
Wurstwaren 41, 107, 234

Marken- und Firmenregister

Adidas, Sportbekleidung, -artikel, -schuhe 115
Admont, Damenbekleidung 211
aem'kei, Bekleidung 125
Agrob, Fliesen/Keramik 239
Alexander, Damenbekleidung 220
Alfi Zitzmann, Isolierkannen, Haushaltswaren 277
Alfi, Isolierkannen, Haushaltswaren 277
Allgäuer Keramik, Allgäuer Keramik 39
Altbayerische Krystall Glashütte, Glas, Kristall, Bleikristall 196
Alte Nussknackerfabrik, Nussknacker, Souvenirs 78
Apollo, Herrenschuhe 259
Arena, Bademoden, Sportbekleidung 56
Arzberg, Porzellan 229
Aubi, Herrenhosen, Freizeitbekleidung 98
Audi, Autos, Jahreswagen 126
August Bickert, Herrenhosen, Freizeitbekleidung 98
Authentic Sportmoden, Outdoor-, Sportbekleidung 247

Bahlsen, Kekse, Dauergebäck 153
Baldauf Käse, Allgäuer Käse 154
Baumann, Jeans, Hosen 36
Bäumler, Herrenbekleidung 127
Baumstark, Hosen, Jeans 199
Bavaria Wachsveredelung, Wachswaren 69
Becel, Lebensmittel 41
Bekleidungshaus Murk, Damen-, Herren-, Kinderbekleidung 271
Bellinda, Strumpfwaren 38
Benker, Tischwäsche, Stoffe 160

Betty Barclay, Lederwaren, Damenschuhe 218, 259
Bi, Strumpfwaren 38, 151
Bickert, Herrenhosen, Freizeitbekleidung 98
Bifi, Wurstwaren, Lebensmittel 41
BIG, Spielwaren 90
Bittel, Damen-, Herren-, Baby- & Kinderbekleidung 191
Bittl, Sportbekleidung und -ausrüstung 183
BMW-Jahreswagen, Autos 174
Bodenschatz, Lederwaren, Lederbekleidung 218
Bogner, Sport-, Damen-, Herrenbekleidung 136
Boll, Nik, Herrenbekleidung 99
Breitfeld, Gardinen 67
Brümat-Küchen, Küchen- und Badmöbel 73
Bruno Banani, Wäsche 125
Buchtal, Fliesen/Keramik 239
Burlington, Strumpfwaren, Bekleidung 125
Büttner, Lederbekleidung 148

C.F. Maier Polymertechnik, Dachkoffer 228
Calibra, Jeans, Freizeitbekleidung 40
Camilla, Damenbekleidung 122
Campus, Herrenbekleidung 105
Carazza, Wurstwaren, Lebensmittel 41
Carlo Colucci, Damen- und Herrenbekleidung 114
Cashmere-Shop, Schals, Decken, Wollstoffe 121
CBS, Lederwaren 150
Charmor, Damenwäsche 215
Chiemsee, Sport-, Freizeitbekleidung 260

Christian Dierig, Tisch-, Bettwäsche 47
Christian Locker, Korbwaren 146
Claus Müller, Pflanzgefäße, Terracotta 256
CM Creativ Mode, Damenbekleidung 104
Codello, Tücher, Schals, Krawatten, Gürtel, Taschen 240
Colors, Damen-, Herrenbekleidung, Schuhe, Taschen 274
comazo, Tag- und Nachtwäsche 248
Country Line, Landhaus- und Trachtenbekleidung 62
Couture & Trends, Damen- und Herrenbekleidung 75

Daniel Hechter, Damenbekleidung 167
de Kalb, Damen- und Herrenbekleidung 45
Der Flügel Laden, Porzellan, Geschenkartikel 242
Der Lagerdiscount, Foto, Audio, Video, Elektronik, PCs 233
Desch, Damen-, Herrenbekleidung 93
Deuter, Taschen, Rucksäcke 92
Deutsche Steinzeug GmbH, Fliesen/Keramik 239
Dierig, Tisch-, Bettwäsche 47
Dimor, Jeans, Freizeitbekleidung 40
Dockers, Jeans, Freizeitbekleidung 118
Dolzer, Maßkonfektion 231
Dr. Schnell, Wasch- und Reinigungsmittel 185
Dresdner Herrenmode, Herrenbekleidung 122
Dressler, Eduard, Herrenbekleidung 103
DSI, Sport-, Freizeitbekleidung 219
Du darfst, Lebensmittel 41

Eagle, Schals, Decken, Wollstoffe 121
Eckert, Kinderausstattungen 138
Eduard Dressler, Herrenbekleidung 103
Efruti, Fruchtgummi 193
EHS, Modeschmuckteile 131
Eisch, Trinkgläser, Kristallglas, Leuchten 84
Elbeo, Strumpfwaren 38
Elho Brunner, Ski-, Snowboard-, Sportbekleidung 175
Elite Moden, Damenbekleidung 273
Emil Hübner & Sohn, Modeschmuckteile 131
Erba, Bettwäsche, Heimtextilien, Stoffe, Herrenhemden 76
Erbelle, Bettwäsche, Heimtextilien, Stoffe, Herrenhemden 76
Ergee, Strumpfwaren, Strickwaren, Wäsche, Hemden 249
Ernest, Herrenhemden, Freizeitbekleidung 255
Eschenbach Porzellan, Porzellan 278
Esprit home, Heimtextilien 173
Essel, P., Natursteinplatten 251
Estella, Bettwäsche 194
Eterna, Hemden und Blusen 214
Europa Leisten, Bilderrahmen, Bilder, Spiegel 176
Eurostyle, Lederbekleidung, Lederwaren 57
ews, Beleuchtungstechnik 79
Excess, Ski-, Snowboard-, Sportbekleidung 175

F.a.n., Bettwaren, Matratzen, Schlafsäcke 156
Fahrhans, Strickwaren 72
Fanatic, Ski-, Snowboard-, Sportbekleidung 208
Faustmann, Hüte und Mützen, Lodenhüte 264
Feiler, Frottierwaren 123
Feinkost Käfer, Feinkost, Lebensmittel 213
Féraud, Damen-, Herrenbekleidung 127
Fischer Textil, Stoffe 134
Fjällräven, Outdoor-Bekleidung 265
Flügel, Porzellan, Geschenkartikel 242
Fortuna, Schuhe, Lederwaren, Handtaschen 96
Fraas, Schals, Tücher, Decken 113
Frankenstolz, Bettwaren, Matratzen, Schlafsäcke 156
Frankonia, Gläser 272
Freiherr von Poschinger, Glas, Kristall 85
Friedrich Gardinen, Gardinen, Dekostoffe, Heimtextilien 158
Frottana, Frottierwaren, Geschenkartikel 241
Frottana, Heimtextilien 173
Fujitsu-Siemens, Computer, PCs, PC-Zubehör 177

Gabor, Schuhe 223
Gardinenweberei Friedrich, Gardinen, Dekostoffe, Heimtextilien 158

Firmen- und Markenregister

Gefi Matratzen, Matratzen, Lattenroste 225
Geis, Josef, Herrenbekleidung 105
Gerro Fashion, Herrenhemden, Freizeitbekleidung 255
Ginger Moden, Damenbekleidung 178
Glaeser, Stoffe, Gardinen 262
Glashütte Valentin Eisch, Trinkgläser, Kristallglas, Leuchten 84
Goebel, Porzellanfiguren, Glas, Kristall 222
Gold-Fink, Schmuck 130
Greiff Mode, Herren-, Damenbekleidung 55
Greuther Teeladen, Tee, Heilpflanzen, Gewürze 267
Günther, Lederhandschuhe 129
Guy Laroche, Herrenbekleidung 94

H.I.S., Hemden, Blusen 257
Haco, Schuhe 74
Hallhuber, Damen- und Herrenbekleidung 186
Hammer-Fashion, Damenbekleidung 172
Hartnagel, Ludwig, Strickwaren, Freizeitbekleidung 232
Hauf-Schuhe, Schuhe 74
Hatico, Hemden, Blusen 257
Hechter, Damenbekleidung 167
Heinrich Glaeser, Stoffe, Gardinen, Dekostoffe 262
Helga Baur, Damenbekleidung 178
Hermann, Plüschtiere 119
Himolla, Polstermöbel 253
Hirschmann, Nussknacker, Souvenirs 78
HM-Sportswear, Sport- und Freizeitbekleidung 42
Hoffmann, Sportschuhe, Sportbekleidung, Sportausrüstung 117
Holiday Shop, Bademoden, Sport-, Freizeitbekleidung 58
Hosen Löhr, Hosen und Freizeitbekleidung 192
Hot-Spot Sport-Scheck, Sport- und Freizeitbekleidung 181
Huber Strick-Sportmoden, Trachten- und Landhausbekleidung 269
Hübner, Strickwaren 80
Hudson, Strumpfwaren, Bekleidung 125
Hummel-Figuren, Porzellanfiguren, Glas, Kristall 222
Hutfabrik K & R Lembert, Hüte 48
Hutschenreuther, Porzellan 243

Ilse Moden, Kinderbekleidung 170
Isartaler Handschuh, Handschuhe 91

Jako-O, Kinderbekleidung 51
Jean Weipert, Akten-, Handtaschen, Reisegepäck 171
Jérome Leplat, Lederwaren 189
Josef Geis, Herrenbekleidung 105
Joska Crystal, Glas-, Kristallwaren 61

Käfer, Feinkost, Lebensmittel 213
Kago, Kamine, Kachelöfen 217
Kaiser Design, Herrenbekleidung 221
Kalb, Damen-, Herrenbekleidung 45
Kalinka Kefir, Molkereiprodukte 43
Karlsbader Blusen, Damenblusen 54
Karlsbader Oblaten, Waffelgebäck 69
Kastell, Herrenbekleidung 94
Kaulfuss, Tee, Kräuter, Gewürze 34
Keramik Basar, Keramik 140
Key West, Hemden, Blusen 257
Kirschner, Leder- und Lammfellbekleidung 50
Kleiderfabrik Otto Bittel, Damen-, Herren-, Baby- & Kinderbekleidung 191
Klepper, Sport- und Freizeitbekleidung 224
Knorr, Kinderwagen 164
Kocheler Keramik, Handbemaltes Keramikgeschirr 142
Kohlhaas, Damen- und Herrenbekleidung 122
Kössinger, Keramik, Porzellan 227
Kottek, Hans, Schulranzen, Freizeittaschen, Rucksäcke 203
Koziol, Frottierwaren, Geschenkartikel 241
Krawattenfabrik Winklhofer, Krawatten, Schals, Tücher 216
Kristallglasfabrik Spiegelau, Glas und Kristallglas 250
Kühne Sporthandel, Sportartikel 166
Kunert, Strumpfwaren, Bekleidung 125

L-1fashion, Damen- und Herrenbekleidung 122
Lagerdiscount, Foto, Audio, Video, Elektronik, PCs 233
Lange, Damenbekleidung 137

Le-go, Damen- und Herrenbekleidung 122
Leder Bär, Lederbekleidung 212
Lembert, Hüte 48
Leplat, Lederwaren 189
Levi Strauss, Jeans, Freizeitbekleidung 118
Levi's, Jeans, Freizeitbekleidung 118
Lissi Bätz, Puppen 195
Lissi Puppen, Puppen 195
Litzinger Strumpffabrik, Strumpfwaren 66
Locker's Korbstadl, Korbwaren 146
Locker, Christian, Korbwaren 146
Loden-Frey, Loden-, Trachten-, Damen-, Herrenbekleidung 188
Löhr, Hosen, Freizeitbekleidung 192
LS Bademoden, Bademoden 144
Ludwig Kirschner, Leder- und Lammfellbekleidung 50
Lurchi, Kinderschuhe 259
Lutz Fleischwaren, Fleischwaren 107

M. Tauber, Nussknacker, Souvenirs 78
Madeleine, Damenbekleidung 82
Maintal-Obstindustrie, Gelees, Konfitüren 111
Mamut, Strickwaren 80
Manz, Schuhe, Lederwaren, Handtaschen 96
Manz-Fortuna-Schuhfabrik, Schuhe, Lederwaren, Handtaschen 96
Marc Aurel, Gläser, Kristall, Bleikristall 197
Marc O'Polo, Damen- und Herrenbekleidung 184
MarJo, Lederbekleidung 209
Marke Weinberg, Leder- und Lammfellbekleidung 50
Mayser-Strickwaren, Hüte, Strickwaren, Krawatten, Tag- und Nachtwäsche 155, 263
Mc Neill, Schulranzen 110
Mederer Süßwaren, Süßwaren 88
Medici, Tücher, Schals, Krawatten, Gürtel, Taschen 240
Meindl, Wander-, Trekkingschuhe, Trachtenbekleidung 135
Mercedes-Schuhe, Schuhe, Lederwaren, Handtaschen 96
Mexx, Bekleidung 125
Mezzo-Mezzo, Sport-, Freizeitbekleidung 162

Miko-Schmuck, Modeschmuck 132
Mikolasch, Ferdinand, Modeschmuck 132
Miltenberger, Herren-, Damenbekleidung 167
MINI-Jahreswagen, Autos 174
Minx Mode, Damenbekleidung 235
Mistral, Strumpfwaren, Bekleidung 125
Moda Berri, Damen- und Herrenbekleidung 198
Modatrendi, Strickwaren, Freizeitbekleidung 232
Monte Pelle, Lederbekleidung, Lederwaren 81
More & More, Damen-, Herren-, Kinderbekleidung 266
Moschen Bayern, Trachtenbekleidung 258
Möve, Frottierwaren 173, 241
Müller Claus, Pflanzgefäße, Terracotta 256
Müller-Milch, Molkereiprodukte 43
Münch Lederbekleidung, Lederbekleidung 210
Murk, Damen-, Herren-, Kinderbekleidung 271

Nachtmann, Gläser, Kristall, Bleikristall 197
Naturstein Sonderposten, Natursteinplatten 251
Nici, Spielwaren, Accessoires 37
Nik Boll, Herrenbekleidung 99
Nike, Sportschuhe, Sportbekleidung 201
Nougat Wendler, Nougatspezialitäten 207
nur die, Strumpfwaren 38

Old Factory Store, Kinderbekleidung, Stoffe 108
Oliver s., Damen-, Herren-, Freizeitbekleidung 226, 237
Olympia, Bademoden, Sport-, Freizeitbekleidung 58
Opera, Bademoden, Sport-, Freizeitbekleidung 58
Oscar Pischinger, Wachswaren und Waffelgebäck 69
Otto Aulbach, Damenbekleidung 167
Otto Schuler, Herrenbekleidung 102
Otto Utzmann Bademoden, Bademoden, Freizeitbekleidung 53

otuma, Bademoden, Freizeitbekleidung 53
Oui, Damenbekleidung 179

Paidi, Kindermöbel 109
Palm Beach, Bademoden 49
Paulig Teppichweberei, Teppiche 139
Pelo, Strickwaren, Krawatten, Tag- und Nachtwäsche 263
Pesö, Hemden und Blusen 100
Petermann, Hemden und Blusen 100
Petra-electric, Elektrogeräte 65
Pharmakosmetik, Kosmetik 149
Pielini, Lederbekleidung 148
Pierre Cardin, Herrenbekleidung 127, 221
Playmobil, Spielwaren 279
Poschinger, Glas, Kristall 85
Pram-Maker, Kinderwagen 164
Pullacher Bekleidungswerk, Kinderbekleidung 170
Puma, Sportartikel, -bekleidung, -schuhe, Freizeitbekleidung 116, 230
pure, Hemden, Blusen 257

Quelle Fundgrube, Versandhausware 202

R&R Collection, Herrenbekleidung 106
R.L. Factory Store, Damen- und Herrenbekleidung 236
Racix, Handschuhe 91
Ranger, Wurstwaren, Lebensmittel 41
Reebok, Sportschuhe, -bekleidung 95
Reichart, Damenblusen 261
Reila Lederwaren, Lederwaren 150
Reli Strumpfwaren, Strumpfwaren 66
Rena Lange, Damenbekleidung 137
René Lezard, Damen- und Herrenbekleidung 236
Rosenthal, Porzellan 243
Rosner, Damen-, Herren- und Kinderbekleidung 128

S.Oliver, Damen- und Herrenbekleidung, Freizeitbekleidung 226, 237
Salamander, Schuhe für Herren, Damen, Kinder 259
Salewa, Sport-, Outdoor-Bekleidung, -Ausrüstung 46
Sallie Sahne, Damenbekleidung 235
Salomon, Sportbekleidung, -artikel, -schuhe 115

San Siro, Herrenbekleidung 101
SCA, Dachkoffer 228
Schafft, Wurstwaren, Lebensmittel 41
Scheck, Sport-, Freizeitbekleidung 181
Scheler, Röcke 147
Scherer, Hemden und Maßhemden 180
Schiesser, Tag- und Nachtwäsche 59, 125
Schildmann, Herren- und Trachtenbekleidung 169
Schildt, Herrenbekleidung 221
Schirmer, Baby- und Kinder-, Damen- und Herrenbekleidung 97
Schirnding, Porzellan 229
Schmidt, Bademoden 144
Schnell-Reinigungsmittel, Wasch- und Reinigungsmittel 185
Schott Zwiesel, Glaswaren 280
Schröder & Schmidt, Damen- und Herrenhandschuhe 70
Schuck, Herrenbekleidung 152
Schuhmann Lebkuchen, Lebkuchen 206
Schuler, Herrenbekleidung 102
Scout, Schulranzen, Freizeittaschen, Rucksäcke 203
Seltmann, Porzellan 275
Senz, Strickwaren für Damen und Herren 161
Sicomatic, Haushaltswaren 63
Siemens, Computer, PCs, PC-Zubehör 177
Sigikid, Kinderbekleidung, Spielwaren 168
Signet Wohnmöbel, Möbel 120
Silenta, Kindermöbel 71
Silit, Haushaltswaren 63
SKV-Arzberg-Porzellan, Porzellan 229
Solar, Bademoden 60
Spiegelau, Glas und Kristallglas 250
Sport Bittl, Sportbekleidung und -ausrüstung 183
Sport Fundgrube, Sportartikel 166
Sport Hoffmann, Sportschuhe, Sportbekleidung, Sportausrüstung 117
Sport Production Diekkamp, Sport- und Freizeitbekleidung 224
Sport-Scheck, Sport- und Freizeitbekleidung 181
Sportman, Herrenbekleidung 238
St.Emile, Damenbekleidung 141
Steba, Elektrogeräte 252

Stehmann, Damenbekleidung 89
Stöckel, Walter, Modeschmuck 133
Stoffwerk, Stoffe, Strickwaren, Damen-, Herrenbekleidung 112
Strenesse, Damen-, Herrenbekleidung 200
Strickwarenfabrik Fahrhans, Strickwaren 72
Sunflair, Bademoden, Sport-, Freizeitbekleidung 58

T.O.C., Hemden, Blusen 257
Take it Easy, Schulranzen 110
Taubert, Nachtwäsche, Bademäntel 86
Teddy-Hermann, Plüschtiere 119
Textilmarkt Benker, Tischwäsche, Stoffe 160
The Best by Baumstark, Hosen, Jeans 199
The Lorenz Bahlsen Snack-World, Kekse, Dauergebäck 153
Thorka, Schulranzen 110
Timberland, Freizeitbekleidung, Schuhe 52
Töpfer, Hautcremes, Babycremes, Babynahrung 68
Trachtendepot Ampertal, Trachten- und Landhausbekleidung 159
Traveller, Akten-, Handtaschen, Reisegepäck 171
Trigema, Sport- und Freizeitbekleidung 157
Triptis Porzellan, Porzellan 278
Triumph International, Tag- und Nachtwäsche, Dessous 182
Trixi Schober, Damenbekleidung 190
Trolli, Süßwaren 88

Ultra Trend, Ski-, Snowboard-, Sportbekleidung 208
Unilever Bestfoods, Wurstwaren, Lebensmittel 41
Utzmann Bademoden, Bademoden, Freizeitbekleidung 53

V. Fraas, Schals, Tücher, Decken 113
V.I.P. Clothing, Herrenbekleidung 103
Vatter, Strumpfwaren, Strickwaren, Wäsche 38
Vatter, Strumpfwaren, Wäsche und Bekleidung 151

Ventidue, Damenbekleidung 246
Via Appia, Damenstrickwaren 77
Villeroy & Boch, Porzellan, Kristall, Glas, Bestecke, Accessoires 245
Voith Sportswear, Sport-, Freizeitbekleidung 254
Völkl, Wander-, Trekkingschuhe 35
Vollmer, Strick- und Walkwaren 124
von Poschinger, Glas, Kristall 85
VW, Autos, Jahreswagen 126

Wallstreet, Schulranzen 110
Wave Board, Sport- und Freizeitbekleidung 224
Weber & Ott, Damen- und Herrenbekleidung 83, 270
Weberei Benker, Tischwäsche, Stoffe 160
Weidner, Sport-, Freizeitbekleidung 145
Weihenstephan, Milch, Molkereiprodukte 87
Weinfurtner, Glas und Kristall 44
Weipert, Akten-, Handtaschen, Reisegepäck 171
Weissella, Lebkuchen 205
Wendler, Josef, Nougatspezialitäten 207
Werndl, Büromöbel 143
Wetzel Karlsbader Oblaten, Waffelgebäck 69
Winkelhofer, Krawatten, Schals, Tücher 216
Wirkes, Landhaus-, Trachten-, Lederbekleidung 187
Witt Weiden, Bekleidung, Schuhe, Bettwäsche 276
WMF, Haushaltswaren 277
Wolf, Wurst- und Fleischwaren 234
Wolff, Ferdinand, Lebkuchen 205
Wunderlich, Damenblusen 54

Yellomiles, Herrenschuhe 259

Zeitgeist, Frottierwaren, Geschenkartikel 241
Zellner, Möbel-, Dekostoffe 165, 204
Zimmermann Gardinen, Gardinen, Dekostoffe 64
Zott, Molkereiprodukte 163